本书获四川师范大学教材出版后期项目和校级教学改革项目资助

政府会计
理论与实务

THEORY AND PRACTICE OF

GOVERNMENT ACCOUNTING

主　编　郑珺

副主编　刘　娅　王　雪

社会科学文献出版社
SOCIAL SCIENCES ACADEMIC PRESS (CHINA)

前　言

在经济全球化和公共财政管理体制改革不断深化的时代背景下，政府会计作为反映政府财务状况、运营成果和现金流量的重要管理工具，其作用日益凸显。为了满足会计学、财务管理、审计学等相关专业教学的需要，提高学生对政府会计的理论认知与实践能力，我们编写了这本《政府会计理论与实务》教材。

政府会计领域正处于快速发展与变革之中，随着我国财政体制改革的推进，建立现代财政制度、提升政府治理能力对政府会计信息的质量和透明度提出了更高的要求。与此同时，新的政府会计准则和制度不断出台与完善，对相关专业人才的培养也带来了新的挑战与机遇。在此背景下，编写一本能够系统、全面地介绍政府会计理论与实务的教材，对于培养适应时代发展需求的高素质专业人才具有重要的意义，这便是我们编写这本教材的初衷。本教材具有以下特点。

一是注重理论与实践相结合。在阐述政府会计理论的同时，本教材紧密联系政府会计实践，通过大量的应用案例和实务处理，帮助学生更好地理解和掌握政府会计的核算方法和应用技巧。此外，本教材中还安排了丰富的课前案例、延伸提示和课后思考题，以培养学生分析问题和解决问题的能力。

二是反映最新的政府会计政策法规和制度要求。政府会计领域的政策法规和制度不断更新与完善，为了使学生能够及时了解和掌握最新的政策动态和制度要求，本教材以最新的政府会计制度、会计准则以及相关政策法规为依据，对政府会计的内容进行了全面的梳理和更新，确保教材内容的时效性和权威性。自 2019 年《政府会计制度》实施以来，市面原有政府会计教材虽做过相应修订，但最近年度先后出台了一系列的政府会计具体准则、政府会计准则制度解释，以及 2022 年提出的预算一体化系统的实施要求，对财政拨款（预算）收入、零余额账户用款额度、项目间接费用或管理费等进行了重要修订和文字重新表述。本教材将上述的政策规定全部提炼融入内容中，彰显政府会计改革的最新实践探索经验。

三是挖掘课程思政元素。我们着重从多方面入手培养学生的诚信意识和职业操守，以实际案例让学生认识到诚信在政府会计工作中的关键，杜绝违法违规行为；强调社会责任和公共服务意识，使学生理解政府会计工作对社会公平正义等的重要意义；培养法治观念和合规意识，熟悉相关法律条文并依法办事；引导树立创新意识和发扬担当精神，鼓励关注行业动态、勇于创新。通过这些努力，本教材将思政元素融入教学全过程，提升学生思想道德和职业素养，培养德才兼备的专业人才。

全书总共分为八章，分别涉及政府会计的基本原理、核算实务以及政府会计报告的编制列报。郑珺负责编写第一、二、四、五、六、七章，刘娅负责编写第三章，王雪负责编写第八章。全书由郑珺统稿。

我们衷心感谢在编写过程中给予支持和帮助的各位专家、学者和同行。我们深知，由于政府会计领域的不断发展和变化，本教材中难免存在不足之处，恳请广大师生和读者在使用过程中提出宝贵的意见和建议，以便我们不断完善和改进。希望本教材能够成为广大师生学习和研究政府会计的有益参考，为培养高素质的政府会计专业人才贡献一份力量。

编　者

2024 年 7 月

C目录
ONTENTS

第一章 政府会计的基本原理

【学习目标】

1. 了解我国政府会计的概念与目标

2. 理解我国政府会计的确认基础

3. 掌握政府会计平行记账方法

4. 理解我国政府会计信息质量要求

5. 掌握我国政府会计要素

6. 了解我国政府会计的制度体系

【课程思政】

1. 政府会计目标的思政元素

在讲授政府会计目标时，可以与营利企业的组织目标相对比，引导财务人员关注社会公益、福利事业，思考如何提高财政资金的使用效率和行政事业单位的服务效率。

2. 政府会计信息质量要求的思政元素

结合政府会计信息质量要求，强化财务人员的职业责任感，培养其遵纪守法、爱岗敬业、诚实守信的职业品格。

课前案例　　　　　　　　　　　政府会计改革之路

1951 年，我国颁布《预决算暂行条例》，确立了包括总预算会计和单位预算会计的"双预算会计"体系，采用以收付实现制为基础的预算报告制度。

改革开放以后，我国政府会计制度做出适应性调整，1988 年颁布了《事业行政单位预算会计制度》。但从整体来看，仍未改变以收付实现制为基础的单一预算会计主导地位。

在这之后，一方面，随着市场经济的发展和企业会计制度的完善，政府与社会公众之间形成了一种受托责任关系，我国政府职能的重点也开始向提供公共产品与服务转变。然而由于收付实现制的局限性，传统预算会计无法有效地防范财政风险和评价政府绩效。另一方面，自 20 世纪 70 年代以来，西方发达国家出现了不同程度的债务危机，希望通过加强政府财务管理来提高政府财务信息透明度，防范政府财政风险。一些发达国家随即对政府会计制度进行改革，将权责发生制作为政府会计核算基础。

因此，在借鉴国际经验的基础上，我国逐渐开始了政府会计的改革工作，并于 1997 年发布了《财政总预算会计制度》、《事业单位会计制度》和《行政单位会计制度》等预算会计制度。其中《财政总预算会计制度》重新构建了新的预算模式，引入了新的预算会计要素，改进了会计确认基础，将收付实现制和权责发生制结合使用，在一定程度上加强了财政风险的监督管理。

进入 21 世纪以后，我国政府会计的改革工作继续稳步推进。财政部从 2011 年起以北京、天津等 11 个省市以及县级区域作为权责发生制政府综合财务报告的试编基地。2014 年，我国修订了《预算法》，将预算改革的成果以法律的形式确定了下来并应用到权责发生制改革中。在预算编制上，部门预算科目、事项得到了进一步细化，清晰地归集了部门所有收支项目，为政府会计权责发生制改革奠定了基础。2014 年 12 月，国务院批转了《权责发生制政府综合财务报告制度改革方案》，基本确立了我国政府会计改革的路线图。在该改革方案中也明确表明，要尽最大的努力争取在 2020 年前构建完成具有中国特色的权责发生制政府综合财务报告制度。

2015 年和 2017 年，财政部相继制定发布《政府会计准则——基本准则》和《政府会计制度——行政事业单位会计科目和报表》，明确规定我国政府会计由预算会计和财务会计组成，分别采用收付实现制和权责发生制进行核算，是我国政府会计改革进程中的阶段性成果。2018 年，财政部决定在前期试点工作的基础上，开展 2017 年政府财务报告编制试点工作，并对《政府综合财务报告编制操作指南（试行）》进行了修订，以指导规范改革试点期间政府综合财务报告编制工作。

资料来源：厦门国家会计学院《对话刘光忠：政府会计改革之路》，"云顶财说"公众号，https://mp.weixin.qq.com/s/ZIeHi1JnMj2B_f0iFeSPTA，2018 年 6 月 26 日。

点评：会计改革的推进主要是因为会计所处环境发生了变化，只有适应环境的变化才能更好地发挥会计的职能作用。改革开放以来，尤其是 1992 年社会主义市场经济体制建立以来，我国政府会计环境发生了很大变化，主要体现在法律环境、制度环境和体制环境等方面。会计是经济管理工作的基础和重要内容，只有不断推进会计改革，才能与之相适应，才能更好地促进经济社会的发展。从单一预算会计体系到政府综合财务报告制度的初步建立，我国政府会计发展走过了漫长的改革道路，目前已取得阶段性成果。然而改革过程中仍存在诸多难点，迫切需要相关配套措施、制度的出台。

政府会计是与企业会计相对的一个会计学分支。政府会计的产生早于企业会计，但是现代意义上的政府会计的改革发展主要集中于 20 世纪后期。自 21 世纪以来，我国政府会计经过一系列改革，开始进入新的发展阶段，重新认识和掌握政府会计知识具有重要的意义。

第一节　政府会计的概念与目标

一　政府会计的概念

（一）政府会计的界定

政府会计（government accounting）主要用于确认、计量、记录和报告政府组织财务收支活动及受托责任的履行情况。政府组织与企业组织的运营目标有显著的差别，政府会计更多地服务于政府预算管理和公共财务管理的需要，所以政府会计的内涵也更为丰富。具体而言，政府会计是按照科学的方法，针对货币单位核算、记录、分类、汇总交易和其他有财务特征属性的事件，说明、阐释这些交易、事件与结果之间的关系的工具。政府会计的重点在于估计事前测算的资源数量（预算）能否满足公众希望的既定服务水平的要求。政府会计的基本职能是在既定资源和适用法律的约束下，满足政府部门和单位财务管理的需要。

政府会计与企业会计的共同点是基本相同的会计信息系统和会计核算的组织架构。政府部门在会计组织过程中采用内部控制制度，有明确的岗位分工和业务授权，设置完整的会计流程、会计记录方法，保存格式化的会计文档，以保证会计系统的稳定运行，并防范会计核算、财务报告编制及信息披露的各种风险。

（二）政府会计的主体

在我国，上述概念中的"政府组织"是指以管理社会公共事务、提供公共产品和服务、维护和实现社会公共利益为目的，拥有法定的或授予的公共权力的组织实体，不仅包括各级各类国家机关和政党组织，还包括政府出资举办的事业单位等公立非营利组织。根据 2015 年颁布的《政府会计准则——基本准则》，我国的政府会计主体包括各级政府、各部门、各单位。这里所称的"各部门、各单位"是指与本级政府财政部门直接或者间接发生预算拨款关系的国家机关、军队、政党组织、社会团体、事业单位和其他单位。它们在会计上统称为政府会计主体，在预算管理上统称为预算单位，具体范围包括以下方面。

（1）立法机关，包括各级人民代表大会及其常务委员会。

（2）行政机关，包括各级人民政府及其所属工作机构。

（3）司法机关，包括最高及地方各级人民法院和人民检察院。

（4）政治协商机关，包括中国人民政治协商会议各级委员会。

（5）中国共产党机关，包括中国共产党中央委员会和各级地方委员会。

（6）各民主党派和工商联组织。

（7）各级各类事业单位。

（8）由政府出资举办的社会团体和其他单位等。

与此同时，由于军队等机构的特殊性，军队、已纳入企业财务管理体系的单位和实行《民间非营利组织会计制度》的社会团体，其会计核算不适用政府会计准则制度。

二　政府会计的目标

政府会计的目标是指政府会计最终期望达到的结果，它主要涉及政府会计信息使用者及其信息需求、政府应当提供哪些信息以满足信息使用者的需求等方面的问题。对此，我国在政府会计中采用了"双目标"，包括决算报告目标和财务报告目标。

（一）决算报告目标

决算报告目标是向决算报告使用者提供与政府预算执行情况有关的信息，综合反映政府会计主体预算收支的年度执行结果，有助于决算报告使用者进行监督和管理，并为编制后续年度预算提供参考和依据。政府决算报告使用者包括各级人民代表大会及其常务委员会、各级政府及其有关部门、政府会计主体自身、社会公众和其他利益相关者。

根据政府会计主体的不同，预算执行信息可以分为三个层面：政府单位层面、政府部门层面和一级政府层面。

在政府单位层面，政府会计应当提供本单位预算执行情况的信息。根据"一个单位，一本预算"的要求，单位所有收支都必须纳入预算管理。因此，单位层面提供的预算执行信息，既包括财政拨款预算收支，也包括各类非财政拨款预算收支。

在政府部门层面，政府会计应当提供部门本级预算执行信息，以及部门本级与所属各预算单位汇总的部门预算执行信息。因为部门预算执行信息是通过汇总存在预算管理关系的政府单位预算执行情况的信息形成的，所以部门层面和单位层面关于预算执行情况信息的具体内容是一致的。

在一级政府层面，政府会计应当提供本级政府预算执行情况的信息，以及本级政府和所属下级政府汇总的预算执行情况的信息。其中，预算执行情况的信息包括收入预算执行情况的信息、支出预算执行情况的信息和政府间转移支付执行情况的信息等。总之，经批准的预算编制到哪里，政府会计信息就提供到哪里。只有这样，才能全面反映政府会计主体的预算执行情况，综合反映政府会计主体预算收支的年度执行结果。

（二）财务报告目标

财务报告目标是向财务报告使用者提供与政府的财务状况、运行情况（含运行成本）和现金流量等有关的信息，反映政府会计主体公共受托责任履行情况，有助于财务报告使用者做出决策或者进行监督和管理。政府财务报告使用者包括各级人民代表大会及其常务委员会、债权人、各级政府及其有关部门、政府会计主体自身和其他利益相关者。

根据政府会计主体的不同，财务报告也可以分为三个层面：政府单位层面、政府部门层面和一级政府层面。

在政府单位层面，各单位应按时编制以资产负债表、收入费用表等财务会计报表为主要内容的财务报告，并按预算管理的隶属关系报送上级部门。

在政府部门层面，各部门应按时合并部门所属各单位的财务会计报表，编制部门财务报告，并报送财政部门。

在一级政府层面，财政部门应合并各部门和其他纳入合并范围主体的财务会计报表。编制政府综合财务报告，反映各级政府整体财务状况、运行情况和财政中长期可持续性。

总之，政府财务报告包括政府综合财务报告和政府部门财务报告，从而构建一个满足现代财政制度需要的政府财务报告体系。

第二节　政府会计的确认基础与核算模式

一　政府会计的确认基础

会计确认基础是指因编制财务报告的目的而决定在何时确认交易或事项的影响。例如，交易或事项可以按应计制基础确认，即在交易或事项发生时确认，或按现金制基础确认，即在收到或付出现金时确认。现金制（收付实现制）基础和应计制（权责发生制）基础是两种最基本的会计确认基础。

根据《政府会计准则——基本准则》，政府预算会计和政府财务会计适度分离并相互衔接，采用不同的确认基础核算。

（1）政府预算会计——收付实现制。政府预算会计与财务会计适度分离后，政府预算会计以收付实现制为确认基础。收付实现制以款项的实际收付为标志来确定本期收入和支出。凡是在当期实际发生的现金收入或支出，均应作为当期的收入和支出；凡是不在当期实际发生的现金收入或支出，均不应作为当期的收入和支出。

（2）政府财务会计——权责发生制。政府预算会计与财务会计适度分离后，政府财务会计以权责发生制为确认基础，以满足政府加强财务管理、绩效考核、成本核算、债务风险防范等财务会计信息需求。权责发生制以取得收到款项的权利或支付款项的责任为标志来确定本期收入和费用。凡是当期已经实现的收入和已经发生或应当负担的费用，不论款项是否收付，都应当作为当期的收入和费用；凡是不属于当期的收入和费用，即使款项已在当期收付，也不应当作为当期的收入和费用。

二 政府会计的核算模式

在新的政府标准体系出台之前，我国实施的是以收付实现制为基础的预算会计体系，主要包括财政总预算会计制度、行政单位会计制度和事业单位会计准则制度等。原有的预算会计体系是为适应财政预算管理的要求建立和逐步发展起来的，对财政资金的运行管理和宏观经济决策发挥了重要的基础性作用。但与此同时，也存在着诸多问题亟须解决。为此，新的政府会计标准体系引入"双目标"，并率先在行政事业单位会计中实行"财务会计和预算会计适度分离并相互衔接"的会计核算模式。

（一）财务会计与预算会计的适度分离

所谓"适度分离"，是指适度分离财务会计和预算会计功能、决算报告和财务报告功能，以全面反映政府会计主体的财务信息和预算执行信

7

息。这主要体现在以下几个方面。

1. 双功能

在同一会计核算系统中实现财务会计和预算会计双重功能，通过资产、负债、净资产、收入、费用5个要素进行财务会计核算；通过预算收入、预算支出和预算结余3个要素进行预算会计核算。

2. 双基础

财务会计实行权责发生制，预算会计实行收付实现制，国务院另有规定的，从其规定。

3. 双报告

通过财务会计核算形成财务报告，通过预算会计核算形成决算报告。

（二）财务会计与预算会计的相互衔接

所谓"相互衔接"，是指在同一会计核算系统中，财务会计要素和预算会计要素相互协调，决算报告和财务报告相互补充，共同反映政府会计主体的财务信息和预算执行信息。这主要体现在以下几个方面。

1. 对纳入部门预算管理的现金收支进行"平行记账"

对纳入部门预算管理的现金收支业务进行财务会计核算的同时也进行预算会计的核算。对于其他业务，仅需进行财务会计核算。

2. 财务会计报表与预算会计报表之间存在钩稽关系

通过编制"本期预算结余与本期盈余差异调节表"并在附注中进行披露，反映单位财务会计与预算会计因核算基础和核算范围不同所产生的本年盈余数（本期收入与费用的差额）与本年预算结余数（本年预算收入与预算支出的差额）之间的差异，从而揭示财务会计与预算会计的内在联系。

这种核算模式兼顾了现行部门决算报告制度的需要，又能满足部门编制权责发生制财务报告的要求，对于规范行政事业单位会计行为，夯实行政事业单位预算和财务管理基础，强化行政事业单位绩效管理具有深远的影响。

三　政府会计的平行记账方法

《政府会计准则——基本准则》对政府会计提出了"双功能、双基础、双报告"的要求。政府会计核算应当具备财务会计与预算会计的双功能，实现财务会计与预算会计的适度分离并相互衔接，财务会计核算采用权责发生制，预算会计核算采用收付实现制，并分别以此为基础编制财务会计报表和预算会计报表。为了实现财务会计与预算会计适度分离并相互衔接，完善政府预算会计功能，增强政府财务会计功能，"平行记账"核算方法应运而生。

（一）平行记账的意义

1. 平行记账方法是我国政府会计体系改革中的技术创新

对于传统的政府会计核算方法来说，在平行记账方法的辅助之下，政府财务会计将能与预算会计在功能上实现既相互分离又相互衔接的目标，进而更好地通过会计核算工作的开展来掌握政府财务信息及预算执行情况。也就是说，平行记账方法是促进我国政府会计体系改革的主要途径之一，同时也是我国政府会计核算方法上的重大技术革新。

2. 平行记账方法可以满足不同部门对政府会计主体信息的差别需求

与目前一些现行会计制度采用的双分录形式不同，平行记账方法能够使财务会计、预算会计两个体系更加具有系统性、逻辑性和完整性。两个体系既相互独立又相互呼应，分别反映业务的内容和经济实质，有助于政府会计主体根据会计信息使用需求，从不同的角度对信息进行分析和使用，提高会计信息的可用程度。

3. 平行记账方法能辅助财务会计更好地发挥其职能

"平行记账"实际上正式确立了政府财务会计的功能和地位，明确了我国政府会计权责发生制确认基础的法律和技术地位。此轮政府会计改革的一个重要内容就是强化政府财务会计功能，使政府会计信息不仅满足于预算管理的需要，而且能满足完整反映政府资产负债"家底"、政府的运行成本情况以及编制权责发生制政府综合财务报告的信息需求。

（二）平行记账的原理

平行记账是指政府会计主体在对涉及预算管理的现金收支业务进行处理时，将财务会计核算与预算会计核算同步进行的会计记账方式。也就是在同一会计账务系统、同一原始凭证、同一记账凭证号下，同时进行财务会计核算和预算会计核算；通过在年底编制"本年盈余与预算结余的差异情况说明"，把财务会计报表的年度收入费用和预算会计报表的预算收入支出表有机地衔接起来的会计记账核算方式。平行记账是政府会计特有的记账核算方法。

【例1-1】 某事业单位用银行存款60000元购入固定资产自用。

其账务处理如下：

单位：元

财务会计		预算会计	
借：固定资产	60000	借：事业支出	60000
贷：银行存款	60000	贷：资金结存——货币资金	60000

（三）平行记账的特点

1. 在同一个账套中进行核算

收付实现制侧重于公共部门经济活动的现金流，对纳入部门预算管理的现金收支业务需要编制双分录，进行平行记账。需要注意的是，虽然编制的是双分录，但这是在同一张记账凭证同时进行的账务处理，仍然是在单位的同一个账套中进行核算，而不是两个账套。

2. 实现财务会计和预算会计双重功能

双体系平行记账模式不是在两套会计系统核算，而是在同一会计信息系统中实现财务会计和预算会计双重功能。也就是说，同一张记账凭证同时进行财务会计与预算会计账务处理，也只需要附一份原始凭证。这就意味着政府会计建立了双体系平行记账模式，财务会计账务处理与预算会计账务处理具有一定的关联关系，可以实现财务会计和预算会计的双重功能。

3. 需要与信息化技术相配套

平行记账会使得某些业务产生双分录，必然会增加会计人员的工作量，这就需要利用先进的信息技术，提高会计记账和数据分析及应用的效率。所以信息化是政府会计改革中必须予以配套的，而且必须随政府会计改革而不断发展信息化。

（四）平行记账的条件

《政府会计制度——行政事业单位会计科目和报表》（以下简称《政府会计制度》）的总说明中规定，单位对于纳入部门预算管理的现金收支业

务，在采用财务会计核算的同时应当进行预算会计核算；对于其他业务，仅需进行财务会计核算。由此可见，进行财务会计核算和预算会计核算一般需要同时满足两个条件：一是要有现金流入和流出，二是必须是纳入部门预算管理范围内的现金。

这里的"现金"指的是现金及现金等价物，包括库存现金、银行存款、其他货币资金、财政拨款资金等。对于不纳入部门预算管理的现金收支，如应当转拨其他单位的款项、受托代理的款项等，在收到或支付时仅编制财务会计分录，不需要编制预算会计分录。

上述情况是一般的业务，除了上述涉及部门预算管理的现金收支业务外，还有一些特殊业务要进行平行记账，也需要会计人员重点把握以下方面。

（1）年末，按规定从本年度非财政拨款结余或经营结余中提取专用基金业务，需进行平行记账。

（2）按照规定从科研项目预算收入中提取项目管理费或间接费时，需进行平行记账。

（3）行政支出、事业支出、经营支出、上缴上级支出以及其他支出的期末或者年末结转业务，需进行平行记账。

（4）财政拨款预算收入、事业预算收入、上级补助预算收入、附属单位上缴预算收入、经营预算收入、非同级财政拨款预算收入、投资预算收益以及其他预算收入的期末或者年末结转业务，需进行平行记账。

四　政府会计计量属性和信息质量要求

（一）政府会计计量属性

会计计量属性反映会计要素金额的确定基础。政府会计计量属性主要包括历史成本、重置成本、可变现净值、现值、公允价值和名义金额。政府会计主体在对资产进行计量时，一般采用历史成本；采用重置成本、现值、公允价值计量的，应当保证所确定的资产金额能够持续、可靠地计量。

1. 历史成本

历史成本，又称实际成本。在历史成本计量属性下，资产按照购置时支付的现金或者现金等价物的金额，或者按照购置资产时所付出的对价的公允价值计量；负债是按照因承担现时义务而实际收到的款项或者资产的金额，或者承担现时义务的合同金额，或者按照日常活动中为偿还负债预期需要支付的现金或者现金等价物金额计量。

2. 重置成本

重置成本，又称现行成本。在重置成本计量属性下，资产按照现在购买相同或者相似资产所需支付的现金或者现金等价物的金额计量；负债按照现在偿付该项债务所需支付的现金或者现金等价物的金额计量。

3. 可变现净值

可变现净值是指在正常生产经营过程中，以预计售价减去进一步加工成本和销售所必需的预计税金、费用后的净值。在可变现净值计量属性下，资产按照其正常对外销售所能收到现金或者现金等价物的金额扣减该资产至完工时估计将要发生的成本、估计的销售费用以及相关税费后的金额计量。

4. 现值

现值是指对未来现金流量以恰当的折现率进行折现后的价值，是考虑货币时间价值因素的一种计量属性。在现值计量属性下，资产按照预计从其持续使用和最终处置中所产生的未来净现金流入量的折现金额计量；负债是按照预计期限内需要偿还的未来净现金流出量折现金额计量。

5. 公允价值

公允价值是指在公平、公开、自愿交易中资产交换价格或者债务清偿的金额。在公允价值计量属性下，资产按照公平、公正、自愿交易的价格计量；负债按照公平、公正、自愿交易中债务清偿的金额计量。

6. 名义金额

在现行政府会计中还提出了名义金额计量属性。所谓"名义金额"，是指无法采用历史成本、重置成本、现值和公允价值计量属性确定的经济事项，但是这个经济事项又确实存在，用一个金额让账上有所体现，避免遗漏，防止国有资产流失，就采用名义金额（人民币 1 元）计量。

（二）政府会计信息质量要求

会计信息的质量要求是财务会计报告所提供信息应达到的基本标准和

要求。会计信息质量特征作为会计信息的"有用性"标志，是信息使用者对会计信息质量要求的具体表现。

政府会计信息质量要求，明确了政府会计信息应当满足的 7 个方面质量要求，即可靠性、全面性、相关性、及时性、可比性、可理解性和实质重于形式。

1. 可靠性

政府会计主体应当以实际发生的经济业务或者事项为依据进行会计核算，如实反映各项会计要素的情况和结果，保证会计信息真实可靠。

2. 全面性

政府会计主体应当将发生的各项经济业务或者事项统一纳入会计核算，确保会计信息能够全面反映政府会计主体预算执行情况和财务状况、运行情况、现金流量等。全面性包括预算信息和财务信息。

3. 相关性

政府会计主体提供的会计信息，应当与反映政府会计主体公共受托责任履行情况以及报告使用者决策或者监督、管理的需要相关，有助于报告使用者对政府会计主体过去、现在以及未来的情况做出评价或者预测。

4. 及时性

政府会计主体对已经发生的经济业务或者事项应当及时进行会计核算，不得提前或者延后。会计信息具有时效性，其价值会随着时间的流逝而逐渐降低。这就要求政府会计主体的会计确认、计量和报告必须满足及时性的要求。

及时性包括及时记录与及时报告两个方面。及时记录就是要求对政府会计主体的经济业务及时地进行会计处理，本期的经济业务应当在本期内进行处理，不能延至下一个会计期间或提前至上一个会计期间。及时报告是指要把会计资料及时地传送出去，将决算报告和财务报告及时报出。

5. 可比性

政府会计主体提供的会计信息应当具有可比性，可比性包括两个方面的内容。

一是同一政府会计主体不同时期发生的相同或者相似的经济业务或者

事项，应当采用一致的会计政策，不得随意变更。确需变更的，应当将变更的内容、理由及其影响在附注中予以说明。

二是不同政府会计主体发生的相同或者相似的经济业务或者事项，应当采用一致的会计政策，确保政府会计信息口径一致，相互可比。

6. 可理解性

可理解性是指政府会计主体提供的会计信息应当清晰明了，便于报告使用者理解和使用。可理解性是要在保证会计信息的客观性与相关性的前提下，力求会计信息简明易懂。

7. 实质重于形式

政府会计主体应当按照经济业务或者事项的经济实质进行会计核算，不限于以经济业务或者事项的法律形式为依据。这是因为，有时候交易或事项的法律形式并不能真实反映其实质内容，因此，为了真实反映政府会计主体的财务状况和预算执行结果，就不能仅仅根据交易或事项的外在表现形式来进行会计确认、计量和报告，而应反映其经济实质。

第三节　政府会计要素、会计等式与会计科目

一　政府会计要素

按照政府预算会计和财务会计适度分离又相互衔接的核算模式，政府会计要素也分为预算会计要素和财务会计要素。由于政府预算会计和财务会计分别针对不同的会计目标，预算会计要素和财务会计要素分别采用不同的确认和计量原则。

（一）政府预算会计要素

政府预算会计要素包括预算收入、预算支出与预算结余3个要素。

1. 预算收入

预算收入是指政府会计主体在预算年度内依法取得的并纳入预算管理的现金流入。预算收入一般在实际收到时予以确认，以实际收到的金额计量。

2. 预算支出

预算支出是指政府会计主体在预算年度内依法发生并纳入预算管理的现金流出。预算支出一般在实际支付时予以确认，以实际支付的金额计量。

3. 预算结余

预算结余是指政府会计主体预算年度内预算收入扣除预算支出后的资金余额，以及历年滚存的资金余额。

预算结余包括结余资金和结转资金。结余资金是指年度预算执行终了，预算收入实际完成数扣除预算支出和结转资金后剩余的资金。结转资金是指预算安排项目的支出年终尚未执行完毕或者因故未执行，且下年需要按原用途继续使用的资金。

（二）政府财务会计要素

政府财务会计要素包括资产、负债、净资产、收入和费用5个要素。

1. 资产

资产是指政府会计主体过去的经济业务或者事项形成的，由政府会计主体控制的，预期能够产生服务潜力或者带来经济利益流入的经济资源。

服务潜力是指政府会计主体利用资产提供公共产品和服务以履行政府职能的潜在能力。经济利益流入表现为现金及现金等价物的流入或者现金及现金等价物流出的减少。

符合政府资产定义的经济资源，在同时满足以下条件时，确认为资产：一是与该经济资源相关的服务潜力很可能实现或者经济利益很可能流入政府会计主体；二是该经济资源的成本或者价值能够可靠地计量。

资产的计量属性主要包括历史成本、重置成本、现值、公允价值和名义金额。

在历史成本计量下，资产按照取得时支付的现金金额或者支付对价的公允价值计量。在重置成本计量下，资产按照现在购买相同或者相似资产所需支付的现金金额计量。在现值计量下，资产按照预计从其持续使用和最终处置中所产生的未来净现金流入量的折现金额计量。在公允价值计量下，资产按照市场参与者在计量日发生的有序交易中，出售资产所能收到的价格计量。无法采用上述计量属性的，采用名义金额（人民币 1 元）计量。

政府会计主体在对资产进行计量时，一般采用历史成本；采用重置成本、现值、公允价值计量的，应当保证所确定的资产金额能够持续、可靠地计量。

2. 负债

负债是指政府会计主体过去的经济业务或者事项形成的，预期会导致经济资源流出政府会计主体的现时义务。

现时义务是指政府会计主体在现行条件下已承担的义务。未来发生的经济业务或者事项形成的义务不属于现时义务，不应当确认为负债。

符合政府负债定义的义务，在同时满足以下条件时，确认为负债：一是履行该义务很可能导致含有服务潜力或者经济利益的经济资源流出政府会计主体；二是该义务的金额能够可靠地计量。

政府负债的计量属性主要包括历史成本、现值和公允价值。政府会计主体在对负债进行计量时，一般采用历史成本；采用现值、公允价值计量的，应当保证所确定的负债金额能够持续、可靠地计量。

3. 净资产

净资产是指政府会计主体资产扣除负债后的净额，其金额取决于资产和负债的计量。

4. 收入

收入是指报告期内导致政府会计主体净资产增加的，含有服务潜力或者经济利益的经济资源的流入。

收入的确认应当同时满足以下条件：一是与收入相关的含有服务潜力或者经济利益的经济资源很可能流入政府会计主体；二是含有服务潜力或者经济利益的经济资源流入会导致政府会计主体资产增加或者负债减少；三是流入金额能够可靠地计量。

5. 费用

费用是指报告期内导致政府会计主体净资产减少的，含有服务潜力或者经济利益的经济资源的流出。

费用的确认应当同时满足以下条件：一是与费用相关的含有服务潜力或者经济利益的经济资源很可能流出政府会计主体；二是含有服务潜力或者经济利益的经济资源流出会导致政府会计主体资产减少或者负债增加；三是流出金额能够可靠地计量。

二　政府会计等式

会计要素之间的关系通常用会计等式表示，政府会计等式是指资产、负债和净资产之间的关系。从数学的角度来看，一个单位所拥有的资产总额与负债和净资产的总额必然是相等的。我们将资产与负债和净资产之间的这种客观存在的恒等关系称为会计等式。用公式表示为：

$$资产 = 负债 + 净资产 \tag{1-1}$$

单位在业务运作的过程中，必然会取得一定数额的收入，同时也必然会发生一定数额的费用（支出）。收入和费用相抵后的余额为盈余。这样，收入、费用和盈余这 3 个要素的关系便可以用公式表示如下：

$$收入 - 费用 = 盈余 \tag{1-2}$$

单位一定会计期间的盈余可以增加净资产；当然，如果抵减后的结果是负数，则会发生相反方向的影响。因此，我们可以将以上两个等式用公式连接起来，表示如下：

$$资产 = 负债 + 净资产 + 收入 - 费用$$

该公式可进一步变形为：

$$资产 + 费用 = 负债 + 净资产 + 收入 \tag{1-3}$$

上述三个关系式，式（1-1）可理解为静态等式，它反映单位在特定时点的资产、负债与净资产的恒等关系；式（1-2）和式（1-3）可理解为动态等式，它们反映单位在业务活动过程中收支盈余情况及净资产的增值情况。其中，式（1-1）是财务会计编制资产负债表的依据，式（1-2）、式（1-3）是财务会计编制收入费用表和试算平衡的依据。

$$预算收入 - 预算支出 = 预算结余 \tag{1-4}$$

式（1-4）是预算会计编制预算收入支出表的依据。

会计等式是会计学中的一个基础性理论，它是单位开设账户、复式记账和编制会计报表的理论依据。

三　政府会计科目

会计科目是对会计对象按其经济内容或用途所做的科学分类，它是设置账户、进行账务处理的依据。科学地设置会计科目，正确使用会计科目，是做好政府会计核算工作的重要前提条件。政府会计科目按提供核算资料的详细程度不同，可以分为总账科目和明细科目。

政府单位会计总账科目在会计要素下直接开设，它反映相应会计要素中有关内容的总括信息。为了统一核算口径，提高核算质量，应由财政部制定统一总账科目。政府会计的总账科目也是依据预算会计 3 个要素和财务会计 5 个要素，即"3+5"共 8 个会计要素来制定设计的。会计科目编码和名称具体见表 1-1。

表 1-1　会计科目编码和名称

序号	科目编码	科目名称	备注
一、财务会计科目			
（一）资产类			
1	1001	库存现金	
2	1002	银行存款	
3	1011	零余额账户用款额度	
4	1021	其他货币资金	
5	1101	短期投资	事业单位
6	1201	财政应返还额度	
7	1211	应收票据	事业单位
8	1212	应收账款	
9	1214	预付账款	
10	1215	应收股利	事业单位
11	1216	应收利息	事业单位
12	1218	其他应收款	

续表

序号	科目编码	科目名称	备注
13	1219	坏账准备	事业单位
14	1301	在途物品	
15	1302	库存物品	
16	1303	加工物品	
17	1401	待摊费用	
18	1501	长期股权投资	事业单位
19	1502	长期债券投资	事业单位
20	1601	固定资产	
21	1602	固定资产累计折旧	
22	1611	工程物资	
23	1613	在建工程	
24	1701	无形资产	
25	1702	无形资产累计摊销	
26	1703	研发支出	
27	1801	公共基础设施	
28	1802	公共基础设施累计折旧（摊销）	
29	1811	政府储备物资	
30	1821	文物文化资产	
31	1831	保障性住房	
32	1832	保障性住房累计折旧	
33	1891	受托代理资产	
34	1901	长期待摊费用	
35	1902	待处理财产损溢	
（二）负债类			
36	2001	短期借款	事业单位
37	2101	应交增值税	
38	2102	其他应交税费	
39	2103	应缴财政款	
40	2201	应付职工薪酬	
41	2301	应付票据	事业单位
42	2302	应付账款	

续表

序号	科目编码	科目名称	备注
43	2303	应付政府补贴款	行政单位
44	2304	应付利息	事业单位
45	2305	预收账款	事业单位
46	2307	其他应付款	
47	2401	预提费用	
48	2501	长期借款	事业单位
49	2502	长期应付款	
50	2601	预计负债	
51	2901	受托代理负债	
（三）净资产类			
52	3001	累计盈余	
53	3101	专用基金	事业单位
54	3201	权益法调整	事业单位
55	3301	本期盈余	
56	3302	本年盈余分配	
57	3401	无偿调拨净资产	
58	3501	以前年度盈余调整	
（四）收入类			
59	4001	财政拨款收入	
60	4101	事业收入	事业单位
61	4201	上级补助收入	事业单位
62	4301	附属单位上缴收入	事业单位
63	4401	经营收入	事业单位
64	4601	非同级财政拨款收入	
65	4602	投资收益	事业单位
66	4603	捐赠收入	
67	4604	利息收入	
68	4605	租金收入	
69	4609	其他收入	
（五）费用类			
70	5001	业务活动费用	

续表

序号	科目编码	科目名称	备注
71	5101	单位管理费用	事业单位
72	5201	经营费用	事业单位
73	5301	资产处置费用	
74	5401	上缴上级费用	事业单位
75	5501	对附属单位补助费用	事业单位
76	5801	所得税费用	事业单位
77	5901	其他费用	

二、预算会计科目
（一）预算收入类

序号	科目编码	科目名称	备注
1	6001	财政拨款预算收入	
2	6101	事业预算收入	事业单位
3	6201	上级补助预算收入	事业单位
4	6301	附属单位上缴预算收入	事业单位
5	6401	经营预算收入	事业单位
6	6501	债务预算收入	事业单位
7	6601	非同级财政拨款预算收入	
8	6602	投资预算收益	事业单位
9	6609	其他预算收入	

（二）预算支出类

序号	科目编码	科目名称	备注
10	7101	行政支出	行政单位
11	7201	事业支出	事业单位
12	7301	经营支出	事业单位
13	7401	上缴上级支出	事业单位
14	7501	对附属单位补助支出	事业单位
15	7601	投资支出	事业单位
16	7701	债务还本支出	事业单位
17	7901	其他支出	

（三）预算结余类

序号	科目编码	科目名称	备注
18	8001	资金结存	
19	8101	财政拨款结转	
20	8102	财政拨款结余	

续表

序号	科目编码	科目名称	备注
21	8201	非财政拨款结转	
22	8202	非财政拨款结余	
23	8301	专用结余	事业单位
24	8401	经营结余	事业单位
25	8501	其他结余	
26	8701	非财政拨款结余分配	事业单位

注：没有注明适用范围的科目，为行政单位、事业单位共用的科目。

第四节　政府会计的制度体系

我国现行的政府会计制度体系主要包括会计法律法规、会计准则和会计制度三个部分。

一　会计法律法规

会计法律法规是政府会计的最高层次规范，由会计法律和会计行政法规组成。

法律制度是一个国家上层建筑的重要组成部分，是国家意志的体现，也是调整社会政治经济活动中法律关系的基本规范。会计法律是调整社会经济活动中财务、会计关系的法律规范的总称。我国现行规范政府与非营利组织会计的法律主要有《中华人民共和国预算法》（以下简称《预算法》）和《中华人民共和国会计法》（以下简称《会计法》）。其中，《预算法》是规范政府与非营利组织财务活动行为的基本法律，各级政府、政府单位及非营利事业单位都必须按照《预算法》的规定组织财务收支活动，并接受立法机构的监督。《会计法》是规范会计行为的基本法律，是其他会计法规的"母法"，任何会计规范都必须以《会计法》为准绳，不能与之抵触或相违背。

行政法规是根据管理社会经济活动的需要，以行政规章、条例、制度和规定等形式颁布的一种社会经济行为规范，它既是根据法律制定和颁布的一种规范，也是法律规定的具体化。关于政府与非营利组织会计的行政法规很多，概括起来主要有三类：一是由政府或政府主管部门根据法律规章制定和颁布的法律实施细则，如国务院颁布的《中华人民共和国预算法实施条例》《中华人民共和国政府采购法实施条例》等；二是由政府主管部门根据财务会计法律制定的相关规定、方案、办法等，如《权责发生制政府综合财务报告制度改革方案》《政府财务报告编制办法（试行）》等；三是其他行政规章、财务制度，如《行政事业单位内部控制规范（试行）》《行政单位财务规则》《事业单位财务规则》《高等学校财务制度》《医院财务制度》等。

二　会计准则

会计准则（accounting standards）是指会计职业界或会计人员在长期的会计实践活动中形成的、被普遍认可和广泛采用的会计惯例或规例，包括会计观念、会计方法、会计程序和会计实务处理规则等，也称为公认会计原则（Generally Accepted Accounting Principles，GAAP）。会计准则是财务会计规范的重要组成部分，是财务会计法律的具体化，它具有指导财务会计实务、可操作性强等特点。不论是对于企业还是对于政府与非营利组织，会计准则都是十分重要的规范形式。

会计准则可以由以会计职业组织为主的民间机构负责制定，也可以由政府主管部门负责制定，还可以由政府主管部门和以会计职业组织为主的民间机构联合制定。会计准则制定机构不同，会计准则的性质和作用也不一样。以会计职业组织为主的民间机构制定的会计准则通常称为"规范型"会计准则，属于自律性的会计规范，具有指导性，但不具有法律约束力；由政府主管部门制定的会计准则通常称为"法规型"会计准则，属于他律性的会计规范，具有强制性。由政府主管部门和以会计职业组织为主的民间机构联合制定的会计准则介于"规范型"与"法规型"之间，但在会计实务中通常要求必须严格执行，实际上起到"准法规"的作用。

为了规范政府的会计核算，编制权责发生制的政府财务报告，保证会计信息质量，2015 年 10 月财政部颁布了《政府会计准则——基本准则》，自 2017 年 1 月 1 日起施行。我国的政府会计准则体系由基本准则、具体准则和应用指南组成。基本准则的定位为整个政府会计准则体系的概念基础和框架，用于规范政府会计目标、政府会计主体、政府会计信息质量要求、政府会计核算基础，以及政府会计要素定义、确认和计量原则、列报要求等事项。基本准则指导具体准则的制定，并为政府会计实务问题提供处理原则。具体准则用于规范政府发生的具体经济业务或事项的会计处理，详细规定经济业务或事项引起的会计要素变动的确认、计量、记录和报告。应用指南是对具体准则的实际应用做出的可操作性规定。

截至 2023 年 12 月，我国已经发布的 11 项政府会计具体准则包括《政府会计准则第 1 号——存货》《政府会计准则第 2 号——投资》《政府会计准则第 3 号——固定资产》《政府会计准则第 4 号——无形资产》《政府会计准则第 5 号——公共基础设施》《政府会计准则第 6 号——政府储备物资》《政府会计准则第 7 号——会计调整》《政府会计准则第 8 号——负债》《政府会计准则第 9 号——财务报表编制和列报》《政府会计准则第 10 号——政府和社会资本合作项目合同》《政府会计准则第 11 号——文物资源》。其中，第 3 号、第 10 号和第 11 号准则还发布了配套的应用指南。

三 会计制度

会计制度规范会计主体经济业务或者事项的确认、计量、记录和报告方法，为会计核算的操作提供指引。会计制度的主要内容包括会计核算的总体要求、会计要素的确认和计量方法、会计科目的名称和编号、会计科目的使用说明、会计报表的格式与编制方法等。

目前，我国政府会计采用"准则+制度"模式。2017 年 10 月，财政部印发《政府会计制度》，自 2019 年 1 月 1 日起施行。统一的政府会计制度意味着行政单位和事业单位采用相同的会计科目和财务报告体系，这是一项重要的会计制度改革。同时，为了规范医院、高等学校、科学事业单位特殊经济业务或事项的会计核算，财政部先后印发了国有林场和苗圃、测绘事业单位、地质勘查事业单位、高等学校、中小学校、医院、基层医疗卫生机构、科学事业单位、彩票机构等 9 类行业事业单位执行《政府会计制度》的补充规定。

课后思考题

1. 我国政府会计的确认基础是什么？
2. 政府会计平行记账的基本原理是什么？
3. 我国行政事业单位的会计要素是什么？

第二章　政府单位资产的核算

【学习目标】

1. 理解行政事业单位各项资产的内涵

2. 了解行政事业单位各项资产的确认计量

3. 掌握与运用行政事业单位各项资产的核算方法

【课程思政】

1. 货币资金核算的思政元素

在讲授货币资金核算相关内容时，教育财务人员严守道德底线，引导其树立正确的职业道德观，树立对法律法规的敬畏感，严守职业规则。

2. 公共基础设施、政府储备物资核算的思政元素

在讲授行政事业单位的公共基础设施、政府储备物资等特殊资产的特点时，可以结合这些资产的管理要求和收发流程，加深财务人员对国家城市基础设施建设、国家突发事件应急储备能力的关注和认同。

课前案例　　　　　　　**行政事业单位在建工程转固定资产**

随着社会经济的快速发展以及行政事业单位改革的不断深化，行政事业单位资产管理改革不断加强，尤其是会计财务核算，作为资产管理的基础，应予以高度重视。作为行政事业单位财务核算的重要组成部分，基本建设项目做好会计核算工作，对保证会计信息质量、保护国有资产具有重

26

要意义。

某县财政局按照年度财政检查工作计划，对县中学开展会计信息质量检查，发现固定资产科目入账金额有误。该中学于 2011 年 3 月实施（三期）图书馆综合楼扩建项目，同年 11 月竣工。但时至 2018 年 2 月才完成竣工决算，决算价格为 470.04 万元。在此期间，财务会计人员更换频繁，会计凭证资料存放比较杂乱，在决算入账时未按决算认定的实际成本认定固定资产价值和并入单位总账，导致该校该项固定资产的账面原值仅为 77.64 万元，剩余的 392.40 万元未计入固定资产科目。

财政部门经检查发现后，立即向该中学发出行政指导建议书和整改通知书，要求其按照《基本建设财务规则》（财政部令第 81 号）第四十二条的规定对学校图书馆综合楼项目竣工财务决算价格进行账务调整，补记该项固定资产原值 392.40 万元。鉴于该单位整改及时，漏记事宜未对国有资产价值产生实质性损害，经审议决定，对该中学免予行政处罚。

资料来源：温州市财政局《行政事业单位在建工程转固定资产：决算应及时，入账应规范》，"温州财政"公众号，https://mp.weixin.qq.com/s/r_5YOPxO8MvuAcxDLpnDcw，2020 年 12 月 4 日。

点评： 行政事业单位在建工程项目多样、投资大、施工周期长，如果财务管理工作不到位，则会导致在建工程管理出现安全隐患，也给后续的在建工程转固定资产留下问题。上述案例中，项目责任单位对在建工程会计科目管理不严，未按时全面对在建工程项目进行竣工决算，导致在建工程转固定资产的会计核算失真。幸而相关会计凭证资料未遗失，账目调整仍有据可查，避免了危害结果的产生。但这也反映出了会计管理中存在的问题，究其原因，一是思想上不重视，认为在建工程属于长期固定资产，不会丢失、不易贬值，无须特别关注其账务处理；二是单位内控制度不完善，内部各部门责任分工不清，缺少相互制约，进而造成处理问题的时间滞后。这些都给后续的管理埋下了"地雷"，造成了国有资产流失的隐患。

行政事业单位在建工程属于国有资产，点滴不容有失；财务会计是资产管理的基础，分毫不容有差。在政府会计制度改革背景下，行政事业单位应加强基建项目内控制度建设，及时做好已竣工投入使用的在建工程转固定资产工作，并加强财务人员学习培训，提高财务管理水平，进而推动行政事业单位财务管理的健康发展。

《政府会计准则——基本准则》第二十七条规定，资产是指政府会计主体过去的经济业务或者事项形成的，由政府会计主体控制的，预期能够产生服务潜力或者带来经济利益流入的经济资源。服务潜力是指政府会计主体利用资产提供公共产品和服务以履行政府职能的潜在能力。经济利益流入表现为现金及现金等价物的流入，或者现金及现金等价物流出的减少。

资产的确认应当同时满足以下条件：①与该经济资源相关的服务潜力很可能实现或者经济利益很可能流入政府会计主体；②该经济资源的成本或者价值能够可靠地计量。符合资产定义和资产确认条件的项目，应当列入资产负债表。

本章在政府会计基本准则的基础上，结合政府会计制度，通过对资产类科目核算内容和实务案例介绍，强化对资产类科目的理解，熟悉其在实务中的应用。政府会计主体的资产按照流动性分为流动资产与非流动资产。流动资产是指预计在1年以内（含1年）耗用或者可以变现的资产，包括货币资金、短期投资、应收及预付款项、存货等；非流动资产是指流动资产以外的资产，包括长期投资、固定资产、在建工程、无形资产等。其他资产是指行政事业单位代表政府经营管理的公共资产，包括公共基础设施、政府储备物资、文物文化资产、保障性住房等。

第一节　流动资产核算

行政事业单位的流动资产有货币资金、短期投资、应收及预付款项、存货等。

一　货币资金业务

行政事业单位的货币资金有库存现金、银行存款、零余额账户用款额度、其他货币资金。

（一）库存现金

1. 库存现金的概念

库存现金是指存于单位内部用于日常零星开支的货币资金。为核算单位的库存现金，设置"库存现金"（1001）科目。本科目期末借方余额反映单位实际持有的库存现金。单位应当严格按照国家有关现金管理的规定收支现金，并按照《政府会计制度》的规定核算现金的各项收支业务。

2. 库存现金的核算内容

单位应当设置"库存现金日记账"，由出纳人员根据收付款凭证，按照业务发生顺序逐笔登记。每日终了，应当计算当日的现金收入合计数、现金支出合计数和结余数，并将结余数与实际库存数相核对，做到账款相符。本科目应当设置"受托代理资产"明细科目，核算单位受托代理、代管的现金。库存现金的账务处理如表 2-1 所示。

表 2-1　库存现金的账务处理

业务事项		财务会计	预算会计
提现		借：库存现金 　　贷：银行存款等	—
存现		借：银行存款等 　　贷：库存现金	—
差旅费	职工出差等借出现金	借：其他应收款 　　贷：库存现金	—
	出差人员报销差旅费	借：业务活动费用/单位管理费用 　　等［实际报销金额］ 　　库存现金［实际报销金额小于 　　借款金额的差额］ 　　贷：其他应收款 或 借：业务活动费用/单位管理费用 　　等［实际报销金额］ 　　贷：其他应收款 　　　　库存现金［实际报销金额 　　　　大于借款金额的差额］	借：行政支出/事业支 　　出等［实际报销 　　金额］ 　　贷：资金结存—— 　　　　货币资金

业务事项		财务会计	预算会计
其他涉及现金的业务	因开展业务等其他事项收到现金	借：库存现金 　贷：事业收入/应收账款等	借：资金结存——货币资金 　贷：事业预算收入等
	因购买服务、商品或其他事项支出现金	借：业务活动费用/单位管理费用/其他费用/应付账款等 　贷：库存现金	借：行政支出/事业支出/其他支出等 　贷：资金结存——货币资金
	对外捐赠现金资产	借：其他费用 　贷：库存现金	借：其他支出 　贷：资金结存——货币资金
受托代理、代管现金	收到	借：库存现金——受托代理资产 　贷：受托代理负债	—
	支付	借：受托代理负债 　贷：库存现金——受托代理资产	—
现金溢余	按照溢余金额转入待处理财产损溢	借：库存现金 　贷：待处理财产损溢	借：资金结存——货币资金 　贷：其他预算收入
	属于应支付给有关人员或单位的部分	借：待处理财产损溢 　贷：其他应付款 借：其他应付款 　贷：库存现金	借：其他预算收入 　贷：资金结存——货币资金
	属于无法查明原因的部分，报经批准后	借：待处理财产损溢 　贷：其他收入	—
现金短缺	按照短缺金额转入待处理财产损溢	借：待处理财产损溢 　贷：库存现金	借：其他支出 　贷：资金结存——货币资金
	属于应由责任人赔偿的部分	借：其他应收款 　贷：待处理财产损溢 借：库存现金 　贷：其他应收款	借：资金结存——货币资金 　贷：其他支出
	属于无法查明原因的部分，报经批准后	借：资产处置费用 　贷：待处理财产损溢	—

3. 库存现金的实务处理举例

【例 2-1】2×24 年 9 月，某高校有关库存现金的业务如下。

（1）从银行提取现金 50000 元。

（2）学校教师张勇出差，预借差旅费 10000 元。

（3）张勇出差归来，报销差旅费 9500 元，余款 500 元交回。

其账务处理如下：

单位：元

财务会计		预算会计	
（1）借：库存现金	50000	—	
贷：银行存款	50000		
（2）借：其他应收款——张勇	10000	—	
贷：库存现金	10000		
（3）借：业务活动费用	9500	借：事业支出	9500
库存现金	500	贷：资金结存——货币资金	9500
贷：其他应收款——张勇	10000		

（二）银行存款

1. 银行存款的概念

银行存款是指行政事业单位存入银行或者其他金融机构的各种存款。

行政事业单位应当严格按照国家相关规定开设银行存款账户，并严格按照国家有关支付结算办法的规定办理银行存款收支业务。随着财政国库集中收付制度深入推行，行政事业单位财政性资金的收付业务都直接通过财政国库单一账户体系办理，行政事业单位银行存款的业务相应减少。

2. 银行存款的核算内容

单位应当按照开户银行或其他金融机构、存款种类及币种等，分别设置"银行存款日记账"，由出纳人员根据收付款凭证，按照业务的发生顺序逐笔登记，每日终了应结出余额。"银行存款日记账"应定期与"银行对账单"核对，至少每月核对一次。月度终了，单位"银行存款日记账"账面余额与"银行对账单"余额之间如有差额，应当逐笔查明原因并进行处理，按月编制"银行存款余额调节表"，调节相符。

本科目期末借方余额反映单位实际存放在银行或其他金融机构的款项。本科目应当设置"受托代理资产"明细科目，核算单位受托代理、代管的银行存款。银行存款的账务处理如表 2-2 所示。

表 2-2　银行存款的账务处理

业务事项		财务会计	预算会计
将款项存入银行或其他金融机构		借：银行存款 　贷：库存现金/事业收入/其他收入等	借：资金结存——货币资金 　贷：事业预算收入/其他预算收入等
提现		借：库存现金 　贷：银行存款	—
支付款项		借：业务活动费用/单位管理费用/其他费用等 　贷：银行存款	借：行政支出/事业支出/其他支出等 　贷：资金结存——货币资金
银行存款账户	收到银行存款利息	借：银行存款 　贷：利息收入	借：资金结存——货币资金 　贷：其他预算收入
	支付银行手续费等	借：业务活动费用/单位管理费用等 　贷：银行存款	借：行政支出/事业支出等 　贷：资金结存——货币资金
受托代理、代管银行存款	收到	借：银行存款——受托代理资产 　贷：受托代理负债	—
	支付	借：受托代理负债 　贷：银行存款——受托代理资产	—

3. 银行存款的实务处理举例

【例 2-2】2×24 年 10 月，某事业单位有关银行存款的业务如下。

（1）在开展专业业务活动中取得一项事业收入 75000 元，款项已存入银行存款账户。

（2）数日后，该事业单位通过银行存款账户支付一笔款项 6000 元，具体内容为开展专业业务活动中发生的一项业务费用。

其账务处理如下：

单位：元

财务会计		预算会计	
（1）借：银行存款	75000	借：资金结存——货币资金	75000
贷：事业收入	75000	贷：事业预算收入	75000
（2）借：业务活动费用	6000	借：事业支出	6000
贷：银行存款	6000	贷：资金结存——货币资金	6000

4. 外币存款的核算

单位发生外币业务的，应当按照业务发生当日的即期汇率，将外币金额折算为人民币金额记账，并登记外币金额和汇率。

各种外币账户的期末余额，应当按照期末的即期汇率折算为人民币，作为外币账户期末人民币余额。调整后的各种外币账户人民币余额与原账面余额的差额，作为汇兑损益计入当期费用。

（1）以外币购买物资、设备等，按照购入当日的即期汇率将支付的外币或应支付的外币折算为人民币金额，借记"库存物品"等科目，贷记本科目、"应付账款"等科目的外币账户。涉及增值税业务的，相关账务处理参见"应交增值税"科目。

（2）销售物品、提供服务以外币收取相关款项等，按照收入确认当日的即期汇率将收取的外币或应收取的外币折算为人民币金额，借记本科目、"应收账款"等科目的外币账户，贷记"事业收入"等相关科目。

（3）将根据各外币银行存款账户按照期末汇率调整后的人民币余额与原账面人民币余额的差额作为汇兑损益，借记或贷记本科目，贷记或借记"业务活动费用""单位管理费用"等科目。

"应收账款""应付账款"等科目有关外币账户期末汇率调整业务的账务处理参照本科目。

（三）零余额账户用款额度

1. 零余额账户用款额度的概念

零余额账户用款额度是指实行国库集中支付的单位，根据财政部门批复的用款计划收到的零余额账户用款额度。根据《政府会计准则制度解释第5号》，实行预算管理一体化的预算单位在会计核算时不再使用"零余额账户用款额度"科目。因此，本部分内容仅适用于尚未实行预算管理一体化的预算单位。

2. 零余额账户用款额度的核算内容

行政事业单位的零余额账户由财政部门为行政事业单位在商业银行开设，用于行政事业单位的财政授权支付。行政事业单位的零余额账户属于财政国库单一账户体系中的一个账户。本科目期末借方余额反映单位尚未支用的零余额账户用款额度。年末注销单位零余额账户用款额度后，本科目应无余额。

该账户每日发生的支付，于当日营业终了前由代理银行在财政部门批准的用款额度内与国库单一账户清算。预算单位零余额账户可以办理转账、提取现金等结算业务；可以按账户管理规定划拨工会经费、住房公积金和提租补贴，以及经财政部门批准的特殊款项。零余额账户不得违反规定向本单位其他账户和上级主管单位、所属下级单位账户划拨资金。零余额账户用款额度的账务处理如表2-3所示。

表2-3　零余额账户用款额度的账务处理

业务事项		财务会计	预算会计
收到额度	收到"财政授权支付额度到账通知书"	借：零余额账户用款额度 　　贷：财政拨款收入	借：资金结存——零余额账户用款额度 　　贷：财政拨款预算收入
按照规定支用额度	支付日常活动费用	借：业务活动费用/单位管理费用等 　　贷：零余额账户用款额度	借：行政支出/事业支出等 　　贷：资金结存——零余额账户用款额度
	购买库存物品或购建固定资产等	借：库存物品/固定资产/在建工程等 　　贷：零余额账户用款额度	
提现	从零余额账户提取现金	借：库存现金 　　贷：零余额账户用款额度	借：资金结存——货币资金 　　贷：资金结存——零余额账户用款额度
	将现金退回单位零余额账户	借：零余额账户用款额度 　　贷：库存现金	借：资金结存——零余额账户用款额度 　　贷：资金结存——货币资金
因购货退回等发生国库授权支付额度退回	本年度授权支付的款项	借：零余额账户用款额度 　　贷：库存物品等	借：资金结存——零余额账户用款额度 　　贷：行政支出/事业支出等
	以前年度授权支付的款项	借：零余额账户用款额度 　　贷：库存物品/以前年度盈余调整等	借：资金结存——零余额账户用款额度 　　贷：财政拨款结转——年初余额调整/财政拨款结余——年初余额调整
年末，注销额度	根据代理银行提供的对账单注销财政授权支付额度	借：财政应返还额度——财政授权支付 　　贷：零余额账户用款额度	借：资金结存——财政应返还额度 　　贷：资金结存——零余额账户用款额度

续表

业务事项		财务会计	预算会计
年末，注销额度	本年度财政授权支付预算指标数大于零余额账户用款额度下达数的，根据未下达的用款额度	借：财政应返还额度——财政授权支付 贷：财政拨款收入	借：资金结存——财政应返还额度 贷：财政拨款预算收入
下年初，恢复额度	根据代理银行提供的额度恢复到账通知书，恢复财政授权支付额度	借：零余额账户用款额度 贷：财政应返还额度——财政授权支付	借：资金结存——零余额账户用款额度 贷：资金结存——财政应返还额度
	收到财政部门批复的上年末未下达零余额账户用款额度	借：零余额账户用款额度 贷：财政应返还额度——财政授权支付	借：资金结存——零余额账户用款额度 贷：资金结存——财政应返还额度

3. 零余额账户用款额度的实务处理举例

【例 2-3】2×21 年 7 月，某行政单位有关零余额账户用款额度的业务如下。

（1）单位收到"财政授权支付额度到账通知书"，通知书所列金额为 225000 元。

（2）数日后，该行政单位使用零余额账户用款额度 33500 元购进一批存货。

其账务处理如下：

单位：元

财务会计	预算会计
（1）借：零余额账户用款额度　225000 　　　贷：财政拨款收入　225000	借：资金结存——零余额账户用款额度 　　　　　　　　　　　　　225000 　　贷：财政拨款预算收入　225000
（2）借：库存物品　33500 　　　贷：零余额账户用款额度　33500	借：行政支出　33500 　　贷：资金结存——零余额账户用款额度 　　　　　　　　　　　　　33500

（四）其他货币资金

1. 其他货币资金的概念

其他货币资金是指除库存现金、银行存款和零余额账户用款额度之外的其他各种货币资金，主要包括外埠存款、银行本票存款、银行汇票存款、信用卡存款等。

2. 其他货币资金的核算内容

本科目应当设置"外埠存款""银行本票存款""银行汇票存款""信用卡存款"等明细科目，进行明细核算。本科目期末借方余额反映单位实际持有的其他货币资金。

单位应当加强对其他货币资金的管理，及时办理结算，对于逾期尚未办理结算的银行汇票、银行本票等，应当按照规定及时转回，并按照规定进行相应账务处理。其他货币资金的账务处理如表 2-4 所示。

表 2-4　其他货币资金的账务处理

业务事项		财务会计	预算会计
形成其他货币资金	取得银行本票、银行汇票、信用卡时	借：其他货币资金——银行本票存款 　　　　　　　　——银行汇票存款 　　　　　　　　——信用卡存款 　贷：银行存款	—
发生支付	用银行本票、银行汇票、信用卡支付时	借：在途物品/库存物品等 　贷：其他货币资金——银行本票存款 　　　　　　　　　——银行汇票存款 　　　　　　　　　——信用卡存款	借：事业支出等〔实际支付金额〕 　贷：资金结存——货币资金
余款退回时	银行本票、银行汇票、信用卡的余款退回时	借：银行存款 　贷：其他货币资金——银行本票存款 　　　　　　　　　——银行汇票存款 　　　　　　　　　——信用卡存款	—

3. 其他货币资金的实务处理举例

【例 2-4】2×21 年 7 月，某事业单位有关其他货币资金的业务如下。

（1）单位将款项 50000 元交存银行取得相应数额的银行本票。

（2）数日后，该事业单位以该银行本票购买一批物品 50000 元，仍在途中。

其账务处理如下：

单位：元

财务会计	预算会计
（1）借：其他货币资金——银行本票存款 　　　　　　　　　　50000 　　　贷：银行存款　　　50000	—
（2）借：在途物品　　　50000 　　　贷：其他货币资金——银行本票存款 　　　　　　　　　　50000	借：事业支出　　　　　　50000 　　贷：资金结存——货币资金　50000

【应用案例】

预算管理一体化应用案例——关于资金支付的会计处理

甲事业单位为中央预算单位，于 2022 年 8 月应用预算管理一体化系统后，财政资金通过财政中央预算管理一体化系统支付。2023 年 1 月至 2 月，甲单位发生如下业务。

（1）2023 年 1 月 2 日，后勤管理部门职工王某住院借款 50000 元，经单位领导审批后，使用以前年度预算指标（中央财政以前年度安排的基本支出经费）支付，会计人员通过预算管理一体化系统直接向王某支付借款。1 月 10 日，王某结算 1 月 2 日借款，应报销住院费 52000 元，会计人员为王某办理了结算手续，并通过预算管理一体化系统直接支付至王某个人账户 2000 元。

（2）2023 年 1 月 13 日，会计人员从财政资金账户向单位实有资金账户划转 30000 元，其中代扣代缴的个人所得税 20000 元，使用以前年度预算指标支付；委托收款的电费 10000 元，使用本年度预算指标支付。会计人员根据收到的支付凭证及实有资金账户入账凭证进行账务处理。1 月 15 日，银行从实有资金账户代扣个人所得税 20000 元，税款已缴纳至税务部门，会计人员根据银行委托收款回单进行账务处理。1 月 19 日，银行从实有资金账户委托收款电费 10000 元，会计人员根据银行委托收款回单进行账务处理。

（3）2023 年 2 月 20 日，业务部门购入一批价值 20500 元自用材料，使用本年度预算指标（中央财政当年安排的基本支出经费）支付，且货物验收入库。2 月 22 日，业务部门使用人员发现该批材料存在瑕疵，跟商家协商要求退货，商家同意退货。2月23日，该笔款项被退回零余额账户，财务部门已收到退回通知书，相应预算指标已恢复，业务部门同时将材料退回给商家。

（4）2023年2月27日，A项目结束，项目结余资金100000元，会计人员通过其实有资金账户汇总相关资金后，按规定填写一般缴款书，上缴国库。

本案例假设不考虑相关税费。

案例分析及账务处理：

1. 2023年1月2日业务

分析：依据《政府会计准则制度解释第5号》（以下简称《解释5号》）"一（二）1. 财政资金支付的账务处理"有关规定，"中央预算单位应当根据收到的国库集中支付凭证及相关原始凭证，按照凭证上的国库集中支付入账金额，在财务会计下借记'库存物品'、'固定资产'、'业务活动费用'、'单位管理费用'、'应付职工薪酬'等科目，贷记'财政拨款收入'科目（使用本年度预算指标）或'财政应返还额度'科目（使用以前年度预算指标）；同时，在预算会计下借记'行政支出'、'事业支出'等科目，贷记'财政拨款预算收入'科目（使用本年度预算指标）或'资金结存——财政应返还额度'科目（使用以前年度预算指标）"。

甲事业单位账务处理如下：（单位：元）

（1）2023年1月2日

财务会计：

借：其他应收款　　　　　　　　　　　　　　50000

　　贷：财政应返还额度　　　　　　　　　　　　50000

预算会计：

借：事业支出　　　　　　　　　　　　　　　50000

　　贷：资金结存——财政应返还额度　　　　　　50000

注：根据政府会计准则制度，此笔预算会计也可不做处理，待结算时一并处理。年末结账前，单位应当对暂收暂付款项进行全面清理，并对纳入本年度部门预算管理的暂收暂付款项进行预算会计处理。

（2）2023 年 1 月 10 日

财务会计：

借：单位管理费用 52000

  贷：其他应收款 50000

    财政应返还额度 2000

预算会计：

借：事业支出 2000

  贷：资金结存——财政应返还额度 2000

注：如果在 2023 年 1 月 2 日预算会计未做处理，则 1 月 10 日预算会计的分录为：

借：事业支出 52000

  贷：资金结存——财政应返还额度 52000

2. 2023 年 1 月 13 日业务

分析：按规定中央预算单位一般不得从本单位零余额账户向本单位或本部门其他预算单位实有资金账户划转资金。但根据《中央财政预算管理一体化资金支付管理办法（试行）》（财库〔2022〕5 号）规定，有五种情形可以划转：一是根据政府购买服务相关政策，按合同约定向本部门所属事业单位支付的政府购买服务支出；二是确需划转的工会经费、住房改革支出、应缴或代扣代缴的税款，以及符合相关制度规定的工资代扣事项；三是暂不能通过零余额账户委托收款的社会保险缴费、职业年金缴费、水费、电费、取暖费等；四是按规定允许划转的科研项目和教育资金；五是财政部（国库司）规定的其他情形。因此，只有涉及上述五种情形的会计业务才可依据《解释 5 号》的相关规定进行账务处理。

依据《解释 5 号》"一（二）2. 按规定向本单位实有资金账户划转财政资金的账务处理"有关规定，"中央预算单位在某些特定情况下按规定从本单位零余额账户向本单位实有资金账户划转资金用于后续相关支出的，可在'银行存款'或'资金结存——货币资金'科目下设置'财政拨款资金'明细科目，或采用辅助核算等形式，核算反映按规定从本单位零余额账户转入实有资金账户的资金金额，并应当按照以下规定进行账务处理：（1）从本单位零余额账户向实有资金账户划转资金时，应当根据收到的国库集中支付凭证及实有资金账户入账凭证，按照凭证入账金额，在财务会计下借记'银行存款'科目，贷记'财政拨款收入'科目（使用本年度预算指标）或'财政应返还额度'科目（使用以前年度预算指标）；同时，在预算会计下借记'资金结存——货币资金'科目，贷记'财政拨款预算收入'科目（使用本年度预算指标）或'资金结存——财政应返还额度'科目（使用以前年度预算指标）。（2）将本单位实有资金账户中从零余额账户划转的资金用于相关支出时，按照实际支付的金额，在财务会计下借记'应付职工薪酬'、'其他应交税费'等科目，贷记'银行存款'科目；同时，在预算会计下借记'行政支出'、'事业支出'等支出科目下的'财政拨款支出'明细科目，贷记'资金结存——货币资金'科目"。

甲事业单位账务处理如下：（单位：元）

（1）2023 年 1 月 13 日，划转代扣代缴的个人所得税、委托收款的电费时

财务会计：

借：银行存款——财政拨款资金　　　　　　　　30000

　　贷：财政应返还额度　　　　　　　　　　　20000

　　　　财政拨款收入　　　　　　　　　　　　10000

预算会计：

借：资金结存——货币资金——财政拨款资金　　30000

　　贷：资金结存——财政应返还额度　　　　　20000

　　　　财政拨款预算收入　　　　　　　　　　10000

（2）2023 年 1 月 15 日，银行从实有资金账户代扣代缴个人所得税时

财务会计：

借：其他应交税费——应交个人所得税　　　　　20000

　　贷：银行存款——财政拨款资金　　　　　　20000

预算会计：

借：事业支出　　　　　　　　　　　　　　　　20000

　　贷：资金结存——货币资金——财政拨款资金　20000

（3）2023 年 1 月 19 日，银行从实有资金账户委托收款电费时

财务会计：

借：业务活动费用　　　　　　　　　　　　10000

　　贷：银行存款——财政拨款资金　　　　　10000

预算会计：

借：事业支出　　　　　　　　　　　　　　10000

　　贷：资金结存——货币资金——财政拨款资金　10000

3.2023 年 2 月 20 日业务

分析：依据《解释 5 号》"一（二）1. 财政资金支付的账务处理"有关规定，"中央预算单位应当根据收到的国库集中支付凭证及相关原始凭证，按照凭证上的国库集中支付入账金额，在财务会计下借记'库存物品'、'固定资产'、'业务活动费用'、'单位管理费用'、'应付职工薪酬'等科目，贷记'财政拨款收入'科目（使用本年度预算指标）或'财政应返还额度'科目（使用以前年度预算指标）；同时，在预算会计下借记'行政支出'、'事业支出'等科目，贷记'财政拨款预算收入'科目（使用本年度预算指标）或'资金结存——财政应返还额度'科目（使用以前年度预算指标）"。

依据《解释 5 号》"一（二）3. 已支付的财政资金退回的账务处理"有关规定，"发生当年资金退回时，中央预算单位应当根据收到的财政资金退回通知书及相关原始凭证，按照通知书上的退回金额，在财务会计下借记'财政拨款收入'科目（支付时使用本年度预算指标）或'财政应返还额度'科目（支付时使用以前年度预算指标），贷记'业务活动费用'、'库存物品'等科目；同时，在预算会计下借记'财政拨款预算收入'科目（支付时使用本年度预算指标）或'资金结存——财政应返还额度'科目（支付时使用以前年度预算指标），贷记'行政支出'、'事业支出'等科目"。

甲事业单位账务处理如下：（单位：元）

（1）2023 年 2 月 20 日支付时

财务会计：

借：库存物品 20500

　　贷：财政拨款收入 20500

预算会计：

借：事业支出 20500

　　贷：财政拨款预算收入 20500

（2）2023年2月23日退回时

财务会计：

借：财政拨款收入 20500

　　贷：库存物品 20500

预算会计：

借：财政拨款预算收入 20500

　　贷：事业支出 20500

4. 2023年2月27日业务

分析：依据《解释5号》"一（二）4. 结余资金上缴国库的账务处理"有关规定，"因项目结束或收回结余资金，中央预算单位按照规定通过实有资金账户汇总相关资金统一上缴国库的，应当根据一般缴款书或银行汇款单上的上缴财政金额，在财务会计下借记'累计盈余'科目，贷记'银行存款'科目；同时，在预算会计下借记'财政拨款结余——归集上缴'科目，贷记'资金结存——货币资金'科目。中央预算单位按照规定注销财政拨款结转结余资金额度的，应当按照《政府会计制度》相关规定进行账务处理"。

甲事业单位账务处理如下：（单位：元）

财务会计：

借：累计盈余 100000

　　贷：银行存款 100000

预算会计：

借：财政拨款结余——归集上缴 100000

　　贷：资金结存——货币资金 100000

资料来源：财政部《预算管理一体化应用案例——关于资金支付的会计处理》，财政部官网，http://kjs.mof.gov.cn/zt/zfkjzz/yyal/ysglythyyal/202307/t20230726_3898467.htm，2023 年 7 月 26 日。

二　短期投资业务

（一）短期投资的概念

短期投资是指事业单位按照规定取得的，持有时间不超过 1 年的投资。事业单位应当严格遵守国家法律、行政法规以及财政部门、主管部门关于对外投资的规定。

（二）短期投资的核算内容

本科目应当按照投资的种类等进行明细核算。本科目期末借方余额反映事业单位持有短期投资的成本。短期投资的账务处理如表 2-5 所示。

表 2-5　短期投资的账务处理

业务事项		财务会计	预算会计
取得短期投资	取得短期投资时	借：短期投资 　　贷：银行存款等	借：投资支出 　　贷：资金结存——货币资金
	在实际收到购买时已到付息期但尚未领取的利息时	借：银行存款 　　贷：短期投资	借：资金结存——货币资金 　　贷：投资支出
短期投资持有期间收到利息		借：银行存款 　　贷：投资收益	借：资金结存——货币资金 　　贷：投资预算收益
出售短期投资或到期收回短期投资（国债）本息		借：银行存款［实际收到的金额］ 　　投资收益［借差］ 　　贷：短期投资［账面余额］ 　　投资收益［贷差］	借：资金结存——货币资金［实收款］ 　　投资预算收益［实收款小于投资成本的差额］ 　　贷：投资支出［出售或收回当年投资的］/其他结余［出售或收回以前年度投资的］ 　　投资预算收益［实收款大于投资成本的差额］

（三）短期投资的实务处理举例

【例2-5】2×22年5月，某事业单位有关短期投资的业务如下。

（1）单位利用闲散资金购买一批国债作为短期投资，实际投资成本为35000元，款项以银行存款支付。

（2）三个月后，该事业单位出售该项短期投资，实际收到款项37000元，款项已存入开户银行。

其账务处理如下：

单位：元

财务会计		预算会计	
（1）借：短期投资	35000	借：投资支出	35000
贷：银行存款	35000	贷：资金结存——货币资金	35000
（2）借：银行存款	37000	借：资金结存——货币资金	37000
贷：短期投资	35000	贷：投资支出	35000
投资收益	2000	投资预算收益	2000

三　应收及预付款项业务

应收及预付款项是指行政事业单位在履行职能或开展业务活动过程中形成的短期债券，如财政应返还额度、应收票据、应收账款、预付账款、应收股利、应收利息、其他应收款、坏账准备。

（一）财政应返还额度

1. 财政应返还额度的概念

财政应返还额度是指实行国库集中支付的行政事业单位应收财政返还的资金额度。

2. 财政应返还额度的核算内容

为了反映财政应返还额度的增减变动情况，单位应当设置"财政应返还额度"科目，核算实行国库集中支付的单位应收财政返还的资金额度。该科目借方余额登记财政应返还额度的增加数；贷方余额登记财政应返还额度的减少数；期末借方余额反映单位应收财政下年度返还的资金额度。财政应返还额度的账务处理如表2-6所示。

表 2-6　财政应返还额度的账务处理

业务事项		财务会计	预算会计
年末，根据财政部门批准的本年度预算指标数大于当年实际支付数的差额中允许结转使用的金额		借：财政应返还额度 　贷：财政拨款收入	借：资金结存——财政应返还额度 　贷：财政拨款预算收入
发生当年资金退回	支付时使用以前年度预算指标	借：财政应返还额度 　贷：以前年度盈余调整/库存物品等	借：资金结存——财政应返还额度 　贷：行政支出/事业支出等
	支付时使用本年度预算指标	借：财政拨款收入 　贷：库存物品/业务活动费用等	借：财政拨款预算收入 　贷：行政支出/事业支出等
项目未结束的跨年资金退回		借：财政应返还额度 　贷：以前年度盈余调整/库存物品等	借：资金结存——财政应返还额度 　贷：财政拨款结转——年初余额调整
下年度使用以前年度财政支付额度支付款项时		借：业务活动费用/单位管理费用/库存物品等 　贷：财政应返还额度	借：行政支出/事业支出等 　贷：资金结存——财政应返还额度

3. 财政应返还额度的实务处理举例

【例 2-6】某行政单位发生业务如下。

（1）2×24 年终了，该行政单位经核算，该单位财政部门批准的本年度预算指标数大于当年实际支付数，其差额中允许结转使用的金额为50000 元。

（2）2×25 年 3 月，该行政单位通过国库集中支付方式利用以前年度预算指标购买了一批办公用品 45000 元。

（3）2×25 年 5 月发现其中部分办公用品质量存在问题，经沟通后，由供货商退回货款 30000 元，办公用品已退还。

其账务处理如下：

单位：元

财务会计		预算会计	
（1）借：财政应返还额度	50000	借：资金结存——财政应返还额度	50000
贷：财政拨款收入	50000	贷：财政拨款预算收入	50000

续表

财务会计		预算会计	
（2）借：业务活动费用	45000	借：行政支出	45000
贷：财政应返还额度	45000	贷：资金结存——财政应返还额度	45000
（3）借：财政应返还额度	30000	借：资金结存——财政应返还额度	30000
贷：库存物品	30000	贷：行政支出	30000

（二）应收票据

1. 应收票据的概念

应收票据是指事业单位因开展经营活动销售产品、提供有偿服务等而收到的商业汇票，包括银行承兑汇票和商业承兑汇票。

2. 应收票据的核算内容

本科目应当按照开出、承兑商业汇票的单位等进行明细核算。事业单位应当设置"应收票据备查簿"，逐笔登记每一应收票据的种类、号码、出票日期、到期日、票面金额、交易合同号，以及付款人、承兑人、背书人姓名或单位名称和背书转让日、贴现日期、贴现率、贴现净额、收款日期、收回金额、退票情况等。应收票据到期结清票款或退票后，应当在备查簿内逐笔注销。

本科目期末借方余额反映事业单位持有的商业汇票票面金额。应收票据的账务处理如表 2-7 所示。

表 2-7　应收票据的账务处理

	业务事项	财务会计	预算会计
收到商业汇票	销售产品、提供服务等收到商业汇票时	借：应收票据 　贷：经营收入等	—
商业汇票向银行贴现	持未到期的商业汇票向银行贴现	借：银行存款［贴现净额］ 　　经营费用等［贴现利息］ 　贷：应收票据［不附追索权］/ 　　短期借款［附追索权］	借：资金结存——货币资金 　贷：经营预算收入等 　　　［贴现净额］
	附追索权的商业汇票到期未发生追索事项	借：短期借款 　贷：应收票据	—

续表

业务事项		财务会计	预算会计
商业汇票背书转让	将持有的商业汇票背书转让以取得所需物资	借：库存物品等 　贷：应收票据 　　银行存款 [差额]	借：经营支出等 [支付的金额] 　贷：资金结存——货币资金
商业汇票到期	商业汇票到期，收回应收票据	借：银行存款 　贷：应收票据	借：资金结存——货币资金 　贷：经营预算收入等
	商业汇票到期，付款人无力支付票款时	借：应收账款 　贷：应收票据	—

3. 应收票据的实务处理举例

【例2-7】 2×24年，某事业单位发生业务如下，为简便起见，暂不考虑增值税业务。

（1）单位开展非独立核算的经营活动，向甲公司转让专利技术一项，价款合计150000元。现收到甲公司开具的一张期限三个月的银行承兑汇票。

（2）两个月后，该事业单位提前向银行申请不附追索权贴现，收到贴现净额149250元。

（3）单位采购非独立核算的经营活动需要的物资材料一批，价款合计200000元。该单位将持有的面额为180000元的银行承兑汇票背书给供货商，同时通过银行转账支付20000元差额。

（4）9月1日，事业单位持有的两张商业汇票到期，一张是金额为100000元的银行承兑汇票A，该票据是所属非独立核算单位开展专业业务及辅助业务活动以外相关业务取得的；另一张是金额为200000元的商业承兑汇票B。其中，银行承兑汇票如期兑付，款项已到账；同时，商业承兑汇票因付款人无力支付票款，票据被银行退回。

其账务处理如下：

单位：元

财务会计		预算会计
（1）借：应收票据　　　　150000 　　　贷：经营收入　　　　150000		—

续表

财务会计	预算会计

（2）借：银行存款   149250
      经营费用   750
       贷：应收票据   150000
	借：资金结存——货币资金 149250
	      贷：经营预算收入 149250

（3）借：库存物品   200000
       贷：应收票据   180000
          银行存款   20000
	借：经营支出 20000
	      贷：资金结存——货币资金 20000

（4）借：银行存款   100000
      应收账款   200000
       贷：应收票据——银行承兑汇票 A
               100000
          ——商业承兑汇票 B
               200000
	借：资金结存——货币资金 100000
	      贷：经营预算收入 100000

（三）应收账款

1. 应收账款的概念

应收账款是指事业单位提供服务、销售产品等应收取的款项，以及行政事业单位因出租资产、出售物资等应收取的款项。

应收账款是流动资产的一个重要组成部分，它是单位在未来一定时间内拥有的一项债权。应收账款所收回的权利多为货币资金，且它是伴随着单位相关交易行为而发生的，因此应在其发生时确认。行政单位的应收账款主要是指出租资产、出售物资等应当收取的款项。

2. 应收账款的核算内容

本科目应当按照债务单位（或个人）进行明细核算。本科目期末借方余额反映单位尚未收回的应收账款。

单位应当于每年末，对收回后应当上缴财政的应收账款进行全面检查。对于账龄超过规定年限、确认无法收回的应收账款，按照规定报经批准后予以核销。按照核销金额，借记"应缴财政款"科目，贷记本科目。核销的应收账款应当在备查簿中保留登记。已核销的应收账款在以后期间又收回的，按照实际收回金额，借记"银行存款"等科目，贷记"应缴财政款"科目。应收账款的账务处理如表 2-8 所示。

表 2-8 应收账款的账务处理

业务事项		财务会计	预算会计
发生应收账款时	应收账款收回后不需上缴财政	借：应收账款 贷：事业收入/经营收入/其他收入等	—
	应收账款收回后需上缴财政	借：应收账款 贷：应缴财政款	—
收回应收账款时	应收账款收回后不需上缴财政	借：银行存款等 贷：应收账款	借：资金结存——货币资金等 贷：事业预算收入/经营预算收入/其他预算收入等
	应收账款收回后需上缴财政	借：银行存款等 贷：应收账款	—
逾期无法收回的应收账款	报经批准后予以核销	借：坏账准备/应缴财政款 贷：应收账款	—
	事业单位已核销不需上缴财政的应收账款在以后期间收回	借：应收账款 贷：坏账准备 借：银行存款 贷：应收账款	借：资金结存——货币资金 贷：非财政拨款结余等
	单位已核销需上缴财政的应收账款在以后期间收回	借：银行存款等 贷：应缴财政款	—

3. 应收账款的实务处理举例

【例 2-8】2×24 年，某事业单位发生业务如下。

（1）某学校在开展专业业务活动中发生一项应收账款 30200 元，该应收账款收回后不需上缴财政。

（2）数日后，该事业单位收回了该项应收账款。

（3）单位经批准向外出租资产，月租金 20000 元，2×24 年 3 月末确认租金。

（4）4 月初收到租金。

其账务处理如下：

单位：元

财务会计		预算会计	
（1） 借：应收账款	30200	—	
贷：事业收入	30200		
（2） 借：银行存款	30200	借：资金结存——货币资金	30200
贷：应收账款	30200	贷：事业预算收入	30200
（3） 借：应收账款	20000	—	
贷：应缴财政款	20000		
（4） 借：银行存款	20000	—	
贷：应收账款	20000		

（四） 预付账款

1. 预付账款的概念

预付账款是指行政事业单位按照购货、服务合同或协议规定预付给供应单位（或个人）的款项，以及按照合同规定向承包工程的施工企业预付的备料款和工程款。

预付账款与"应收账款"科目同为单位的一项债权，不同的是，它所收回的通常为商品或劳务，行政单位设立的"预付账款"科目主要核算按照购货、劳务合同规定预付给供应单位（或个人）的款项。

2. 预付账款的核算内容

本科目应当按照供应单位（或个人）及具体项目进行明细核算；对于基建项目发生的预付账款，还应当在本科目所属基建项目明细科目下设置"预付备料款""预付工程款""其他预付款"等明细科目，进行明细核算。本科目期末借方余额反映单位实际预付但尚未结算的款项。

单位应当于每年末对预付账款进行全面检查。如果有确凿证据表明预付账款不再符合预付款项性质，或者由于供应单位破产、撤销等原因可能无法收到所购货物、服务的，应当先将其转入其他应收款，再按照规定进行处理。将预付账款账面余额转入其他应收款时，借记"其他应收款"科目，贷记本科目。预付账款的账务处理如表2-9所示。

表 2-9　预付账款的账务处理

业务事项		财务会计	预算会计
发生预付账款时		借：预付账款 　　贷：财政拨款收入/银行存款等	借：行政支出/事业支出等 　　贷：财政拨款预算收入/资金结存
收到所购物资或劳务，以及根据工程进度结算工程价款等时		借：业务活动费用/库存物品/固定资产/在建工程等 　　贷：预付账款 　　　　财政拨款收入/银行存款等[补付款项]	借：行政支出/事业支出等[补付款项] 　　贷：财政拨款预算收入/资金结存
预付账款退回	当年预付账款退回	借：财政拨款收入/银行存款等 　　贷：预付账款	借：财政拨款预算收入/资金结存 　　贷：行政支出/事业支出等
	以前年度预付账款退回	借：财政应返还额度/银行存款等 　　贷：预付账款	借：资金结存 　　贷：财政拨款结余/财政拨款结转——年初余额调整
逾期无法收回的预付账款转为其他应收款		借：其他应收款 　　贷：预付账款	—

3. 预付账款的实务处理举例

【例 2-9】2×24 年，某行政单位发生业务如下。

（1）该行政单位向社会公司购买一项服务，发生预付账款 45500 元，款项通过国库集中支付方式支付。

（2）一个月后，该行政单位收到向社会公司购买的该项服务，同时补付相应款项 15500 元，款项通过国库集中支付方式支付。

其账务处理如下：

单位：元

财务会计		预算会计	
（1）借：预付账款	45500	借：行政支出	45500
贷：财政拨款收入	45500	贷：财政拨款预算收入	45500
（2）借：业务活动费用	61000	借：行政支出	15500
贷：预付账款	45500	贷：财政拨款预算收入	15500
财政拨款收入	15500		

（五）应收股利

1. 应收股利的概念

应收股利是指事业单位因持有长期股权投资应当收取的现金股利或应

当分得的利润。

2. 应收股利的核算内容

本科目应当按照被投资单位等进行明细核算。本科目期末借方余额反映事业单位应当收取但尚未收到的现金股利或利润。应收股利的账务处理如表 2-10 所示。

表 2-10　应收股利的账务处理

业务事项		财务会计	预算会计
取得的股权投资	取得长期股权投资	借：长期股权投资 　　应收股利［取得投资支付价款中包含的已宣告但尚未发放的现金股利或利润］ 贷：银行存款［取得投资支付的全部价款］	借：投资支出［取得投资支付的全部价款］ 贷：资金结存——货币资金
	收到取得投资所支付价款中包含的已宣告但尚未发放的股利或利润时	借：银行存款 贷：应收股利	借：资金结存——货币资金 贷：投资支出等
持有投资期间	被投资单位宣告发放现金股利或利润	借：应收股利 贷：投资收益/长期股权投资	—
	收到现金股利或利润时	借：银行存款 贷：应收股利	借：资金结存——货币资金 贷：投资预算收益

（六）应收利息

1. 应收利息的概念

应收利息是指事业单位长期债券投资应当收取的利息。事业单位购入的到期一次还本付息的长期债券投资持有期间的利息，应当通过"长期债券投资——应计利息"科目核算，不通过本科目核算。

2. 应收利息的核算内容

本科目应当按照被投资单位等进行明细核算。本科目期末借方余额反映事业单位应收未收的长期债券投资利息。应收利息的账务处理如表 2-11 所示。

表 2-11 应收利息的账务处理

业务事项		财务会计	预算会计
取得的债券投资	取得长期债券投资	借：长期债券投资 应收利息〔取得投资支付价款中包含的已到付息期但尚未领取的利息〕 贷：银行存款〔取得投资支付的全部价款〕	借：投资支出〔取得投资支付的全部价款〕 贷：资金结存——货币资金
	收到取得投资所支付价款中包含的已到付息期但尚未领取的利息时	借：银行存款 贷：应收利息	借：资金结存——货币资金 贷：投资支出等
持有投资期间	按期计提利息	借：应收利息〔分期付息、到期还本债券计提的利息〕 贷：投资收益	—
	实际收到利息	借：银行存款 贷：应收利息	借：资金结存——货币资金 贷：投资预算收益

（七）其他应收款

1. 其他应收款的概念

其他应收款是指行政事业单位除财政应返还额度、应收票据、应收账款、预付账款、应收股利、应收利息以外的其他各项应收及暂付款项。如职工预借的差旅费、已经偿还银行尚未报销的本单位公务卡欠款、拨付给内部有关部门的备用金、应向职工收取的各种垫付款项、支付的可以收回的订金或押金、应收的上级补助和附属单位上缴款项等。

2. 其他应收款的核算内容

本科目应当按照其他应收款的类别以及债务单位（或个人）进行明细核算。本科目期末借方余额反映单位尚未收回的其他应收款。

事业单位应当于每年末对其他应收款进行全面检查，如发生不能收回的迹象，应当计提坏账准备。①对于账龄超过规定年限、确认无法收回的其他应收款，按照规定报经批准后予以核销。按照核销金额，借记"坏账准备"科目，贷记本科目。核销的其他应收款应当在备查簿中保留登记。②已核销的其他应收款在以后期间又收回的，按照实际收回金额，借记本科目，贷记"坏账准备"科目；同时，借记"银行存款"等科目，贷记本科目。

行政单位应当于每年末对其他应收款进行全面检查。对于超过规定年限、确认无法收回的其他应收款，应当按照有关规定报经批准后予以核销。核销的其他应收款应在备查簿中保留登记：①经批准核销其他应收款时，按照核销金额，借记"资产处置费用"科目，贷记本科目；②已核销的其他应收款在以后期间又收回的，按照收回金额，借记"银行存款"等科目，贷记"其他收入"科目。

其他应收款的账务处理如表 2-12 所示。

表 2-12　其他应收款的账务处理

业务事项		财务会计	预算会计
发生暂付款项（包括偿还未报销的公务卡款项）	暂付款项时	借：其他应收款 　　贷：银行存款/库存现金	—
	报销时	借：业务活动费用/单位管理费用等［实际报销金额］ 　　贷：其他应收款	借：行政支出/事业支出等［实际报销金额］ 　　贷：资金结存
	收回暂付款项时	借：库存现金/银行存款等 　　贷：其他应收款	—
发生其他各种应收款项	确认其他应收款时	借：其他应收款 　　贷：上级补助收入/附属单位上缴收入/其他收入等	—
	收到其他应收款项时	借：银行存款/库存现金等 　　贷：其他应收款	借：资金结存——货币资金 　　贷：上级补助预算收入/附属单位上缴预算收入/其他预算收入等
拨付给内部有关部门的备用金	财务部门核定并发放备用金时	借：其他应收款 　　贷：库存现金	—
	根据报销数用现金补足备用金定额时	借：业务活动费用/单位管理费用等 　　贷：库存现金	借：行政支出/事业支出等 　　贷：资金结存——货币资金
逾期无法收回的其他应收款	经批准核销时	借：坏账准备［事业单位］/资产处置费用［行政单位］ 　　贷：其他应收款	—

续表

业务事项		财务会计	预算会计
逾期无法收回的其他应收款	已核销的其他应收款在以后期间收回	事业单位： 借：其他应收款 　　贷：坏账准备 借：银行存款等 　　贷：其他应收款 行政单位： 借：银行存款等 　　贷：其他收入	借：资金结存——货币资金 　　贷：其他预算收入

3. 其他应收款的实务处理举例

【例 2-10】2×24 年，某事业单位发生业务如下。

（1）3 月 5 日，职工张某因参加学术会议的需要，预借差旅费 5000 元。

（2）3 月 8 日，张某报销差旅费和会议费等共计 4800 元，并退回多余的 200 元。

（3）5 月 8 日，单位内设的甲部门申请备用金 5000 元，现以现金形式拨付。

（4）5 月 15 日，甲部门报销用备用金支付的邮递费 500 元，财务部门以现金补足备用金定额。

（5）12 月 31 日，核销并收回甲部门的备用金 5000 元。

（6）年末，单位对其他应收款进行全面核查，发现有一笔金额为 500 元的其他应收款的账龄已经超过规定年限且有证据表明确实无法收回。经批准后予以核销。

其账务处理如下：

单位：元

财务会计		预算会计	
（1）借：其他应收款	5000	—	
贷：库存现金	5000		
（2）借：库存现金	200	借：事业支出	4800
业务活动费用	4800	贷：资金结存——货币资金	4800
贷：其他应收款	5000		
（3）借：其他应收款	5000	—	
贷：库存现金	5000		

续表

财务会计		预算会计	
（4）借：业务活动费用	500	借：事业支出	500
贷：库存现金	500	贷：资金结存——货币资金	500
（5）借：库存现金	5000	—	
贷：其他应收款	5000		
（6）借：坏账准备	500	—	
贷：其他应收款	500		

（八）坏账准备

1. 坏账准备的概念

坏账是指无法收回的应收款项。根据现行制度规定，事业单位对收回后不需上缴财政的应收账款和其他应收款应当计提坏账准备。

事业单位应当于每年末对收回后不需上缴财政的应收账款和其他应收款进行全面检查，分析其可收回性，对预计可能产生的坏账损失计提坏账准备、确认坏账损失。

事业单位可以采用应收款项余额百分比法、账龄分析法、个别认定法等方法计提坏账准备。坏账准备计提方法一经确定，不得随意变更。如需变更，应当按照规定报经批准，并在财务会计报表附注中予以说明。

2. 坏账准备的核算内容

本科目应当分别以应收账款和其他应收款进行明细核算。本科目期末贷方余额反映事业单位提取的坏账准备金额。坏账准备的账务处理如表2-13所示。

表 2-13　坏账准备的账务处理

业务事项		财务会计	预算会计
年末全面分析不需上缴财政的应收账款和其他应收款	计提坏账准备，确认坏账损失	借：其他费用 　　贷：坏账准备	—
	冲减坏账准备	借：坏账准备 　　贷：其他费用	—

业务事项		财务会计	预算会计
逾期无法收回的应收账款和其他应收款	报经批准后予以核销	借：坏账准备 　贷：应收账款/其他应收款	—
	已核销不需上缴财政的应收款项在以后期间收回	借：应收账款/其他应收款 　贷：坏账准备 借：银行存款 　贷：应收账款/其他应收款	借：资金结存——货币资金等 　贷：非财政拨款结余等

当期应补提或冲减的坏账准备金额的计算公式如下：

当期应补提或冲减的坏账准备＝按照期末应收账款和其他应收款计算应计提的坏账准备金额－"坏账准备"科目期末贷方余额（或＋"坏账准备"科目期末借方余额）

3. 坏账准备的实务处理举例

【例 2-11】某事业单位发生业务如下。

（1）2×23 年末，该事业单位对收回后不需上缴财政的应收账款和其他应收款进行全面核查，发现这部分应收款项的余额为 10000000 元，该单位按照 2‰的标准计提坏账准备，计提前 "坏账准备" 科目余额为 0。

（2）2×24 年 5 月，该事业单位有一笔账龄超过规定年限且有明确证据表明确实无法收回的应收账款，金额为 10000 元。报经批准后，予以核销坏账损失。

（3）2×24 年 8 月，该事业单位之前核销的应收账款 10000 元和其他应收款 5000 元都已收回，款项存入银行。

其账务处理如下：

单位：元

财务会计		预算会计	
（1）借：其他费用	20000	—	
贷：坏账准备	20000		
（2）借：坏账准备	10000	—	
贷：应收账款	10000		
（3）借：应收账款	10000	—	
其他应收款	5000		
贷：坏账准备	15000		
借：银行存款	15000	借：资金结存——货币资金	15000
贷：应收账款	10000	贷：非财政拨款结余——年初余额调整	
其他应收款	5000		15000

四 存货业务

（一）存货的概念

存货是指行政事业单位在开展业务活动及其他活动中为耗用或出售而储存的资产，如材料、产品、包装物和低值易耗品等，以及未达到固定资产标准的用具、装具、动植物等。政府储备物资、收储土地等不属于存货的范围。

存货按经济内容或经济用途可划分为在途物品、库存物品和加工物品。

（二）存货的计量

1. 初始计量

存货在取得时应当按照成本进行初始计量。按照不同的取得方式，存货实际成本的确定如表 2-14 所示。

表 2-14 存货实际成本的确定

取得方式	实际成本的确定
购入	成本包括购买款、相关税费、运输费、装卸费、保险费以及使得存货达到目前场所和状态所发生的归属于存货成本的其他支出
自行加工	成本包括耗用的直接材料费用、发生的直接人工费用和按照一定方法分配的与存货加工有关的间接费用
委托加工	成本包括委托加工前存货成本、委托加工的成本（如委托加工费以及按规定应计入委托加工存货成本的相关税费等）以及使存货达到目前场所和状态所发生的归属于存货成本的其他支出
置换取得	成本按照换出资产的评估价值，加上支付的补价或减去收到的补价，再加上为换入存货发生的其他相关支出确定
接受捐赠	成本按照有关凭据注明的金额加上相关税费、运输费等确定；没有相关凭据可供取得，但按规定经过资产评估的，其成本按照评估价值加上相关税费、运输费等确定；没有相关凭据可供取得，也未经资产评估的，其成本比照同类或类似资产的市场价格加上相关税费、运输费等确定；没有相关凭据且未经资产评估、同类或类似资产的市场价格也无法可靠取得的，按照名义金额入账，相关税费、运输费等计入当期费用
无偿调入	成本按照调出方账面价值加上相关税费、运输费等确定
盘盈存货	按规定经过资产评估的，其成本按照评估价值确定；未经资产评估的，其成本按照重置成本确定

下列各项应当在发生时确认为当期费用，不计入存货成本。

（1）非正常消耗的直接材料、直接人工和间接费用。

（2）仓储费用（不包括在加工过程中为达到下一个加工阶段所必需的费用）。

（3）不能归属于使存货达到目前场所和状态所发生的其他支出。

2. 后续计量

政府会计主体应当根据实际情况采用先进先出法、加权平均法或者个别计价法确定发出存货的实际成本。计价方法一经确定，不得随意变更。对于性质和用途相似的存货，应当采用相同的成本计价方法确定发出存货的成本。对于不能替代使用的存货、为特定项目专门购入或加工的存货，通常采用个别计价法确定发出存货的成本。

对于已发出的存货，应当将其成本结转为当期费用或者计入相关资产成本。按规定报经批准对外捐赠、无偿调出的存货，应当将其账面余额予以转销，对外捐赠、无偿调出中发生的归属于捐出方、调出方的相关费用应当计入当期费用。

（三）在途物品

1. 在途物品的概念

在途物品是指行政事业单位采购材料等物资时货款已付或已开出商业汇票但尚未验收入库的物品。

2. 在途物品的核算内容

（1）单位购入材料等物品，按照确定的物品采购成本的金额，借记本科目；按照实际支付的金额，贷记"财政拨款收入""零余额账户用款额度""银行存款"等科目。涉及增值税业务的，相关账务处理参见"应交增值税"科目。

（2）所购材料等物品到达验收入库，按照确定的库存物品成本金额，借记"库存物品"科目；按照物品采购成本金额，贷记本科目；按照使得入库物品达到目前场所和状态所发生的其他支出，贷记"银行存款"等科目。

在途物品的账务处理如表2-15所示。

表 2-15　在途物品的账务处理

业务事项	财务会计	预算会计
购入材料等物资，结算凭证收到货未到，款已付或已开出商业汇票	借：在途物品 　　贷：财政拨款收入/银行存款/应付票据等	借：行政支出/事业支出/经营支出等 　　贷：财政拨款预算收入/资金结存
所购材料等物资到达验收入库	借：库存物品 　　贷：在途物品	—

（四）库存物品

1. 库存物品的概念

库存物品是指行政事业单位在开展业务活动及其他活动中为耗用或出售而储存的各种物品。它包括各种材料、产品、包装物、低值易耗品，以及达不到固定资产标准的用具、装具、动植物等。已完成的测绘、地质勘查、设计成果等的成本，也通过本科目核算。

【延伸提示】

单位随买随用的零星办公用品，可以在购进时直接列作费用，不通过本科目核算。单位控制的政府储备物资，应当通过"政府储备物资"科目核算，不通过本科目核算。单位受托存储保管的物资和受托转赠的物资，应当通过"受托代理资产"科目核算，不通过本科目核算。单位为在建工程购买和使用的材料物资，应当通过"工程物资"科目核算，不通过本科目核算。

2. 库存物品的核算内容

本科目应当按照库存物品的种类、规格、保管地点等进行明细核算。单位储存的低值易耗品、包装物较多的，可以在本科目（低值易耗品、包装物）下按照"在库"、"在用"和"摊销"等进行明细核算。本科目期末借方余额反映单位库存物品的实际成本。相关库存物品的账务处理如表 2-16、表 2-17、表 2-18 所示。

表 2-16 取得库存物品的账务处理

业务事项		财务会计	预算会计
外购的库存物品验收入库		借：库存物品 　　贷：财政拨款收入/财政应返还额度/银行存款/应付账款等	借：行政支出/事业支出/经营支出等 　　贷：财政拨款预算收入/资金结存
自制的库存物品加工完成、验收入库		借：库存物品——相关明细科目 　　贷：加工物品——自制物品	—
委托外单位加工收回的库存物品		借：库存物品——相关明细科目 　　贷：加工物品——委托加工物品	—
接受捐赠的库存物品		借：库存物品 　　贷：银行存款等 　　　　捐赠收入	借：其他支出 　　贷：资金结存
无偿调入的库存物品		借：库存物品 　　贷：银行存款等 　　　　无偿调拨净资产	借：其他支出 　　贷：资金结存
按照名义金额入账的接受捐赠、无偿调入的库存物品及发生的相关税费、运输费等		借：库存物品 　　贷：捐赠收入/无偿调拨净资产 借：其他费用 　　贷：银行存款等	借：其他支出 　　贷：资金结存
置换换入的库存物品	不涉及补价	借：库存物品［换出资产评估价值+其他相关支出］ 　　固定资产累计折旧/无形资产累计摊销 　　资产处置费用［借差］ 　　贷：库存物品/固定资产/无形资产等［账面余额］ 　　　　银行存款等［其他相关支出］ 　　　　其他收入［贷差］	借：其他支出 　　贷：资金结存
	支付补价	借：库存物品［换出资产评估价值+其他相关支出+补价］ 　　固定资产累计折旧/无形资产累计摊销 　　资产处置费用［借差］ 　　贷：库存物品/固定资产/无形资产等［账面余额］ 　　　　银行存款等［其他相关支出+补价］ 　　　　其他收入［贷差］	借：其他支出［实际支付的补价和其他相关支出］ 　　贷：资金结存

续表

业务事项		财务会计	预算会计
置换换入的库存物品	收到补价	借：库存物品［换出资产评估价值+其他相关支出-补价］ 银行存款等［补价］ 固定资产累计折旧/无形资产累计摊销 资产处置费用［借差］ 贷：库存物品/固定资产/无形资产等［账面余额］ 银行存款等［其他相关支出］ 应缴财政款［补价-其他相关支出］ 其他收入［贷差］	借：其他支出［其他相关支出大于收到的补价的差额］ 贷：资金结存

【例 2-12】 某事业单位发生业务如下。

（1）单位采购一批专业活动物资，采购成本为 80000 元，款项已通过国库集中支付方式支付，物资已验收入库。

（2）接受捐赠一批物资，有关凭证注明金额为 450000 元，并以银行存款支付运输费 5000 元，物资已验收入库。

（3）单位接受上级部门无偿调入的物资一批，有关凭据注明金额为 300000 元，并通过国库集中支付方式支付运输费 3000 元，物资已验收入库。

（4）单位将闲置不用的一台设备与其他单位进行置换，换入物资一批，双方没有发生补价。该台设备的固定资产余额为 50000 元，已提折旧为 20000 元，评估价值为 35000 元，并由该单位承担运输费 500 元，款项以现金支付。

其账务处理如下：

单位：元

财务会计		预算会计	
（1）借：库存物品	80000	借：事业支出	80000
贷：财政拨款收入	80000	贷：财政拨款预算收入	80000
（2）借：库存物品	455000	借：其他支出	5000
贷：银行存款	5000	贷：资金结存——货币资金	5000
捐赠收入	450000		

续表

财务会计		预算会计	
（3）借：库存物品	303000	借：其他支出	3000
贷：财政拨款收入	3000	贷：财政拨款预算收入	3000
无偿调拨净资产	300000		
（4）借：库存物品	35500	借：其他支出	500
固定资产累计折旧	20000	贷：资金结存——货币资金	500
贷：库存现金	500		
固定资产	50000		
其他收入	5000		

表 2-17　发出库存物品的账务处理

业务事项	财务会计	预算会计
开展业务活动、按照规定自主出售或加工物品等领用、发出库存物品时	借：业务活动费用/单位管理费用/经营费用/加工物品等 　　贷：库存物品［按照领用、发出成本］	—
经批准对外捐赠的库存物品发出时	借：资产处置费用 　　贷：库存物品［账面余额］ 　　　　银行存款［归属于捐出方的相关费用］	借：其他支出［实际支付的相关费用］ 　　贷：资金结存
经批准无偿调出的库存物品发出时	借：无偿调拨净资产 　　贷：库存物品［账面余额］ 借：资产处置费用 　　贷：银行存款等［归属于调出方的相关费用］	借：其他支出［实际支付的相关费用］ 　　贷：资金结存
经批准对外出售［自主出售除外］的库存物品发出时	借：资产处置费用 　　贷：库存物品［账面余额］ 借：银行存款等［收到的价款］ 　　贷：银行存款等［发生的相关税费］ 　　　　应缴财政款	—
经批准置换换出库存物品	参照置换换入库存物品的处理	

【例 2-13】某事业单位发生业务如下。

（1）单位因开展专业业务活动的需要，领用库存物品一批，根据先进先出法，这批物品的价值为 5000 元。

（2）单位向对口支援地区的一所希望小学捐赠库存物品一批，价值为68000 元，并承担 2000 元运输费等费用，款项通过国库集中支付方式支付。

其账务处理如下：

单位：元

财务会计		预算会计	
（1）借：业务活动费用	5000	—	
贷：库存物品	5000		
（2）借：资产处置费用	70000	借：其他支出	2000
贷：库存物品	68000	贷：财政拨款预算收入	2000
财政拨款收入	2000		

表 2-18　库存物品定期盘点及毁损、报废的账务处理

业务事项	财务会计	预算会计
盘盈的库存物品	借：库存物品 　　贷：待处理财产损溢	—
盘亏或者毁损、报废的库存物品转入待处理资产	借：待处理财产损溢 　　贷：库存物品［账面余额］	—
增值税一般纳税人购进的非自用材料发生盘亏或者毁损、报废的	借：待处理财产损溢 　　贷：应交增值税——应交税金 　　　　（进项税额转出）	—

【例 2-14】某行政单位发生业务如下。

（1）单位在对库存物品进行清查盘点时，盘盈甲材料 10 件，盘亏乙材料 20 件。根据有关凭证上注明的金额，甲材料的单价为 20 元，乙材料的单价为 15 元。

（2）报经批准后，盘盈的甲材料的价值冲减当期单位管理费用，盘亏的乙材料的价值计入资产处置费用。

其账务处理如下：

单位：元

财务会计		预算会计
（1）借：库存物品——甲材料	200	
贷：待处理财产损溢	200	
借：待处理财产损溢	300	—
贷：库存物品——乙材料	300	
（2）借：待处理财产损溢	200	
贷：单位管理费用	200	—
借：资产处置费用	300	
贷：待处理财产损溢	300	

（五）加工物品

1. 加工物品的概念

加工物品是指行政事业单位自制或委托外单位加工的各种物品，包括自制物品和委托加工物品。未完成的测绘、地质勘查、设计成果的实际成本，也通过本科目核算。

2. 加工物品的核算内容

本科目应当设置"自制物品""委托加工物品"两个一级明细科目，并按照物品类别、品种、项目等设置明细账，进行明细核算。本科目"自制物品"一级明细科目下应当设置"直接材料""直接人工""其他直接费用"等二级明细科目归集自制物品发生的直接材料、直接人工（专门从事物品制造人员的人工费）等直接费用；对于自制物品发生的间接费用，应当在本科目"自制物品"一级明细科目下单独设置"间接费用"二级明细科目予以归集，期末再按照一定的分配标准和方法，分配计入有关物品的成本。本科目期末借方余额反映单位自制或委托外单位加工但尚未完工的各种物品的实际成本。加工物品的账务处理如表2-19所示。

表 2-19 加工物品的账务处理

业务事项		财务会计	预算会计
自制物品	为自制物品领用材料时	借：加工物品——自制物品（直接材料） 贷：库存物品（相关明细科目）	—
	专门从事物品制造的人员发生的直接人工费用	借：加工物品——自制物品（直接人工） 贷：应付职工薪酬	—
	为自制物品发生其他直接费用和间接费用	借：加工物品——自制物品（其他直接费用、间接费用） 贷：财政拨款收入/银行存款等	借：事业支出/经营支出等［实际支付金额］ 贷：财政拨款预算收入/资金结存
	自制加工完成、验收入库	借：库存物品（相关明细科目） 贷：加工物品——自制物品（直接材料、直接人工、其他直接费用和间接费用）	—

续表

业务事项		财务会计	预算会计
委托加工物品	发给外单位加工的材料	借：加工物品——委托加工物品 　贷：库存物品（相关明细科目）	—
	支付加工费用等	借：加工物品——委托加工物品 　贷：财政拨款收入/银行存款等	借：行政支出/事业支出/经营支出等 　贷：财政拨款预算收入/资金结存
	委托加工完成的物品验收入库	借：库存物品（相关明细科目） 　贷：加工物品——委托加工物品	—

第二节　非流动资产核算

行政事业单位的非流动资产主要有长期投资、固定资产、在建工程及无形资产。

一　长期投资业务

长期投资是指政府会计主体取得的除短期投资以外的股权和债券性质的投资。

（一）长期股权投资

1. 长期股权投资的概念

长期股权投资是指事业单位按照规定取得的，持有时间超过1年的股权性质的投资。

2. 长期股权投资的核算内容

本科目应当按照被投资单位和长期股权投资取得方式等进行明细核算。长期股权投资采用权益法核算的，还应当按照"成本""损益调整""其他权益变动"设置明细科目，进行明细核算。本科目期末借方余额反映事业单位持有的长期股权投资的价值。相关长期股权投资的账务处理如表2-20、表2-21、表2-22所示。

【延伸提示】政府会计准则与企业会计准则中的长期股权投资核算有何异同？

根据《政府会计准则第 2 号——投资》，长期股权投资在持有期间，通常应当采用权益法进行核算。政府会计主体无权决定被投资单位的财务和经营政策或无权参与被投资单位的财务和经营政策决策的，应当采用成本法进行核算。

表 2-20 取得长期股权投资的账务处理

业务事项	财务会计	预算会计
以现金取得的长期股权投资	借：长期股权投资——成本/长期股权投资 应收股利［实际支付价款中包含的已宣告但尚未发放的股利或利润］ 贷：银行存款等［实际支付的价款］	借：投资支出［实际支付的价款］ 贷：资金结存——货币资金
收到取得投资时实际支付价款中所包含的已宣告但尚未发放的股利或利润时	借：银行存款 贷：应收股利	借：资金结存——货币资金 贷：投资支出等
以现金以外的其他资产置换取得长期股权投资	参照"库存物品"科目中置换取得库存物品的账务处理	
以未入账的无形资产取得的长期股权投资	借：长期股权投资 贷：银行存款/其他应交税费 其他收入	借：其他支出［支付的相关税费］ 贷：资金结存
接受捐赠的长期股权投资	借：长期股权投资——成本/长期股权投资 贷：银行存款等［相关税费］ 捐赠收入	借：其他支出［支付的相关税费］ 贷：资金结存
无偿调入的长期股权投资	借：长期股权投资 贷：无偿调拨净资产 银行存款等［相关税费］	借：其他支出［支付的相关税费］ 贷：资金结存

表 2-21　持有长期股权投资期间的账务处理

	业务事项	财务会计	预算会计
成本法	被投资单位宣告发放现金股利或利润时	借：应收股利 　贷：投资收益	—
	收到被投资单位发放的现金股利时	借：银行存款 　贷：应收股利	借：资金结存——货币资金 　贷：投资预算收益
权益法	被投资单位实现净利润的，按照其份额	借：长期股权投资——损益调整 　贷：投资收益	—
	被投资单位发生净亏损的，按照其份额	借：投资收益 　贷：长期股权投资——损益调整	—
	被投资单位发生净亏损，但以后年度又实现净利润的，按规定恢复确认投资收益的	借：长期股权投资——损益调整 　贷：投资收益	—
	被投资单位宣告发放现金股利或利润的，按照其份额	借：应收股利 　贷：长期股权投资——损益调整	—
	被投资单位除净损益和利润分配以外的所有者权益变动时，按照其份额	借：长期股权投资——其他权益变动 　贷：权益法调整 或 借：权益法调整 　贷：长期股权投资——其他权益变动	—
	收到被投资单位发放的现金股利	借：银行存款 　贷：应收股利	借：资金结存——货币资金 　贷：投资预算收益
追加投资成本法改为权益法		借：长期股权投资——成本 　贷：长期股权投资［成本法下账面余额］ 　　银行存款等［追加投资］	借：投资支出［实际支付的金额］ 　贷：资金结存——货币资金
权益法改为成本法		借：长期股权投资 　贷：长期股权投资——成本 　　长期股权投资——损益调整 　　长期股权投资——其他权益变动	—

表 2-22　出售（转让）长期股权投资期间的账务处理

业务事项		财务会计	预算会计
处置以现金取得的长期股权投资		借：银行存款［实际取得价款］ 　　投资收益［借差］ 　贷：长期股权投资［账面余额］ 　　应收股利［尚未领取的现金股利或利润］ 　　银行存款等［支付的相关税费］ 　　投资收益［贷差］	借：资金结存——货币资金［取得价款扣减支付的相关税费后的金额］ 　贷：投资支出/其他结余［投资款］ 　　投资预算收益
处置以现金以外的其他资产取得的长期股权投资	处置净收入上缴财政的	借：资产处置费用 　贷：长期股权投资 借：银行存款［实际取得价款］ 　贷：应收股利［尚未领取的现金股利或利润］ 　　银行存款等［支付的相关税费］ 　　应缴财政款	借：资金结存——货币资金 　贷：投资预算收益［获得的现金股利或利润］
	按照规定投资收益纳入单位预算管理的	借：资产处置费用 　贷：长期股权投资 借：银行存款［实际取得价款］ 　贷：应收股利［尚未领取的现金股利或利润］ 　　银行存款等［支付的相关税费］ 　　投资收益［取得价款扣减投资账面余额、应收股利和相关税费后的差额］ 　　应缴财政款［贷差］	借：资金结存——货币资金［取得价款扣减投资账面余额和相关税费后的差额］ 　贷：投资预算收益
其他方式处置长期股权投资	按照规定核销时	借：资产处置费用 　贷：长期股权投资［账面余额］	—
	置换转出时	参照"库存物品"科目中置换取得库存物品的账务处理	
权益法下，处置时结转原直接计入净资产的相关金额		借：权益法调整 　贷：投资收益 　或做相反分录	—

3. 长期股权投资的实务处理举例

【应用案例】

长期股权投资应用案例——关于持有期间采用
权益法核算的会计处理

甲事业单位报经批准于 2019 年 1 月 1 日以自有房产出资，与乙单位共同成立丙公司。甲单位该房产账面余额 1600 万元，累计折旧 200 万元，评估价值 1300 万元。丙公司注册资本 2000 万元，甲单位出资的股权占有比例为 70%，乙单位出资的股权占有比例为 30%，同时甲支付了 100 万元补价。为了简化处理，假定不考虑其他税费相关问题。

（1）2019 年丙公司全年实现净利润 800 万元，除净利润以外的所有者权益科目中"资本公积"减少额为 100 万元。

（2）2020 年 1 月，丙公司根据 2019 年业绩，向股东宣告分派现金股利 600 万元。按照本级财政部门的规定，甲单位需将长期股权投资持有期间取得的投资收益上缴本级财政。甲单位 2020 年 2 月取得现金股利 420 万元后将该现金股利上缴。

（3）2020 年因受疫情等市场环境影响，丙公司经营困难，全年发生净亏损 2200 万元。

（4）2021 年丙公司经营略有好转，全年实现净利润 250 万元。

案例分析及账务处理：

1. 取得初始投资的账务处理

按照《政府会计准则第 2 号——投资》（以下简称《2 号准则》）规定，长期股权投资在持有期间，通常应当采用权益法进行核算。政府会计主体无权决定被投资单位的财务和经营政策或无权参与被投资单位的财务和经营政策决策的，应当采用成本法进行核算。本案例中甲单位投资比例 70%，实务中甲单位可以决定被投资单位的财务和经营政策，因此采用权益法核算。同时，按照《2 号准则》规定，以现金以外的其他资产置换取得的长期股权投资，其成本按照换出资产的评估价值加上支付的补价或减去收到的补价，加上换入长期股权投资发生的其他相关支出确定。本案例中甲单位长期股权投资的成本等于换出的自有房产的评估价值 1300 万元加上支付的补价 100 万元，即 1400 万元。按照《政府会计制度——行政事业单位会计科目和报表》（以下简称《政府会计制度》）规定，长期股权投资采用权益法核算的，还应当按照"成本""损益调整""其他权益变动"设置明细科目，进行明细核算。因此，本案例中甲单位对该长期股权投资核算时除了按照被投资单位丙公司进行明细核算之外，还分了三个明细科目"成本""损益调整""其他权益变动"进行明细核算。

因此，2019 年 1 月 1 日甲单位取得长期股权投资的账务处理如下：（单位：元）

财务会计：

借：长期股权投资——丙公司——成本（换出资产评估价值加补价）

	14000000
资产处置费用	1000000
固定资产累计折旧——房屋建筑物	2000000
贷：固定资产——房屋建筑物	16000000
银行存款	1000000

预算会计：

借：其他支出（实际支付的补价）	1000000
贷：资金结存——货币资金	1000000

2. 2019 年 12 月 31 日的账务处理

第一，被投资单位实现净利润时。

按照《政府会计制度》规定，被投资单位实现净利润的，按照应享有的份额，借记"长期股权投资（损益调整）"科目，贷记"投资收益"科目。

因此，2019 年丙公司实现 800 万元利润时，甲单位确认投资收益为 800×70% = 560 万元，甲单位的账务处理如下：（单位：元）

财务会计：

借：长期股权投资——丙公司——损益调整	5600000
贷：投资收益——丙公司	5600000

预算会计：不做账务处理

第二，被投资单位发生除净损益和利润分配以外的所有者权益变动时。

按照《政府会计制度》规定，被投资单位发生除净损益和利润分配以外的所有者权益变动的，按照应享有或应分担的份额，借记或贷记"权益法调整"科目，贷记或借记"长期股权投资（其他权益变动）"科目。

因此，2019 年丙公司除净利润以外的所有者权益科目"资本公积"减少额为 100 万元，甲单位确认减少的权益法调整数额为 100×70% = 70 万

元，甲单位的账务处理如下：（单位：元）

财务会计：

借：权益法调整——丙公司　　　　　　　　　　　700000

　　贷：长期股权投资——丙公司——其他权益变动　700000

预算会计：不做账务处理

3. 2020 年 1 月宣告发放股利时的账务处理

按照《政府会计制度》规定，被投资单位宣告分派现金股利或利润的，按照应享有的份额，借记"应收股利"科目，贷记"长期股权投资（损益调整）"科目。

因此，2020 年 1 月丙公司宣告发放 600 万元现金股利时，甲单位的账务处理如下：（单位：元）

财务会计：

借：应收股利——丙公司　　　　　　　　　　　　4200000

　　贷：长期股权投资——丙公司——损益调整　　　4200000

预算会计：不做账务处理

4. 2020 年 2 月收到股利时的账务处理

按照《政府会计准则制度解释第 2 号》规定，事业单位按规定需将长期股权投资持有期间取得的投资收益上缴本级财政的，收到现金股利或利润时，借记"银行存款"等科目，贷记"应缴财政款"科目，同时按照此前确定的应收股利金额，借记"投资收益"科目或"累计盈余"科目（此前确认的投资收益已经结转的），贷记"应收股利"科目。本案例中甲单位 2020 年收到的股利来源于 2019 年丙公司产生的利润，同时甲单位 2019 年底已经确认当年的投资收益，并于 2019 年底结转至"累计盈余"科目。将取得的现金股利或利润上缴财政时，借记"应缴财政款"科目，贷记"银行存款"等科目。

甲单位的账务处理如下：（单位：元）

（1）收到股利时

财务会计：

借：银行存款　　　　　　　　　　　　　　　　　4200000

　　　　贷：应缴财政款　　　　　　　　　　　　　　4200000

　　借：累计盈余　　　　　　　　　　　　　　　　4200000

　　　　贷：应收股利　　　　　　　　　　　　　　　4200000

预算会计：不做账务处理

（2）上缴财政时

财务会计：

　　借：应缴财政款　　　　　　　　　　　　　　　4200000

　　　　贷：银行存款　　　　　　　　　　　　　　　4200000

预算会计：不做账务处理

5. 2020 年 12 月 31 日的账务处理

按照《政府会计制度》规定，被投资单位发生净亏损的，按照应分担的份额，借记"投资收益"科目，贷记"长期股权投资（损益调整）"科目，但以长期股权投资的账面余额减记至零为限。2020 年 1 月宣告发放现金股利之后，"长期股权投资——丙公司"科目的账面余额＝1400+560-70-420＝1470 万元。2020 年丙公司亏损 2200 万元，按照股权比例应分担的份额为 2200×70%＝1540 万元，而可减少"长期股权投资——丙公司"科目账面余额的金额为 1470 万元，备查登记应记录未减记长期股权投资的金额为 1540-1470＝70 万元。

甲单位的账务处理如下：（单位：元）

财务会计：

　　借：投资收益——丙公司　　　　　　　　　　14700000

　　　　贷：长期股权投资——丙公司——损益调整　　14700000

预算会计：不做账务处理

6. 2021 年 12 月 31 日的账务处理

按照《政府会计制度》规定，发生亏损的被投资单位以后年度又实现净利润的，按照收益分享额弥补未确认的亏损分担额等后的金额，借记"长期股权投资（损益调整）"科目，贷记"投资收益"科目。2021 年丙公司实现利润 250 万元，可恢复"长期股权投资——丙公司"科目账面余额＝250×70%-70＝105 万元。

甲单位的账务处理如下：（单位：元）

财务会计：

借：长期股权投资——丙公司——损益调整　　　　　1050000

　　贷：投资收益——丙公司　　　　　　　　　　　　　1050000

预算会计：不做账务处理

资料来源：财政部《长期股权投资应用案例——关于持有期间采用权益法核算的会计处理》，财政部官网，http://kjs.mof.gov.cn/zt/zfkjzz/yyal/tzl/202207/t20220707_3825310.htm，2022年7月7日。

【应用案例】

长期股权投资应用案例——关于处置权益法核算的长期股权投资的会计处理

甲事业单位2020年1月1日"长期股权投资"科目余额（假设均为权益法核算）如下：以现金取得的乙公司长期股权投资成本1000000元，损益调整100000元，其他权益变动100000元；以固定资产置换取得的丙公司长期股权投资成本4000000元，损益调整500000元，其他权益变动（贷方）100000元；以无形资产对外投资（非持有的科技成果作价投资）取得的丁公司长期股权投资成本3000000元，损益调整（贷方）50000元，其他权益变动（贷方）100000元。

2020年，甲单位发生以下经济业务。

（1）经批准，甲单位2020年1月1日出售乙公司股权，获得处置价款1400000元，尚未领取的现金股利100000元一同转让，处置过程中发生其他相关税费支出50000元，按照规定将处置时取得的投资收益纳入本单位预算管理。

（2）经批准，甲单位2020年1月1日出售丙公司股权，取得处置价款4900000元，尚未领取的现金股利200000元一同转让，处置过程中发生其他相关税费150000元，按照规定将处置时取得的投资收益纳入本单位预算管理。

（3）经批准，甲单位2020年1月1日出售了丁公司的股权，取得处置价款 3150000 元，尚未领取的现金股利 30000 元一同转让，处置过程中发生其他相关税费 50000 元，按照规定将处置时取得的投资收益纳入本单位预算管理。

案例分析及账务处理：

1. 出售乙公司股权投资的账务处理

按照《政府会计制度——行政事业单位会计科目和报表》（以下简称《政府会计制度》）规定，处置以现金取得的长期股权投资，按照实际取得的价款，借记"银行存款"等科目，按照被处置长期股权投资的账面余额，贷记"长期股权投资"科目，按照尚未领取的现金股利或利润，贷记"应收股利"科目，按照发生的相关税费等支出，贷记"银行存款"等科目，按照借贷方差额，借记或贷记"投资收益"科目。

按照《政府会计制度》规定，采用权益法核算的长期股权投资的处置，除进行上述账务处理外，还应结转原直接计入净资产的相关金额，借记或贷记"权益法调整"科目，贷记或借记"投资收益"科目。

2020 年 1 月 1 日，甲单位出售乙公司股权投资的账务处理如下：（单位：元）

财务会计：

借：银行存款（实际取得的价款） 1400000

　　贷：长期股权投资——乙公司——成本 1000000

　　　　长期股权投资——乙公司——损益调整 100000

　　　　长期股权投资——乙公司——其他权益变动 100000

　　　　应收股利（尚未领取的现金股利） 100000

　　　　银行存款（支付的相关税费） 50000

　　　　投资收益（贷差） 50000

借：权益法调整 100000

　　贷：投资收益 100000

预算会计：

借：资金结存——货币资金（取得价款扣减支付的相关税费）

　　　　　　　　　　　　　　　　　　　　　　　　　　1350000

贷：其他结余（投资款）　　　　　　　　　　　　1000000

　　投资预算收益　　　　　　　　　　　　　　　350000

2. 处置丙公司股权投资的账务处理

按照《政府会计准则制度解释第 1 号》（以下简称《解释 1 号》）规定，权益法下，事业单位处置以现金以外的其他资产取得的（不含科技成果转化形成的）长期股权投资时，按规定将取得的投资收益（此处的投资收益，是指长期股权投资处置价款扣除长期股权投资成本和相关税费后的差额）纳入本单位预算管理的，当长期股权投资的账面余额大于其投资成本时，应当按照被处置长期股权投资的成本，借记"资产处置费用"科目，贷记"长期股权投资——成本"科目；同时，按照实际取得的价款，借记"银行存款"等科目，按照尚未领取的现金股利或利润，贷记"应收股利"科目，按照发生的相关税费等支出，贷记"银行存款"等科目，按照长期股权投资的账面余额减去其投资成本的差额，贷记"长期股权投资——损益调整、其他权益变动"科目（以上明细科目为贷方余额的，借记相关明细科目），按照实际取得的价款与被处置长期股权投资账面余额、应收股利账面余额和相关税费支出合计数的差额，贷记或借记"投资收益"科目，按照贷方差额，贷记"应缴财政款"科目。预算会计的账务处理按照《政府会计制度》进行。

按照《政府会计制度》规定，采用权益法核算的长期股权投资的处置，除进行上述账务处理外，还应结转原直接计入净资产的相关金额，借记或贷记"权益法调整"科目，贷记或借记"投资收益"科目。

本案例中 2020 年 1 月 1 日对丙公司长期股权投资的账面余额为 440 万元，大于其初始投资成本 400 万元。预算会计中确认的投资预算收益为取得价款 490 万元减去投资成本 400 万元和相关税费 15 万元后的金额 75 万元。

2020 年 1 月 1 日，处置丙公司的长期股权投资的账务处理如下：（单位：元）

财务会计：

借：资产处置费用　　　　　　　　　　　　　　　4000000

　　贷：长期股权投资——丙公司——成本　　　　　4000000

借：银行存款　　　　　　　　　　　　　　　　　4900000

　　长期股权投资——丙公司——其他权益变动　　100000

　　贷：应收股利　　　　　　　　　　　　　　　　200000

　　　　长期股权投资——丙公司——损益调整　　　500000

　　　　银行存款　　　　　　　　　　　　　　　　150000

　　　　投资收益（取得价款与投资账面余额、应收股利账面余额和
相关税费支出合计数的差额）　　　　　　　　　150000

　　　　应缴财政款　　　　　　　　　　　　　　　4000000

借：投资收益　　　　　　　　　　　　　　　　　100000

　　贷：权益法调整　　　　　　　　　　　　　　　100000

预算会计：

借：资金结存——货币资金　　　　　　　　　　　750000

　　贷：投资预算收益（取得价款减去投资成本和相关税费后的金额）

　　　　　　　　　　　　　　　　　　　　　　　750000

3. 处置丁公司股权投资的账务处理

按照《解释 1 号》规定，在权益法下，事业单位处置以现金以外的其他资产取得的（不含科技成果转化形成的）长期股权投资时，按规定将取得的投资收益（此处的投资收益，是指长期股权投资处置价款扣除长期股权投资成本和相关税费后的差额）纳入本单位预算管理的，当长期股权投资的账面余额小于或等于其投资成本时，应当按照被处置长期股权投资的账面余额，借记"资产处置费用"科目，按照长期股权投资各明细科目的余额，贷记"长期股权投资——成本"科目，贷记或借记"长期股权投资——损益调整、其他权益变动"科目；同时，按照实际取得的价款，借记"银行存款"等科目，按照尚未领取的现金股利或利润，贷记"应收股利"科目，按照发生的相关税费等支出，贷记"银行存款"等科目，按照实际取得的价款大于被处置长期股权投资成本、应收股利账面余额和相关税费支出合计数的差额，贷记"投资收益"科目，按照贷方差额，贷记"应缴财政款"科目。预算会计的账务处理按照《政府会计制度》进行。

按照《政府会计制度》规定，采用权益法核算的长期股权投资的处

置，除进行上述账务处理外，还应结转原直接计入净资产的相关金额，借记或贷记"权益法调整"科目，贷记或借记"投资收益"科目。

本案例中对丁公司的长期股权投资的账面余额为 285 万元，小于其投资成本 300 万元。预算会计中确认的投资预算收益为取得价款 315 万元减去投资成本 300 万元和相关税费 5 万元后的金额 10 万元。

2020 年 1 月 1 日，处置丁公司股权投资的账务处理如下：（单位：元）

财务会计：

借：资产处置费用（投资账面余额）　　　　　　　　2850000

　　长期股权投资——丁公司——损益调整　　　　　　50000

　　长期股权投资——丁公司——其他权益变动　　　　100000

　　贷：长期股权投资——丁公司——成本　　　　　　3000000

借：银行存款　　　　　　　　　　　　　　　　　　3150000

　　贷：银行存款（相关税费）　　　　　　　　　　　 50000

　　　　应收股利（尚未领取的现金股利）　　　　　　 30000

　　　　投资收益（取得价款大于投资成本、应收股利账面余额和相关税费支出合计数的差额）　　　　　　　　　 70000

　　　　应缴财政款　　　　　　　　　　　　　　　　3000000

借：投资收益　　　　　　　　　　　　　　　　　　 100000

　　贷：权益法调整　　　　　　　　　　　　　　　　100000

预算会计：

借：资金结存——货币资金　　　　　　　　　　　　 100000

　　贷：投资预算收益（取得价款减去投资成本和相关税费后的金额）　　　　　　　　　　　　　　　　　　 100000

资料来源：财政部《长期股权投资应用案例——关于处置权益法核算的长期股权投资的会计处理》，财政部官网，http://kjs.mof.gov.cn/zt/zfkjzz/yyal/tzl/202207/t20220707_3825312.htm，2022 年 7 月 7 日。

（二）长期债券投资

1. 长期债券投资的概念

长期债券投资是指事业单位按照规定取得的，持有时间超过 1 年的债券投资。

2. 长期债券投资的核算内容

本科目应当设置"成本"和"应计利息"明细科目，并按照债券投资的种类进行明细核算。本科目期末借方余额反映事业单位持有的长期债券投资的价值。长期债券投资的账务处理如表 2-23 所示。

表 2-23　长期债券投资的账务处理

业务事项		财务会计	预算会计
取得长期债券投资	取得长期债券投资时	借：长期债券投资——成本 应收利息［实际支付价款中包含的已到付息期但尚未领取的利息］ 贷：银行存款等［实际支付价款］	借：投资支出［实际支付价款］ 贷：资金结存——货币资金
	收到取得投资所支付价款中包含的已到付息期但尚未领取的利息时	借：银行存款 贷：应收利息	借：资金结存——货币资金 贷：投资支出等
持有长期债券投资期间	按期以票面金额与票面利率计算确认利息收入时	借：应收利息［分期付息、到期还本］/长期债券投资——应计利息［到期一次还本付息］ 贷：投资收益	—
	实际收到分期支付的利息时	借：银行存款 贷：应收利息	借：资金结存——货币资金 贷：投资预算收益
到期收回长期债券投资本息		借：银行存款等 贷：长期债券投资［账面余额］ 应收利息 投资收益	借：资金结存——货币资金 贷：投资支出/其他结余［投资成本］ 投资预算收益
对外出售长期债券投资		借：银行存款等［实际收到的款项］ 投资收益［借差］ 贷：长期债券投资［账面余额］ 应收利息 投资收益［贷差］	借：资金结存——货币资金 贷：投资支出/其他结余［投资成本］ 投资预算收益

3. 长期债券投资的实务处理举例

【例 2-15】某事业单位发生业务如下。

（1）2×23 年，单位取得长期债券投资，支付对价 100000 元。

（2）2×23 年 12 月 31 日，单位收到债券利息 6000 元，款项存入银行账户。

（3）2×24 年 4 月 1 日，单位向外转让该长期债券投资，转让价格为102000 元，款项存入银行账户。

其账务处理如下：

单位：元

财务会计	预算会计
（1）借：长期债券投资——成本 100000 　　　贷：银行存款　　　　　100000	借：投资支出　　　　　　　　　100000 　　贷：资金结存——货币资金　100000 　　　　　　　—
（2）借：应收利息　　　　　6000 　　　贷：投资收益　　　　　6000 　　借：银行存款　　　　　6000 　　　贷：应收利息　　　　　6000	借：资金结存——货币资金　　　6000 　　贷：投资预算收益　　　　　6000
（3）借：银行存款　　　　102000 　　　贷：长期债券投资——成本 　　　　　　　　　　　100000 　　　　投资收益　　　　2000	借：资金结存——货币资金　　102000 　　贷：其他结余　　　　　　100000 　　　　投资预算收益　　　　2000

二　固定资产业务

（一）固定资产的概念

固定资产是指政府会计主体为满足自身开展业务活动或其他活动需要而控制的，使用年限超过 1 年、单位价值在规定标准以上，并在使用过程中基本保持原有物质形态的资产，一般包括房屋及构筑物、专用设备、通用设备等。单位价值虽未达到规定标准，但是使用年限超过 1 年的大批同类物资，如图书、家具、用具、装具等，应当确认为固定资产。

公共基础设施、政府储备物资、保障性住房、自然资源资产等适用其他相关政府会计准则。

固定资产按经济用途一般分为六类：房屋及构筑物；专用设备；通用设备；文物和陈列品；图书、档案；家具、用具、装具及动植物。

（1）房屋及构筑物是指行政单位拥有占有权或者使用权的房屋、建筑物及其附属设施，包括办公用房、职工食堂、职工宿舍、水塔等。

（2）专用设备是指行政单位根据工作的实际需要购置的各种具有专门性能和专门用途的设备。

（3）通用设备是指行政单位在业务活动中使用的各类通用型设备，如复印机等。

（4）文物和陈列品，包括古物、字画、纪念品等。

（5）图书、档案，包括业务用书、阅览室的图书等。

（6）家具、用具、装具及动植物。

（二）固定资产的核算内容

1. 初始计量

"固定资产"科目核算单位固定资产的原值。本科目应当按照固定资产类别和项目进行明细核算。本科目期末借方余额反映单位固定资产的原值。购入需要安装的固定资产，应当先通过"在建工程"科目核算，安装完毕交付使用时再转入本科目核算。以借入、经营租赁方式取得的固定资产，不通过本科目核算，应当设置备查簿进行登记。采用融资租赁方式取得的固定资产，通过本科目核算，并在本科目下设置"融资租赁固定资产"明细科目。经批准在境外购买具有所有权的土地，作为固定资产，通过本科目核算；单位应当在本科目下设置"境外土地"明细科目，进行相应明细核算。

固定资产在取得时应当按照成本进行初始计量，其成本的确定和账务处理分别如表 2-24、表 2-25 所示。

表 2-24　固定资产成本的确定

取得方式	成本的确定
购入	成本包括购买价款、相关税费以及固定资产交付使用前所发生的可归属于该项资产的运输费、装卸费、安装费和专业人员服务费等。 以一笔款项购入多项没有单独标价的固定资产，应当按照各项固定资产同类或类似资产市场价格的比例对总成本进行分配，分别确定各项固定资产的成本
自行建造	成本包括该项资产至交付使用前所发生的全部必要支出。 在原有固定资产基础上进行改建、扩建、修缮后的固定资产，其成本按照原固定资产账面价值加上改建、扩建、修缮发生的支出，再扣除固定资产被替换部分的账面价值后的金额确定。 为建造固定资产借入的专门借款的利息，属于建设期间发生的，计入在建工程成本；不属于建设期间发生的，计入当期费用。 已交付使用但尚未办理竣工决算手续的固定资产，应当按照估计价值入账，待办理竣工决算后再按实际成本调整原来的暂估价值

续表

取得方式	成本的确定
置换取得	成本按照换出资产的评估价值加上支付的补价或减去收到的补价，加上换入固定资产发生的其他相关支出确定
接受捐赠	成本按照有关凭据注明的金额加上相关税费、运输费等确定；没有相关凭据可供取得，但按规定经过资产评估的，其成本按照评估价值加上相关税费、运输费等确定；没有相关凭据可供取得，也未经资产评估的，其成本比照同类或类似资产的市场价格加上相关税费、运输费等确定；没有相关凭据且未经资产评估、同类或类似资产的市场价格也无法可靠取得的，按照名义金额入账，相关税费、运输费等计入当期费用
无偿调入	成本按照调出方账面价值加上相关税费、运输费等确定
盘盈	按规定经过资产评估的，其成本按照评估价值确定；未经资产评估的，其成本按照重置成本确定
融资租赁取得	成本按照其他相关政府会计准则确定

表 2-25　取得固定资产的账务处理

业务事项		财务会计	预算会计
购入	不需安装的固定资产	借：固定资产 　　贷：财政拨款收入/应付账款/银行存款等	借：行政支出/事业支出/经营支出等 　　贷：财政拨款预算收入/资金结存
	需要安装的固定资产先通过"在建工程"科目核算	借：在建工程 　　贷：财政拨款收入/应付账款/银行存款等	借：行政支出/事业支出/经营支出等 　　贷：财政拨款预算收入/资金结存
	安装完工交付使用时	借：固定资产 　　贷：在建工程	—
	购入固定资产扣留质量保证金的	借：固定资产［不需安装］/在建工程［需要安装］ 　　贷：财政拨款收入/应付账款/银行存款等 　　其他应付款［扣留期在 1 年以内（含 1 年）］/长期应付款［扣留期超过 1 年］	借：行政支出/事业支出/经营支出等［购买固定资产实际支付的金额］ 　　贷：财政拨款预算收入/资金结存
	质保期满支付质量保证金时	借：其他应付款/长期应付款 　　贷：财政拨款收入/银行存款等	借：行政支出/事业支出/经营支出等 　　贷：财政拨款预算收入/资金结存
自行建造的固定资产，工程完工交付使用时		借：固定资产 　　贷：在建工程	—

续表

业务事项		财务会计	预算会计
融资租赁取得	融资租赁取得（或跨年度分期付款购入）的固定资产	借：固定资产［不需安装］/在建工程［需要安装］ 贷：长期应付款［协议或合同确定的租赁价款］ 财政拨款收入/银行存款等［实际支付的相关税费、运输费等］	借：行政支出/事业支出/经营支出等［实际支付的相关税费、运输费等］ 贷：财政拨款预算收入/资金结存
	定期支付租金（或分期付款）时	借：长期应付款 贷：财政拨款收入/银行存款等	借：行政支出/事业支出/经营支出等 贷：财政拨款预算收入/资金结存
接受捐赠	接受捐赠的固定资产	借：固定资产［不需安装］/在建工程［需要安装］ 贷：银行存款等［发生的相关税费、运输费等］ 捐赠收入［差额］	借：其他支出［支付的相关税费、运输费等］ 贷：资金结存
	接受捐赠的固定资产按照名义金额入账的	借：固定资产［名义金额］ 贷：捐赠收入 借：其他费用 贷：银行存款等［发生的相关税费、运输费等］	借：其他支出［支付的相关税费、运输费等］ 贷：资金结存
无偿调入的固定资产		借：固定资产［不需安装］/在建工程［需要安装］ 贷：银行存款等［发生的相关税费、运输费等］ 无偿调拨净资产［差额］	借：其他支出［支付的相关税费、运输费等］ 贷：资金结存
置换取得的固定资产		参照"库存物品"科目中置换取得库存物品的账务处理	

2. 后续计量

（1）累计折旧的计提。折旧是指在固定资产的预计使用年限内，按照确定的方法对应计的折旧额进行系统分摊。固定资产应计的折旧额为其成本，计提固定资产折旧时不考虑预计净残值。政府会计主体应当对暂估入账的固定资产计提折旧，实际成本确定后不需调整原已计提的折旧额。政府会计主体应当根据相关规定以及固定资产的性质和使用情况，合理确定固定资产的使用年限。固定资产的使用年限一经确定，不得随意变更。

政府会计主体一般应当采用年限平均法（又称直线法）或者工作量法

计提固定资产折旧。在确定固定资产的折旧方法时，应当考虑与固定资产相关的服务潜力或经济利益的预期实现方式。固定资产折旧方法一经确定，不得随意变更。

"固定资产累计折旧"科目核算单位计提的固定资产累计折旧。公共基础设施和保障性住房计提的累计折旧，应当分别通过"公共基础设施累计折旧（摊销）"科目和"保障性住房累计折旧"科目核算，不通过本科目核算。

【延伸提示】

当月增加的固定资产，当月开始计提折旧；当月减少的固定资产，当月不再计提折旧。固定资产提足折旧后，无论能否继续使用，均不再计提折旧；提前报废的固定资产，也不再补提折旧。已提足折旧的固定资产，可以继续使用的，应当继续使用，规范实物管理。固定资产由于改建、扩建或修缮等原因而延长其使用年限的，应当按照重新确定的固定资产的成本以及重新确定的折旧年限计算折旧额。

固定资产应当按月计提折旧，并根据用途计入当期费用或者相关资产成本。按月计提固定资产折旧时，按照应计提折旧金额，借记"业务活动费用""单位管理费用""经营费用""加工物品""在建工程"等科目，贷记"固定资产累计折旧"。

文物和陈列品、动植物、图书、档案、单独计价入账的土地、以名义金额计量的固定资产不计提折旧。

固定资产累计折旧的账务处理如表 2-26 所示。

表 2-26　固定资产累计折旧的账务处理

业务事项	财务会计	预算会计
按月计提固定资产折旧时	借：业务活动费用/单位管理费用/经营费用等 　贷：固定资产累计折旧	—
处置固定资产时	借：待处理财产损溢/无偿调拨净资产/资产处置费用等 　　固定资产累计折旧 　贷：固定资产［账面余额］	涉及资金支付的，参照"固定资产"科目相关账务处理

（2）与固定资产有关的后续支出。固定资产的后续支出分为符合固定资产确认条件和不符合固定资产确认条件两种情形。固定资产后续支出的账务处理如表 2-27 所示。

表 2-27　固定资产后续支出的账务处理

业务事项	财务会计	预算会计
符合固定资产确认条件（增加固定资产使用效能或延长其使用年限而发生的改建、扩建等后续支出）	借：在建工程［固定资产账面价值］ 　　固定资产累计折旧 　贷：固定资产［账面余额］	—
	借：在建工程 　贷：财政拨款收入/应付账款/银行存款等	借：行政支出/事业支出/经营支出等 　贷：财政拨款预算收入/资金结存
不符合固定资产确认条件	借：业务活动费用/单位管理费用/经营费用等 　贷：财政拨款收入/银行存款等	借：行政支出/事业支出/经营支出等 　贷：财政拨款预算收入/资金结存

3. 固定资产的清查与处置

单位应当定期对固定资产进行清查盘点，每年至少盘点一次。对于发生的固定资产盘盈、盘亏、毁损或报废，应当先计入"待处理财产损溢"科目，按照规定报经批准后及时进行后续账务处理。固定资产清查的账务处理如表 2-28 所示。

表 2-28　固定资产清查的账务处理

业务事项	财务会计	预算会计
盘盈的固定资产	借：固定资产 　贷：待处理财产损溢	—
盘亏、毁损或报废的固定资产	借：待处理财产损溢［账面价值］ 　　固定资产累计折旧 　贷：固定资产［账面余额］	—

政府会计主体处置固定资产如为国有资产，应当严格履行审批手续，未经批准不得自行处置。行政单位国有资产处置是指行政单位对其占有、使用的国有资产进行产权转让或者注销产权的行为。处置方式包括出售、出让、转让、对外捐赠、报废、报损以及货币性资产损失核销等。行政单位占有、使用的房屋建筑物、土地和车辆的处置，货币性资产损失的核销

以及单位价值或者批量价值在规定限额以上的资产的处置，经主管部门审核后报同级财政部门审批；规定限额以下的资产的处置报主管部门审批，主管部门将审批结果定期报同级财政部门备案。固定资产处置的账务处理如表 2-29 所示。

表 2-29　固定资产处置的账务处理

业务事项	财务会计	预算会计
出售、转让固定资产	借：资产处置费用 　　固定资产累计折旧 　　贷：固定资产［账面余额］	—
	借：银行存款［处置固定资产收到的价款］ 　　贷：应缴财政款 　　　　银行存款等［发生的相关费用］	—
对外捐赠固定资产	借：资产处置费用 　　固定资产累计折旧 　　贷：固定资产［账面余额］ 　　　　银行存款等［归属于捐出方的相关费用］	按照对外捐赠过程中发生的归属于捐出方的相关费用 借：其他支出 　　贷：资金结存
无偿调出固定资产	借：无偿调拨净资产 　　固定资产累计折旧 　　贷：固定资产［账面余额］	—
	借：资产处置费用 　　贷：银行存款等［归属于调出方的相关费用］	借：其他支出 　　贷：资金结存
置换换出固定资产	参照"库存物品"科目中置换取得库存物品的规定进行账务处理	

（三）固定资产的实务处理举例

【应用案例】

固定资产类应用案例——关于计提固定资产折旧的会计处理

甲事业单位执行部门预算中的资产采购预算，通过政府采购方式于 2021 年 6 月购买了一套监控系统，清单中主要包括网络摄像机（枪机）33 个、硬盘录像机 2 台、监控专用硬盘 30 个、电源防雷器 1 个、视频切换器 1 台以及视频传输等其他设备。2021 年 7 月，监控系统安装完毕，该系统发票金额 12 万元（含运输、安装和专业人员服务等费用，不考虑增值税影响因素），以国库集中支付方式完成支付。监控系统按照清单全部验收后，单位领导要求财务人员与资产部门相互沟通并核对信息，按照政府会计准则制度等相关规定，将整套监控系统按照清单目录登记卡片信息，并分别确定各项固定资产的成本并计算计提折旧。

通过查询政府采购目录取得各项资产的同类资产市场价格，网络摄像机（枪机）630 元，硬盘录像机 3500 元，监控专用硬盘 1690 元，电源防雷器 2600 元，视频切换器 1980 元，其他设备 10000 元。

案例分析：

根据《政府会计准则第 3 号——固定资产》（以下简称《3 号准则》）第十六条规定，"折旧，是指在固定资产的预计使用年限内，按照确定的方法对应计的折旧额进行系统分摊。固定资产应计的折旧额为其成本，计提固定资产折旧时不考虑预计净残值"。若甲单位采用直线法计算计提折旧额，每月应计提折旧额 = 固定资产账面余额÷（预计使用年限×12 月）。因此，计提折旧需要先明确该套监控系统的各项固定资产的入账价值（账面余额）及预计使用年限。

1. 应分项确定固定资产价值并入账

结合案例资料，为确保财务部门每月准确计提折旧，单位的财务部门与资产管理部门应明确并认真履行本部门职责，重视相互沟通并相互核对确认资产建卡和入账信息，以确保单位能真正做到账账核对、账卡核对。

（1）财务人员取得发票并确认资产验收后入账。根据《3 号准则》第二条"单位价值虽未达到规定标准，但是使用年限超过 1 年（不含 1 年）的大批同类物资，如图书、家具、用具、装具等，应当确认为固定资产"，当涉及批量网络摄像机（枪机）时，虽然资产单价只有 630 元，但属于使用年限超过 1 年的大批同类物资，也应作为固定资产入账。

（2）应分项确定固定资产入账价值。根据《3 号准则》第九条"以一笔款项购入多项没有单独标价的固定资产，应当按照各项固定资产同类或类似资产市场价格的比例对总成本进行分配，分别确定各项固定资产的成本"。由于本案例所采购的监控系统属于以一笔款项购入多项没有单独标价的固定资产，需要按照第九条规定，对这套 12 万元的监控系统按照各项固定资产同类市场价格的比例进行分配，分别确定各项固定资产的成本。具体地，硬盘录像机市价为每台 3500 元，在总金额中所占比例为（3500元/台×2 台）÷93070＝7.52%，故两台硬盘录像机所分摊的成本为 120000×7.52%＝9025.46 元。依此，得到各项固定资产的入账金额。需要说明的是，由于发票金额 12 万元中包含了运输、安装和专业人员服务等费用，相应地，这些费用也按比例分摊到各资产入账成本中。

（3）财务部门要及时向资产部门反馈各项资产分摊的单价。只有在每张资产卡片中及时登记单位价值，才能确保做到明细账与卡片核对无误，总账与明细账核对无误。相关资料如下。

品名	市价（元）	数量（个/台）	金额（元）	比例（%）	财务入账价值（元）	资产卡片单价（元）	折旧年限（年）	计提折旧（元）
网络摄像机（枪机）	630	33	20790	22.34	26805.63	812.29	5	446.76
硬盘录像机	3500	2	7000	7.52	9025.46	4512.73	6	125.36
监控专用硬盘	1690	30	50700	54.48	65370.15	2179.01	6	907.92
电源防雷器	2600	1	2600	2.79	3352.32	3352.32	5	55.87
视频切换器	1980	1	1980	2.13	2552.92	2552.92	5	42.55
其他设备	10000	1	10000	10.74	12893.52	12893.52	5	214.89
合计			93070	1	120000.00			1793.35

2. 应合理确定各项固定资产折旧年限

根据《3 号准则》第十八条规定，"政府会计主体确定固定资产使用年限，应当考虑下列因素：（一）预计实现服务潜力或提供经济利益的期限；（二）预计有形损耗和无形损耗；（三）法律或者类似规定对资产使用的限制"，以及《〈政府会计准则第 3 号——固定资产〉应用指南》（以下简称《应用指南》）中"通用设备——广播、电视、电影设备"的折旧年限不低于 5 年的规定，单位技术人员根据行业相关规定以及该资产预计有形损耗情况，建议将"通用设备——广播、电视、电影设备"中的硬盘录像机和监控专用硬盘的折旧年限确定为 6 年。同理，确定了各项固定资产的折旧年限，如上述资料"折旧年限"栏所示。

3. 应按分项计算固定资产月计提折旧额

根据《3 号准则》第十九条规定，"政府会计主体一般应当采用年限平均法或者工作量法计提固定资产折旧"。根据《应用指南》规定，"固定资产应当按月计提折旧，当月增加的固定资产，当月开始计提折旧"。本案例以硬盘录像机为例，从 2021 年 7 月开始，每台硬盘录像机采用年限平均法计提的固定资产折旧金额为 4512.73÷（12 月×6 年）= 62.68 元，财务部门根据资产系统卡片产生的信息核对无误后做记账凭证，按分项资产 2 台硬盘录像机计提折旧 125.36 元。其余资产折旧如上述资料"计提折旧"栏所示。

账务处理[①]：

（1）依据《政府会计制度——行政事业单位会计科目和报表》"1601 固定资产"科目、"1602 固定资产累计折旧"科目规定，2021 年 7 月根据成本分摊结果，与资产部门核对无误后，对购买的监控系统按各项固定资产成本入账时，单位账务处理如下：（单位：元）

财务会计：

借：固定资产——通用设备（略）　　　　　　　　120000

　　贷：财政拨款收入　　　　　　　　　　　　　　120000

预算会计：

借：事业支出——财政拨款支出　　　　　　　　　120000

　　贷：财政拨款预算收入　　　　　　　　　　　　120000

与关联的资产卡片及明细账核对如下：

单位：元

信息核对	会计科目	与关联的资产卡片及明细账核对	金额
财务与资产管理部门	固定资产——通用设备	-广播、电视、电影设备-视频设备-视频监控设备-网络摄像机（枪机）	26805.63
		-广播、电视、电影设备-视频设备-视频监控设备-硬盘录像机	9025.46
		-广播、电视、电影设备-播出设备-硬盘播出设备-监控专用硬盘	65370.15
		-电气设备-避雷器-电源防雷器	3352.32

---

①　账务处理内容有所修改。

信息核对	会计科目	与关联的资产卡片及明细账核对	金额
财务与资产管理部门	固定资产——通用设备	-广播、电视、电影设备-视频节目制作和播控设备-视频设备-视频监控设备-视频切换器	2552.92
		-广播、电视、电影设备-视频设备-视频监控设备-其他设备	12893.52
	合计		120000

（2）2021 年 7 月末，根据资产部门提供的各项资产归属及使用情况等信息，业务部门应计提折旧金额合计为 786.25 元，后勤及行政管理部门应计提折旧金额合计为 1007.1 元，财务部门进行复核无误后，对监控系统的各项固定资产计提折旧时，单位账务处理如下：（单位：元）

财务会计：

借：业务活动费用——固定资产折旧　　　　　　　786.25

　　单位管理费用——固定资产折旧　　　　　　　1007.1

　　贷：固定资产累计折旧（略）　　　　　　　　1793.35

预算会计：不做账务处理

资料来源：财政部《固定资产类应用案例——关于计提固定资产折旧的会计处理》，财政部官网，http://kjs.mof.gov.cn/zt/zfkjzz/yyal/gdzcl/202207/t20220707_3825314.htm，2022 年 7 月 7 日。

三　在建工程业务

根据《政府会计制度》总说明中的要求："单位对基本建设投资应当按照本制度规定统一进行会计核算，不再单独建账，但是应当按项目单独核算，并保证项目资料完整。"因此，对于行政事业单位来说，不论是基本建设项目，还是非基本建设项目，只要涉及单位的新建、改建、扩建以及技术改造、设备更新等资本性支出，都纳入在建工程核算。

（一）工程物资

工程物资是指单位为在建工程准备的各种物资，包括工程用材料、设备等。

为了反映工程物资的增减变动情况，单位应当设置"工程物资"科目,核算单位为在建工程准备的各种物资的成本,包括工程用材料、设备等。该科目的借方登记工程物资的增加额;贷方登记工程物资的减少额;期末借方余额反映单位为在建工程准备的各种物资的成本。

工程物资的明细账可按照"库存材料""库存设备"等类别进行明细核算。工程物资的账务处理如表 2-30 所示。

表 2-30 工程物资的账务处理

业务事项	财务会计	预算会计
购入工程物资	借:工程物资 贷:财政拨款收入/银行存款/应付账款/其他应付款等	借:行政支出/事业支出/经营支出等 [实际支付的款项] 贷:财政拨款预算收入/资金结存
发出工程物资	借:在建工程 贷:工程物资	—
剩余工程物资转为存货	借:库存物品 贷:工程物资	—

(二)在建工程

1. 在建工程的概念

在建工程是指已经发生必要支出,但尚未达到交付使用状态的建设项目工程。

为核算自行建造固定资产业务,行政事业单位应设置"在建工程"总账科目。该科目核算单位在建的项目工程的实际成本。单位在建的信息系统项目工程、公共基础设施项目工程、保障性住房项目工程的实际成本也通过本科目核算。本科目期末借方余额反映单位尚未完工的建设项目工程发生的实际成本。

2. 在建工程的核算内容

在建工程应当设置"建筑安装工程投资""设备投资""待摊投资""其他投资""基建转出投资""待核销基建支出"等明细科目,并按照具体项目进行明细核算。

(1)建筑安装工程投资的账务处理如表 2-31 所示。

表 2-31　建筑安装工程投资的账务处理

业务事项	财务会计	预算会计
将固定资产等转入改建、扩建时	借：在建工程——建筑安装工程投资 　　固定资产累计折旧等 　贷：固定资产等	—
发包工程预付工程款时	借：预付账款——预付工程款 　贷：财政拨款收入/银行存款等	借：行政支出/事业支出等 　贷：财政拨款预算收入/ 　　　资金结存
按照进度结算工程款时	借：在建工程——建筑安装工程投资 　贷：预付账款——预付工程款 　　　财政拨款收入/银行存款/应付 　　　账款等	借：行政支出/事业支出等 　　［补付款项］ 　贷：财政拨款预算收入/ 　　　资金结存
自行施工小型建筑安装工程发生支出时	借：在建工程——建筑安装工程投资 　贷：工程物资/银行存款/应付职工 　　　薪酬等	借：行政支出/事业支出等 　　［实际支付的款项］ 　贷：资金结存等
改扩建过程中替换（拆除）原资产某些组成部分的	借：待处理财产损溢 　贷：在建工程——建筑安装工程 　　　投资	
工程竣工验收交付使用时	借：固定资产等 　贷：在建工程——建筑安装工程 　　　投资	—

（2）设备投资的账务处理如表 2-32 所示。

表 2-32　设备投资的账务处理

业务事项	财务会计	预算会计
购入设备时	借：在建工程——设备投资 　贷：财政拨款收入/应付账款/银行存 　　　款等	借：行政支出/事业支出等［实 　　际支付的款项］ 　贷：财政拨款预算收入/资 　　　金结存
安装完毕，交付使用时	借：固定资产等 　贷：在建工程——设备投资 　　　　　　——建筑安装工程投资 　　　　　　——安装工程	—
将不需要安装的设备和达不到固定资产标准的工具、器具交付使用时	借：固定资产/库存物资 　贷：在建工程——设备投资	—

（3）待摊投资的账务处理如表2-33所示。

表 2-33 待摊投资的账务处理

业务事项	财务会计	预算会计
发生构成待摊投资的各类费用时	借：在建工程——待摊投资 贷：财政拨款收入/银行存款/应付利息/长期借款/其他应交税费等	借：行政支出/事业支出等〔实际支付的款项〕 贷：财政拨款预算收入/资金结存
对于建设过程中试生产、设备调试等产生的收入	借：银行存款等 贷：在建工程——待摊投资〔按规定冲减工程成本的部分〕 应缴财政款/其他收入〔差额〕	借：资金结存 贷：其他预算收入
经批准将单项工程或单位工程报废净损失计入继续施工的工程成本的	借：在建工程——待摊投资 银行存款/其他应收款等〔残料变价收入、赔款等〕 贷：在建工程——建筑安装工程投资〔毁损报废工程成本〕	—
工程交付使用时，按照一定的分配方法进行待摊投资分配	借：在建工程——建筑安装工程投资 ——设备投资 贷：在建工程——待摊投资	—

（4）其他投资的账务处理如表2-34所示。

表 2-34 其他投资的账务处理

业务事项	财务会计	预算会计
发生其他投资支出时	借：在建工程——其他投资 贷：财政拨款收入/银行存款等	借：行政支出/事业支出等〔实际支付的款项〕 贷：财政拨款预算收入/资金结存
资产交付使用时	借：固定资产/无形资产等 贷：在建工程——其他投资	—

（5）基建转出投资的账务处理如表2-35所示。

表 2-35 基建转出投资的账务处理

业务事项	财务会计	预算会计
建造的产权不归属本单位的专用设施转出时	借：在建工程——基建转出投资 贷：在建工程——建筑安装工程投资	—

续表

业务事项	财务会计	预算会计
冲销转出在建工程时	借：无偿调拨净资产 贷：在建工程——基建转出投资	—

（6）待核销基建支出的账务处理如表2-36所示。

表2-36　待核销基建支出的账务处理

业务事项	财务会计	预算会计
发生各类待核销基建支出时	借：在建工程——待核销基建支出 贷：财政拨款收入/银行存款等	借：行政支出/事业支出［实际支付的款项］ 贷：财政拨款预算收入/资金结存
取消的建设项目发生的可行性研究费	借：在建工程——待核销基建支出 贷：在建工程——待摊投资	—
由于自然灾害等原因造成的项目整体报废所形成的净损失	借：在建工程——待核销基建支出 银行存款/其他应收款等［残料变价收入、保险赔款等］ 贷：在建工程——建筑安装工程投资等	—
经批准冲销待核销基建支出时	借：资产处置费用 贷：在建工程——待核销基建支出	—

四　无形资产业务

（一）无形资产的概念

无形资产是指政府会计主体控制的没有实物形态的可辨认非货币性资产，如专利权、商标权、著作权、土地使用权、非专利技术等。政府会计主体购入的不构成相关硬件不可缺少组成部分的软件，应当确认为无形资产。非大批量购入、单价小于1000元的无形资产，可以于购买的当期将其成本直接计入当期费用。

资产满足下列条件之一的，符合无形资产定义中的可辨认性标准：①能够从政府会计主体中分离或者划分出来，并能单独或者与相关合同、资产或负债一起，用于出售、转移、授予许可、租赁或者交换；②源自合同性权利或其他法定权利，无论这些权利是否可以从政府会计主体或其他权利和义务中转移或者分离。

（二）无形资产的核算内容

为核算无形资产业务，单位应设置"无形资产"和"无形资产累计摊销"科目进行核算。"无形资产"科目核算单位无形资产的原值。本科目应当按照无形资产的类别、项目等进行明细核算。本科目期末借方余额反映单位无形资产的成本。"无形资产累计摊销"科目核算单位对使用年限有限的无形资产计提的累计摊销。该科目应当按照所对应无形资产的明细分类进行明细核算。该科目期末贷方余额反映单位计提的无形资产摊销累计数。

1. 初始计量

（1）无形资产在取得时，应当按照成本进行初始计量，其成本的确定和账务处理分别如表 2-37、表 2-38 所示。

表 2-37　无形资产成本的确定

取得方式	成本的确定
外购	成本包括购买价款、相关税费以及可归属于该项资产达到预定用途前所发生的其他支出。政府会计主体委托软件公司开发的软件，视同外购无形资产确定其成本
自行开发	成本包括自该项目进入开发阶段后至达到预定用途前所发生的支出总额
置换取得	成本按照换出资产的评估价值加上支付的补价或减去收到的补价，加上换入无形资产发生的其他相关支出确定
接受捐赠	成本按照有关凭据注明的金额加上相关税费确定；没有相关凭据可供取得，但按规定经过资产评估的，其成本按照评估价值加上相关税费确定；没有相关凭据可供取得，也未经资产评估的，其成本比照同类或类似资产的市场价格加上相关税费确定；没有相关凭据且未经资产评估、同类或类似资产的市场价格也无法可靠取得的，按照名义金额入账，相关税费计入当期费用

表 2-38　取得无形资产的账务处理

	业务事项	财务会计	预算会计
外购	外购的无形资产入账时	借：无形资产 　贷：财政拨款收入/应付账款/ 　　　银行存款等	借：行政支出/事业支出/经营支出等 　贷：财政拨款预算收入/资金结存

业务事项		财务会计	预算会计
外购	委托软件公司开发的软件，按照合同约定预付开发费时	借：预付账款 　贷：财政拨款收入/银行存款等	借：行政支出/事业支出/经营支出等［预付的款项］ 　贷：财政拨款预算收入/资金结存
	委托开发的软件交付使用，并支付剩余或全部软件开发费用时	借：无形资产［开发费总额］ 　贷：预付账款 　　财政拨款收入/银行存款等［支付的剩余款项］	按照支付的剩余款项金额 借：行政支出/事业支出/经营支出等 　贷：财政拨款预算收入/资金结存
自行开发	开发完成，达到预定用途形成无形资产的	借：无形资产 　贷：研发支出——开发支出	—
	自行研究开发无形资产尚未进入开发阶段，或者确实无法区分研究阶段支出和开发阶段支出，但按照法律程序已申请取得无形资产的	借：无形资产［依法取得时发生的注册费、聘请律师费等费用］ 　贷：财政拨款收入/银行存款等	借：行政支出/事业支出/经营支出等 　贷：财政拨款预算收入/资金结存
置换取得的无形资产		参照"库存物品"科目中置换取得库存物品的规定进行账务处理	
接受捐赠	接受捐赠的无形资产	借：无形资产 　贷：银行存款等［发生的相关税费等］ 　　捐赠收入［差额］	借：其他支出［支付的相关税费等］ 　贷：资金结存
	接受捐赠的无形资产按照名义金额入账的	借：无形资产［名义金额］ 　贷：捐赠收入 借：其他费用 　贷：银行存款等［发生的相关税费等］	借：其他支出［支付的相关税费等］ 　贷：资金结存
无偿调入的无形资产		借：无形资产 　贷：银行存款等［发生的相关税费等］ 　　无偿调拨净资产［差额］	借：其他支出［支付的相关税费等］ 　贷：资金结存

（2）自行研究开发形成的无形资产。政府会计主体自行研究开发项目的支出，应当区分研究阶段支出与开发阶段支出。研究是指为获取并理解新的科学或技术知识而进行的独创性的有计划调查。开发是指在进行生产或使用前，将研究成果或其他知识应用于某项计划或设计，以生产出新的

或具有实质性改进的材料、装置、产品等。政府会计主体自创商誉及内部产生的品牌、报刊名等，不应确认为无形资产。

政府会计主体自行研究开发项目研究阶段的支出，应当于发生时计入当期费用。政府会计主体自行研究开发项目开发阶段的支出，先按合理方法进行归集，如果最终形成无形资产的，应当确认为无形资产；如果最终未形成无形资产的，应当计入当期费用。

政府会计主体自行研究开发项目尚未进入开发阶段，或者确实无法区分研究阶段支出和开发阶段支出，但按法律程序已申请取得无形资产的，应当将依法取得时发生的注册费、聘请律师费等费用确认为无形资产。

"研发支出"科目核算单位自行研究开发项目研究阶段和开发阶段发生的各项支出。建设项目中的软件研发支出，应当通过"在建工程"科目核算，不通过本科目核算。本科目应当按照自行研究开发项目，分别进行"研究支出""开发支出"明细核算。本科目期末借方余额反映单位预计能达到预定用途的研究开发项目在研究阶段与开发阶段发生的累计支出数。研发支出的账务处理如表 2-39 所示。

表 2-39　研发支出的账务处理

业务事项		财务会计	预算会计
自行研究开发项目研究阶段的支出	应当按照合理的方法先归集	借：研发支出——研究支出 　　贷：应付职工薪酬 　　　　库存物品 　　　　财政拨款收入/银行存款等	借：事业支出/经营支出等［实际支付的款项］ 　　贷：财政拨款预算收入/资金结存
	期（月）末转入当期费用	借：业务活动费用等 　　贷：研发支出——研究支出	—
自行研究开发项目开发阶段的支出		借：研发支出——开发支出 　　贷：应付职工薪酬 　　　　库存物品 　　　　财政拨款收入/银行存款等	借：事业支出/经营支出等［实际支付的款项］ 　　贷：财政拨款预算收入/资金结存
自行研究开发项目完成，达到预定用途形成无形资产		借：无形资产 　　贷：研发支出——开发支出	—
年末经评估，研发项目预计不能达到预定用途		借：业务活动费用等 　　贷：研发支出——开发支出	—

【例 2-16】某事业单位自行开发一项专用技术，发生业务如下。

（1）开发阶段该项技术发生支出共计 86000 元，其中实验检验费 56000 元，研究人员薪酬 20000 元，消耗材料 10000 元。

（2）开发完成，达到预定用途形成无形资产，并按法律程序申请取得专利证书；申请专利时，支付专利注册费、聘请律师费共 3200 元，通过国库集中支付方式支付。

（3）假设开发阶段该项技术发生支出 86000 元后，最终未形成无形资产。

（4）假设上述该项技术前期发生支出 86000 元，无法区分是研究阶段还是开发阶段的支出，但按法律程序申请取得无形资产的，可以按照申请专利时，支付专利注册费、聘请律师费共计 3200 元确定无形资产的成本。

其账务处理如下：

单位：元

财务会计		预算会计	
（1）借：研发支出——开发支出	86000	借：事业支出	56000
贷：财政拨款收入	56000	贷：财政拨款预算收入	56000
应付职工薪酬	20000		
库存物品	10000		
（2）借：无形资产	89200	借：事业支出	3200
贷：研发支出——开发支出		贷：财政拨款预算收入	3200
	86000		
财政拨款收入	3200		
（3）借：业务活动费用	86000	—	
贷：研发支出——开发支出	86000		
（4）借：业务活动费用	86000	—	
贷：研发支出	86000		
借：无形资产	3200	借：事业支出	3200
贷：财政拨款收入	3200	贷：财政拨款预算收入	3200

2. 后续计量

（1）无形资产的摊销。政府会计主体应当于取得或形成无形资产时合理确定其使用年限。无形资产的使用年限为有限的，应当估计该使用年限。无法预见无形资产为政府会计主体提供服务潜力或者带来经济利益期限的，应当视为使用年限不确定的无形资产。政府会计主体应当对使用年限有限的无形资产进行摊销，但已摊销完毕仍继续使用的无形资产和以名义金额计量的无形资产除外。使用年限不确定的无形资产不应摊销。

对于使用年限有限的无形资产，政府会计主体应当按照以下原则确定无形资产的摊销年限：法律规定了有效年限的，将法律规定的有效年限作为摊销年限；法律没有规定有效年限的，将相关合同或单位申请书中的受益年限作为摊销年限；法律没有规定有效年限、相关合同或单位申请书中也没有规定受益年限的，应当根据无形资产为政府会计主体带来服务潜力或经济利益的实际情况，预计其使用年限；非大批量购入、单价小于1000元的无形资产，可以于购买的当期将其成本一次性全部转销。

政府会计主体应当按月对使用年限有限的无形资产进行摊销，并根据用途计入当期费用或者相关资产成本。政府会计主体应当采用年限平均法或者工作量法对无形资产进行摊销，应摊销金额为其成本，不考虑预计残值。因发生后续支出而增加无形资产成本的，对于使用年限有限的无形资产，应当按照重新确定的无形资产成本以及重新确定的摊销年限计算摊销额。无形资产累计摊销的账务处理如表2-40所示。

表2-40　无形资产累计摊销的账务处理

业务事项	财务会计	预算会计
按月进行无形资产摊销时	借：业务活动费用/单位管理费用/加工物品等 　　贷：无形资产累计摊销	—
处置无形资产时	借：资产处置费用/无偿调拨净资产等 　　　无形资产累计摊销 　　贷：无形资产［账面余额］	—

（2）与无形资产有关的后续支出。无形资产的后续支出分为符合无形资产确认条件和不符合无形资产确认条件两种情形。无形资产后续支出的账务处理如表2-41所示。

表 2-41 无形资产后续支出的账务处理

业务事项	财务会计	预算会计
符合无形资产确认条件的后续支出（如为增加无形资产的使用效能而发生的后续支出）	借：在建工程 　　无形资产累计摊销 　贷：无形资产 借：在建工程/无形资产［无须暂停计提摊销的］ 　贷：财政拨款收入/银行存款等	借：行政支出/事业支出/经营支出等［实际支付的资金］ 　贷：财政拨款预算收入/资金结存
不符合无形资产确认条件的后续支出（如为维护无形资产的正常使用而发生的后续支出）	借：业务活动费用/单位管理费用/经营费用等 　贷：财政拨款收入/银行存款等	借：行政支出/事业支出/经营支出等 　贷：财政拨款预算收入/资金结存

【例 2-17】某事业单位为适应预算管理、财务管理与会计核算改革的需要，使用上级拨入的专项资金对单位的管理信息系统进行了升级，增加了资产管理、人员管理等模块，发生支出共计 31200 元，款项均通过银行转账支付。同时，使用财政拨入的基本经费对单位的办公软件进行了维护，保证了系统运行的稳定性，发生支出 1300 元，款项通过国库集中支付方式支付。

（1）如果管理信息系统的升级提升了效能，应当计入无形资产的成本，其账务处理如下：

单位：元

财务会计		预算会计	
借：无形资产	31200	借：事业支出	31200
贷：银行存款	31200	贷：资金结存	31200

（2）如果办公软件技术维护没有改变软件的效能，应当计入当期支出，其账务处理如下：

单位：元

财务会计		预算会计	
借：单位管理费用	1300	借：事业支出	1300
贷：财政拨款收入	1300	贷：财政拨款预算收入	1300

3. 无形资产的处置

单位应当定期对无形资产进行清查盘点,每年至少盘点一次。单位资产清查盘点过程中发现的无形资产盘盈、盘亏等,参照"固定资产"科目相关规定进行账务处理。无形资产处置的账务处理如表2-42所示。

表2-42 无形资产处置的账务处理

业务事项	财务会计	预算会计

出售、转让无形资产	借:资产处置费用
	  无形资产累计摊销
	   贷:无形资产
		—

	借:银行存款等 [收到的价款]
	   贷:银行存款等 [发生的相关费用]
	    应缴财政款/其他收入
		如转让收入按照规定纳入本单位预算
		借:资金结存
		   贷:其他预算收入

对外捐赠无形资产	借:资产处置费用
	  无形资产累计摊销
	   贷:无形资产 [账面余额]
	    银行存款等 [归属于捐出方的相关费用]
		借:其他支出 [归属于捐出方的相关费用]
		   贷:资金结存

无偿调出无形资产	借:无偿调拨净资产
	  无形资产累计摊销
	   贷:无形资产 [账面余额]
	借:资产处置费用
	   贷:银行存款等 [相关费用]
		借:其他支出 [归属于调出方的相关费用]
		   贷:资金结存

置换换出无形资产	参照"库存物品"科目中置换取得库存物品的规定进行账务处理	

经批准核销无形资产时	借:资产处置费用
	  无形资产累计摊销
	   贷:无形资产 [账面余额]
		—

第三节 其他资产核算

政府单位其他资产是指由部门、单位和机构负责经营管理的公共物品,包括公共基础设施、政府储备物资、文物文化资产、保障性住房和受托代理资产。这些相关内容,与行政单位自用资产相区分,弥补相关信息缺失,有利于政府摸清家底,加强对此类资产的管理。长期待摊费用和待处理财产损溢等资产类科目也并入本节介绍。

一 公共基础设施业务

(一) 公共基础设施的概念

公共基础设施是指政府会计主体为满足社会公共需求而控制的,具有特定用途、一般不可移动的有形资产系统或网络的组成部分。公共基础设施主要包括市政基础设施(如城市道路、桥梁、隧道、公交场站、路灯、广场、公园绿地、室外公共健身器材,以及环卫、排水、供水、供电、供气、供热、污水处理、垃圾处理系统等)、交通基础设施(如公路、航道、港口等)、水利基础设施(如大坝、堤防、水闸、泵站、渠道等)和其他公共基础设施。

【延伸提示】

独立于公共基础设施、不构成公共基础设施使用不可缺少组成部分的管理维护用房屋建筑物、设备、车辆等,适用《政府会计准则第3号——固定资产》。属于文物文化资产的公共基础设施,适用其他相关政府会计准则。采用政府和社会资本合作模式(PPP模式)形成的公共基础设施的确认和初始计量,适用其他相关政府会计准则。

通常情况下,符合确认条件的公共基础设施,应当由按规定对其负有管理维护职责的政府会计主体予以确认。多个政府会计主体共同管理维护的公共基础设施,应当由对该资产负有主要管理维护职责或者承担后续主要支出责任的政府会计主体予以确认。分为多个组成部分由不同政府会计主体分别管理维护的公共基础设施,应当由各个政府会计主体分别对其负责管理维护的公共基础设施的相应部分予以确认。负有管理维护公共基础设施职责的政府会计主体通过政府购买服务方式委托企业或其他会计主体代为管理维护公共基础设施的,该公共基础设施应当由委托方予以确认。

(二) 公共基础设施的核算内容

"公共基础设施"科目核算单位控制的公共基础设施的原值。本科目应当按照公共基础设施的类别、项目等进行明细核算。单位应当根据行业主管部门对公共基础设施的分类规定，制定适合于本单位管理的公共基础设施目录、分类方法，作为进行公共基础设施核算的依据。

1. 初始计量

公共基础设施在取得时应当按照成本进行初始计量。

（1）自行建造的公共基础设施。政府会计主体自行建造的公共基础设施，其成本包括完成批准的建设内容所发生的全部必要支出，包括建筑安装工程投资支出、设备投资支出、待摊投资支出和其他投资支出。在原有公共基础设施基础上进行改建、扩建等建造活动后的公共基础设施，其成本按照原有公共基础设施账面价值加上改建、扩建等建造活动发生的支出，再扣除公共基础设施被替换部分的账面价值后的金额确定。为建造公共基础设施借入的专门借款的利息，属于建设期间发生的，计入该公共基础设施在建工程成本；不属于建设期间发生的，计入当期费用。

自行建造的公共基础设施完工交付使用时，按照在建工程的成本，借记本科目，贷记"在建工程"科目。已交付使用但尚未办理竣工决算手续的公共基础设施，按照估计价值入账，待办理竣工决算后再按照实际成本调整原来的暂估价值。

（2）接受其他会计主体无偿调入的公共基础设施。政府会计主体接受其他会计主体无偿调入的公共基础设施，其成本按照该项公共基础设施在调出方的账面价值加上归属于调入方的相关费用确定。按照确定的成本，借记本科目，按照发生的归属于调入方的相关费用，贷记"财政拨款收入""银行存款"等科目，按照其差额，贷记"无偿调拨净资产"科目。无偿调入的公共基础设施成本无法可靠取得的，按照发生的相关税费、运输费等金额，借记"其他费用"科目，贷记"财政拨款收入""银行存款"等科目。

（3）接受捐赠的公共基础设施。政府会计主体接受捐赠的公共基础设施，其成本按照有关凭证注明的金额加上相关费用确定；没有相关凭证可供取得，但按规定经过资产评估的，其成本按照评估价值加上相关费用确定；没有相关凭据可供取得，也未经资产评估的，其成本比照同类或类似资产的市场价格加上相关费用确定。如接受捐赠的系旧的公共基础设施，在确定其初始入账成本时应当考虑该项资产的新旧程度。按照确定的成本，借记本科目，按照发生的相关费用，贷记"财政拨款收入""银行存款"等科目，按照其差额，贷记"捐赠收入"科目。接受捐赠的公共基础设施成本无法可靠取得的，按照发生的相关税费等金额，借记"其他费用"科目，贷记"财政拨款收入""银行存款"等科目。

（4）外购的公共基础设施。政府会计主体外购的公共基础设施，其成本包括购买价款、相关税费以及公共基础设施交付使用前所发生的可归属于该项资产的运输费、装卸费、安装费和专业人员服务费等。按照确定的成本，借记本科目，贷记"财政拨款收入""银行存款"等科目。

对于包括不同组成部分的公共基础设施，其只有总成本、没有单项组成部分成本的，政府会计主体可以按照各单项组成部分同类或类似资产的成本或市场价格所占比例对总成本进行分配，分别确定公共基础设施中各单项组成部分的成本。对于成本无法可靠取得的公共基础设施，单位应当设置备查簿进行登记，待成本能够可靠确定后按照规定及时入账。

取得公共基础设施的账务处理如表2-43所示。

表2-43　取得公共基础设施的账务处理

业务事项	财务会计	预算会计
自行建造公共基础设施完工交付使用时	借：公共基础设施 　　贷：在建工程	—
接受无偿调入的公共基础设施	借：公共基础设施 　　贷：无偿调拨净资产 　　　　财政拨款收入/银行存款等［发生的归属于调入方的相关费用］ 如无偿调入的公共基础设施成本无法可靠取得的 借：其他费用［发生的归属于调入方的相关费用］ 　　贷：财政拨款收入/银行存款等	借：其他支出［支付的归属于调入方的相关费用］ 　　贷：财政拨款预算收入/资金结存

续表

业务事项	财务会计	预算会计
接受捐赠的公共基础设施	借：公共基础设施 　　贷：捐赠收入 　　　　财政拨款收入/银行存款等〔发生的归属于捐入方的相关费用〕 如接受捐赠的公共基础设施成本无法可靠取得的 借：其他费用〔发生的归属于捐入方的相关费用〕 　　贷：财政拨款收入/银行存款等	借：其他支出〔支付的归属于捐入方的相关费用〕 　　贷：财政拨款预算收入/资金结存
外购的公共基础设施	借：公共基础设施 　　贷：财政拨款收入/应付账款/银行存款等	借：行政支出/事业支出 　　贷：财政拨款预算收入/资金结存

【**例 2-18**】某市政府为市民兴建一批大众健身设施，设施价值 6900000 元，健身设施安装工程款 150000 元。上述公共健身设施建设完工，已经投入使用，款项由国库集中支付方式支付。

其账务处理如下：

单位：元

阶段	财务会计	预算会计
兴建	借：在建工程　　　　　7050000 　　贷：财政拨款收入　　7050000	借：行政支出　　　　　　7050000 　　贷：财政拨款预算收入　7050000
完工	借：公共基础设施　　　7050000 　　贷：在建工程　　　　7050000	—

2. 后续计量

（1）公共基础设施的折旧（摊销）。政府会计主体应当对公共基础设施计提折旧，但政府会计主体持续进行良好的维护使得其性能得到永久维持的公共基础设施和确认为公共基础设施的单独计价入账的土地使用权除外。对于确认为公共基础设施的单独计价入账的土地使用权，政府会计主体应当按照《政府会计准则第 4 号——无形资产》的相关规定进行摊销。公共基础设施应计提的折旧总额为其成本，计提公共基础设施折旧时不考虑预计净残值。政府会计主体应当对暂估入账的公共基础设施计提折旧，实际成本确定后不需调整原已计提的折旧额。

政府会计主体一般应当采用年限平均法或者工作量法计提公共基础设施折旧。在确定公共基础设施的折旧方法时，应当考虑与公共基础设施相关的服务潜力或经济利益的预期实现方式。公共基础设施折旧方法一经确定，不得随意变更。公共基础设施应当按月计提折旧，并计入当期费用。当月增加的公共基础设施，当月开始计提折旧；当月减少的公共基础设施，当月不再计提折旧。按月计提公共基础设施折旧时，按照应计提的折旧额，借记"业务活动费用"科目，贷记"公共基础设施累计折旧（摊销）"科目。公共基础设施提足折旧后，无论能否继续使用，均不再计提折旧；已提足折旧的公共基础设施，可以继续使用的，应当继续使用，并规范实物管理。提前报废的公共基础设施，不再补提折旧。公共基础设施累计折旧（摊销）的账务处理如表 2-44 所示。

【延伸提示】

政府会计主体应当根据公共基础设施的性质和使用情况，合理确定公共基础设施的折旧年限。政府会计主体确定公共基础设施折旧年限，应当考虑下列因素：①设计使用年限或设计基准期；②预计实现服务潜力或提供经济利益的期限；③预计有形损耗和无形损耗；④法律或者类似规定对资产使用的限制。公共基础设施的折旧年限一经确定，不得随意变更，但符合会计准则规定的除外。对于政府会计主体接受无偿调入、捐赠的公共基础设施，应当考虑该项资产的新旧程度，按照其尚可使用的年限计提折旧。

处于改建、扩建等建造活动期间的公共基础设施，应当暂停计提折旧。由于改建、扩建等原因而延长公共基础设施使用年限的，应当按照重新确定的公共基础设施的成本和重新确定的折旧年限计算折旧额，不需调整原已计提的折旧额。

表 2-44　公共基础设施累计折旧（摊销）的账务处理

业务事项	财务会计	预算会计
按月计提公共基础设施折旧或摊销时	借：业务活动费用 　　贷：公共基础设施累计折旧（摊销）	—

业务事项	财务会计	预算会计
处置公共基础设施时	借：待处理财产损溢/资产处置费用/无偿调拨净资产等 　　公共基础设施累计折旧（摊销） 贷：公共基础设施［账面余额］	—

（2）公共基础设施的后续支出。公共基础设施在使用过程中发生的后续支出，符合下列确认条件的，应当计入公共基础设施成本；不符合确认条件的，应当在发生时计入当期费用。公共基础设施同时满足下列条件的，应当予以确认：①与该公共基础设施相关的服务潜力很可能实现或者经济利益很可能流入政府会计主体；②该公共基础设施的成本或者价值能够可靠地计量。通常情况下，为增加公共基础设施使用效能或延长其使用年限而发生的改建、扩建等后续支出，应当计入公共基础设施成本；为维护公共基础设施的正常使用而发生的日常维修、养护等后续支出，应当计入当期费用。公共基础设施后续支出的账务处理如表 2-45 所示。

表 2-45　公共基础设施后续支出的账务处理

业务事项	财务会计	预算会计
为增加公共基础设施使用效能或延长其使用年限而发生的改建、扩建等后续支出	借：在建工程 　　公共基础设施累计折旧（摊销） 贷：公共基础设施［账面余额］ 借：在建工程［发生的相关后续支出］ 贷：财政拨款收入/应付账款/银行存款等	借：行政支出/事业支出［实际支付的款项］ 贷：财政拨款预算收入/资金结存
为维护公共基础设施的正常使用而发生的日常维修、养护等后续支出	借：业务活动费用 贷：财政拨款收入/银行存款等	借：行政支出/事业支出［实际支付的款项］ 贷：财政拨款预算收入/资金结存

3. 公共基础设施的处置

（1）政府会计主体按规定报经批准对外捐赠、无偿调出公共基础设施的，应当将公共基础设施的账面价值予以转销，对外捐赠、无偿调出中发生的归属于调出方、捐出方的相关费用应当计入当期费用。

报经批准对外捐赠公共基础设施，按照公共基础设施已计提的折旧或摊销，借记"公共基础设施累计折旧（摊销）"科目，按照被处置公共基础设施账面余额，贷本科目；按照捐赠过程中发生的归属于捐出方的相关费用，贷记"银行存款"等科目，按照其差额，借记"资产处置费用"科目。

报经批准无偿调出公共基础设施，按照公共基础设施已计提的折旧或摊销，借记"公共基础设施累计折旧（摊销）"科目，按照被处置公共基础设施账面余额，贷记本科目，按照其差额，借记"无偿调拨净资产"科目；同时，按照无偿调出过程中发生的归属于调出方的相关费用，借记"资产处置费用"科目，贷记"银行存款"等科目。

（2）公共基础设施报废或遭受重大毁损的，政府会计主体应当在报经批准后将公共基础设施账面价值予以转销，并将报废、毁损过程中取得的残值变价收入扣除相关费用后的差额按规定做应缴款项处理（差额为净收益时）或计入当期费用（差额为净损失时）。

公共基础设施处置的账务处理如表 2-46 所示。

表 2-46　公共基础设施处置的账务处理

业务事项	财务会计	预算会计
对外捐赠公共基础设施	借：资产处置费用 　　公共基础设施累计折旧（摊销） 　　贷：公共基础设施［账面余额］ 　　　　银行存款等［归属于捐出方的相关费用］	借：其他支出［支付的归属于捐出方的相关费用］ 　　贷：资金结存等
无偿调出公共基础设施	借：无偿调拨净资产 　　公共基础设施累计折旧（摊销） 　　贷：公共基础设施［账面余额］ 借：资产处置费用 　　贷：银行存款等［归属于调出方的相关费用］	借：其他支出［支付的归属于调出方的相关费用］ 　　贷：资金结存等
报废、毁损的公共基础设施	借：待处理财产损溢 　　公共基础设施累计折旧（摊销） 　　贷：公共基础设施［账面余额］	—

4. 公共基础设施的清查盘点

单位应当定期对公共基础设施进行清查盘点。对于发生的公共基础设施盘盈、盘亏、毁损或报废，应当先计入"待处理财产损溢"科目，按照规定报经批准后及时进行后续账务处理。

（1）盘盈的公共基础设施，其成本按照有关凭据注明的金额确定；没有相关凭据，但按照规定经过资产评估的，其成本按照评估价值确定；没有相关凭据，也未经过评估的，其成本按照重置成本确定。盘盈的公共基础设施成本无法可靠取得的，单位应当设置备查簿进行登记，待成本确定后按照规定及时入账。盘盈的公共基础设施，按照确定的入账成本，借记本科目，贷记"待处理财产损溢"科目。

（2）盘亏、毁损或报废的公共基础设施，按照待处置公共基础设施的账面价值，借记"待处理财产损溢"科目，按照已计提折旧或摊销，借记"公共基础设施累计折旧（摊销）"科目，按照公共基础设施的账面余额，贷记本科目。

二　政府储备物资业务

（一）政府储备物资的概念

政府储备物资是指政府会计主体为满足实施国家安全与发展战略、进行抗灾救灾、应对公共突发事件等特定公共需求而控制的，同时具有下列特征的有形资产：在应对可能发生的特定事件或情形时动用；其购入、存储保管、更新（轮换）、动用等由政府及相关部门发布的专门管理制度规范。

政府储备物资包括战略及能源物资、抢险抗灾救灾物资、农产品、医药物资和其他重要商品物资，通常情况下由政府会计主体委托承储单位存储。企业以及纳入企业财务管理体系的事业单位接受政府委托收储并按企业会计准则核算的储备物资，不适用于此。政府会计主体的存货适用《政府会计准则第 1 号——存货》。

（二）政府储备物资的核算内容

通常情况下，应当由按规定对其负有行政管理职责的政府会计主体予以确认。行政管理职责主要指提出或拟订收储计划、更新（轮换）计划、动用方案等。相关行政管理职责由不同政府会计主体行使的政府储备物资，由负责提出收储计划的政府会计主体予以确认。对政府储备物资不负有行政管理职责但接受委托具体负责执行其存储保管等工作的政府会计主体，应当将受托代储的政府储备物资作为受托代理资产核算。

政府储备物资同时满足下列条件的，应当予以确认：

①与该政府储备物资相关的服务潜力很可能实现或者经济利益很可能流入政府会计主体；

②该政府储备物资的成本或者价值能够可靠地计量。

"政府储备物资"科目核算单位控制的政府储备物资的成本。对政府储备物资不负有行政管理职责但接受委托具体负责执行其存储保管等工作的单位，其受托代储的政府储备物资应当通过"受托代理资产"科目核算，不通过本科目核算。本科目应当按照政府储备物资的种类、品种、存放地点等进行明细核算。单位根据需要，可在本科目下设置"在库""发出"等明细科目进行明细核算。本科目期末借方余额反映政府储备物资的成本。

1. 初始计量

政府储备物资在取得时应当按照成本进行初始计量。取得政府储备物资的账务处理如表 2-47 所示。

表 2-47　取得政府储备物资的账务处理

业务事项	财务会计	预算会计
购入的政府储备物资	借：政府储备物资 　　贷：财政拨款收入/应付账款/ 　　　　银行存款等	借：行政支出/事业支出 　　贷：财政拨款预算收入/资金结存
接受捐赠的政府储备物资	借：政府储备物资 　　贷：捐赠收入 　　　　财政拨款收入/银行存款 　　　　[捐入方承担的相关税费]	借：其他支出[捐入方承担的相关税费] 　　贷：财政拨款预算收入/资金结存
无偿调入的政府储备物资	借：政府储备物资 　　贷：无偿调拨净资产 　　　　财政拨款收入/银行存款 　　　　[调入方承担的相关税费]	借：其他支出[调入方承担的相关税费] 　　贷：财政拨款预算收入/资金结存

【延伸提示】

下列各项不计入政府储备物资成本：

仓储费用；

日常维护费用；

不能归属于使政府储备物资达到目前场所和状态所发生的其他支出。

【例 2-19】 地方政府紧急购入抗洪救灾物资一批，价值 70000000 元，物资已验收入库，采用国库集中支付方式支付。

其账务处理如下：

单位：元

财务会计		预算会计	
借：政府储备物资	70000000	借：行政支出	70000000
贷：财政拨款收入	70000000	贷：财政拨款预算收入	70000000

2. 后续计量

政府会计主体应当根据实际情况采用先进先出法、加权平均法或者个别计价法确定发出政府储备物资的成本。计价方法一经确定，不得随意变更。

对于性质和用途相似的政府储备物资，政府会计主体应当采用相同的成本计价方法确定发出物资的成本。对于不能替代使用的政府储备物资、为特定项目专门购入或加工的政府储备物资，政府会计主体通常采用个别计价法确定发出物资的成本。发出政府储备物资的账务处理如表 2-48 所示。

表 2-48　发出政府储备物资的账务处理

业务事项	财务会计	预算会计
动用发出无须收回的政府储备物资	借：业务活动费用 　贷：政府储备物资［账面余额］	—

续表

业务事项		财务会计	预算会计
动用发出需要收回或预期可能收回的政府储备物资		发出物资时 借：政府储备物资——发出 　　贷：政府储备物资——在库 按照规定的质量验收标准收回物资时 借：政府储备物资——在库［收回物资的账面余额］ 　　业务活动费用［未收回物资的账面余额］ 　　贷：政府储备物资——发出	—
由于行政管理主体变动等原因而将政府储备物资调拨给其他主体的		借：无偿调拨净资产 　　贷：政府储备物资［账面余额］	—
对外销售政府储备物资的	按照规定物资销售收入纳入本单位预算的	借：业务活动费用 　　贷：政府储备物资 借：银行存款/应收账款等 　　贷：事业收入等 借：业务活动费用 　　贷：银行存款等［发生的相关税费］	借：资金结存［收到的销售价款］ 　　贷：事业预算收入等 借：行政支出/事业支出 　　贷：资金结存［支付的相关税费］
	按照规定销售收入扣除相关税费后上缴财政的	借：资产处置费用 　　贷：政府储备物资 借：银行存款等［收到的销售价款］ 　　贷：银行存款［发生的相关税费］ 　　　　应缴财政款	—

【例 2-20】 地方政府立即向洪水重灾区发出上述政府储备物资 35000000 元援助，同时发生储备物资运输费 280000 元，由国库集中支付方式支付。

其账务处理如下：

单位：元

阶段	财务会计	预算会计
发出物资	借：业务活动费用　　35000000 　　贷：政府储备物资　　35000000	—
运输	借：业务活动费用　　280000 　　贷：财政拨款收入　　280000	借：其他支出　　280000 　　贷：财政拨款预算收入　　280000

3. 政府储备物资的清查盘点

单位应当定期对政府储备物资进行清查盘点，每年至少盘点一次。对于发生的政府储备物资盘盈、盘亏、报废或毁损，应当先计入"待处理财产损溢"科目，按照规定报经批准后及时进行后续账务处理。

（1）政府储备物资报废、毁损的，政府会计主体应当按规定报经批准后将报废、毁损的政府储备物资的账面余额予以转销，确认应收款项（确定追究相关赔偿责任的）或计入当期费用（储存年限到期报废或非人为因素致使报废、毁损的）；同时，将报废、毁损过程中取得的残值变价收入扣除政府会计主体承担的相关费用后的差额按规定做应缴款项处理（差额为净收益时）或计入当期费用（差额为净损失时）。

（2）政府储备物资盘亏的，政府会计主体应当按规定报经批准后将盘亏的政府储备物资的账面余额予以转销，确需追究相关赔偿责任的，确认应收款项；属于正常耗费或由不可抗力因素造成的，计入当期费用。

三　文物文化资产业务

（一）文物文化资产的概念

文物文化资产是指行政事业单位为满足社会公共需求而控制的历史文物、艺术品以及其他具有历史或文化价值并进行长期或永久保存的典藏等。行政事业单位为满足自身开展业务活动或其他活动需要而控制的文物和陈列品，属于单位的固定资产，不属于文物文化资产。类似的项目还包括公共基础设施、政府储备物资、保障性住房、受托代理资产等项目，其主要区别就是单位自用还是社会公共需求或特定需求。

（二）文物文化资产的核算内容

"文物文化资产"科目核算单位为满足社会公共需求而控制的文物文化资产的成本。单位为满足自身开展业务活动或其他活动需要而控制的文物和陈列品，应当通过"固定资产"科目核算，不通过本科目核算。本科目应当按照文物文化资产的类别、项目等进行明细核算。本科目期末借方余额反映文物文化资产的成本。

1. 初始计量

文物文化资产在取得时，应当按照其成本入账。

（1）外购的文物文化资产。外购的文物文化资产的成本包括购买价款、相关税费以及可归属于该项资产达到预定用途前所发生的其他支出（如运输费、安装费、装卸费等）。

（2）接受捐赠的文物文化资产。接受捐赠的文物文化资产的成本按照有关凭据注明的金额加上相关费用确定；没有相关凭据可供取得，但按照规定经过资产评估的，其成本按照评估价值加上相关费用确定；没有相关凭据可供取得，也未经评估的，其成本按照同类或类似资产的市场价格加上相关费用确定。对于成本无法可靠取得的文物文化资产，单位应当设置备查簿进行登记，待成本能够可靠确定后按照规定及时入账。

（3）无偿调入的文物文化资产。接受其他单位无偿调入的文物文化资产，其成本按照该项资产在调出方的账面价值加上归属于调入方的相关费用确定。

取得文物文化资产的账务处理如表 2-49 所示。

表 2-49　取得文物文化资产的账务处理

业务事项	财务会计	预算会计
外购的文物文化资产	借：文物文化资产 　　贷：财政拨款收入/应付账款/银行存款等	借：行政支出/事业支出 　　贷：财政拨款预算收入/资金结存
接受捐赠的文物文化资产	借：文物文化资产 　　贷：捐赠收入 　　　　财政拨款收入/银行存款［发生的归属于捐入方的相关费用］ 接受捐赠的文物文化资产成本无法可靠取得的 借：其他费用［发生的归属于捐入方的相关费用］ 　　贷：财政拨款收入/银行存款等	借：其他支出［支付的归属于捐入方的相关费用］ 　　贷：资金结存等
无偿调入的文物文化资产	借：文物文化资产 　　贷：无偿调拨净资产 　　　　财政拨款收入/银行存款等［发生的归属于调入方的相关费用］	

续表

业务事项	财务会计	预算会计
无偿调入的文物文化资产	如无偿调入的文物文化资产成本无法可靠取得的 借：其他费用［发生的归属于调入方的相关费用］ 贷：财政拨款收入/银行存款等	借：其他支出［支付的归属于调入方的相关费用］ 贷：财政拨款预算收入/资金结存

【例 2-21】某事业单位接受捐赠一项文物文化资产，经过资产评估，价值为 80000 元。接受捐赠过程中发生相关费用 500 元，款项通过银行存款支付。

其账务处理如下：

单位：元

财务会计	预算会计
借：文物文化资产　　　80500 　贷：捐赠收入　　　　　80000 　　　银行存款　　　　　　500	借：其他支出　　　　　　500 　贷：资金结存——货币资金　500

2. 后续计量

与文物文化资产有关的后续支出，参照"公共基础设施"部分相关规定进行处理。单位应当定期对文物文化资产进行清查盘点，每年至少盘点一次。对于发生的文物文化资产盘盈、盘亏、毁损或报废等，参照"公共基础设施"相关规定进行账务处理。

3. 文物文化资产的处置

（1）报经批准对外捐赠文物文化资产，按照被处置文物文化资产账面余额和捐赠过程中发生的归属于捐出方的相关费用合计数，借记"资产处置费用"科目；按照被处置文物文化资产账面余额，贷记本科目；按照捐赠过程中发生的归属于捐出方的相关费用，贷记"银行存款"等科目。

（2）报经批准无偿调出文物文化资产，按照被处置文物文化资产账面余额，借记"无偿调拨净资产"科目，贷记本科目；同时，按照无偿调出过程中发生的归属于调出方的相关费用，借记"资产处置费用"科目，贷记"银行存款"等科目。

处置文物文化资产的账务处理如表 2-50 所示。

表 2-50　处置文物文化资产的账务处理

业务事项	财务会计	预算会计
对外捐赠文物文化资产	借：资产处置费用 　贷：文物文化资产［账面余额］ 　　　银行存款等［归属于捐出方的相关费用］	借：其他支出［支付的归属于捐出方的相关费用］ 　贷：资金结存等
无偿调出文物文化资产	借：无偿调拨净资产 　贷：文物文化资产［账面余额］	借：其他支出［支付的归属于调出方的相关费用］ 　贷：资金结存等

四　保障性住房业务

（一）保障性住房的概念

保障性住房是指行政事业单位为满足社会公共需求而控制的用于居住保障目的的住房，如用于向低收入居民出租的廉租住房，用于向符合特定条件的居民出租的公共租赁住房、人才公寓等。

（二）保障性住房的核算内容

"保障性住房"科目核算单位为满足社会公共需求而控制的保障性住房的原值。本科目应当按照保障性住房的类别、项目等进行明细核算。本科目期末借方余额反映保障性住房的原值。

1. 初始计量

保障性住房在取得时，应当按其成本入账。

（1）外购的保障性住房。外购的保障性住房的成本包括购买价款、相关税费以及可归属于该项资产达到预定用途前所发生的其他支出。

（2）自行建造的保障性住房。自行建造的保障性住房交付使用时，按照在建工程成本入账。已交付使用但尚未办理竣工决算手续的保障性住房，按照估计价值入账，待办理竣工决算后再按照实际成本调整原来的暂估价值。

取得保障性住房的账务处理如表 2-51 所示。

表 2-51　取得保障性住房的账务处理

业务事项	财务会计	预算会计
外购的保障性住房	借：保障性住房 　　贷：财政拨款收入/银行存款等	借：行政支出/事业支出 　　贷：财政拨款预算收入/资金结存
自行建造的保障性住房，工程完工交付使用时	借：保障性住房 　　贷：在建工程	—
无偿调入的保障性住房	借：保障性住房 　　贷：银行存款等［发生的相关费用］ 　　　　无偿调拨净资产［差额］	借：其他支出［支付的相关税费］ 　　贷：资金结存等

【**例 2-22**】某行政单位自行建造一幢保障性住房，该保障性住房建造完工并交付使用，在建工程成本为 985000 元。

其账务处理如下：

单位：元

财务会计	预算会计
借：保障性住房　　　　　985000 　　贷：在建工程　　　　　985000	—

2. 后续计量

（1）保障性住房累计折旧。单位应当参照《政府会计准则第 3 号——固定资产》及其应用指南的相关规定，按月对其控制的保障性住房计提折旧。"保障性住房累计折旧"科目核算单位计提的保障性住房的累计折旧。本科目应当按照所对应保障性住房的类别进行明细核算。本科目期末贷方余额反映单位计提的保障性住房折旧累计数。

保障性住房累计折旧的主要账务处理如下：

①按月计提保障性住房折旧时，按照应计提的折旧额，借记"业务活动费用"科目，贷记本科目；

②报经批准处置保障性住房时，按照所处置保障性住房的账面价值，借记"资产处置费用""无偿调拨净资产""待处理财产损溢"等科目，按照已计提折旧，借记本科目，按照保障性住房的账面余额，贷记"保障

性住房"科目。

（2）后续支出。与保障性住房有关的后续支出参照"固定资产"科目相关规定进行处理。

（3）出租保障性住房。按照规定出租保障性住房并将出租收入上缴同级财政，按照收取的租金金额，借记"银行存款"等科目，贷记"应缴财政款"科目。

3. 保障性住房的处置

（1）报经批准无偿调出保障性住房，按照保障性住房已计提的折旧，借记"保障性住房累计折旧"科目，按照被处置保障性住房账面余额，贷记本科目，按照其差额，借记"无偿调拨净资产"科目；同时，按照无偿调出过程中发生的归属于调出方的相关费用，借记"资产处置费用"科目，贷记"银行存款"等科目。

（2）报经批准出售保障性住房，按照被出售保障性住房的账面价值，借记"资产处置费用"科目，按照保障性住房已计提的折旧，借记"保障性住房累计折旧"科目，按照保障性住房账面余额，贷记本科目；同时，按照收到的价款，借记"银行存款"等科目，按照出售过程中发生的相关费用，贷记"银行存款"等科目，按照其差额，贷记"应缴财政款"科目。

处置保障性住房的账务处理如表 2-52 所示。

表 2-52　处置保障性住房的账务处理

业务事项	财务会计	预算会计
无偿调出保障性住房	借：无偿调拨净资产 　　保障性住房累计折旧 贷：保障性住房［账面余额］	—
	借：资产处置费用 贷：银行存款等［归属于调出方的相关费用］	借：其他支出 贷：资金结存等
出售保障性住房	借：资产处置费用 　　保障性住房累计折旧 贷：保障性住房［账面余额］	—
	借：银行存款［处置保障性住房收到的价款］ 贷：应缴财政款 　　银行存款等［发生的相关费用］	—

【例2-23】某行政单位报经批准无偿调出一幢保障性住房，该幢保障性住房的账面余额为985000元，已计提折旧65000元，账面价值为920000元（985000-65000）。

其账务处理如下：

单位：元

财务会计		预算会计
借：保障性住房累计折旧	65000	
无偿调拨净资产	920000	—
贷：保障性住房	985000	

单位应当定期对保障性住房进行清查盘点。对于发生的保障性住房盘盈、盘亏、毁损或报废等，参照"固定资产"科目相关规定进行账务处理。

五 受托代理资产业务

（一）受托代理资产的概念

受托代理资产是指行政事业单位接受委托方委托管理的各项资产，包括受托指定转赠的物资、受托存储保管的物资等。

【延伸提示】

单位收到的受托代理资产为现金和银行存款的，不通过"受托代理资产"科目核算，直接通过"库存现金""银行存款"科目核算。

（二）受托代理资产的核算内容

单位应当设置"受托代理资产"科目核算单位接受委托方委托管理的各项资产，包括受托指定转赠的物资、受托存储保管的物资等的成本。单位管理的罚没物资也应当通过本科目核算。单位收到的受托代理资产为现金和银行存款的，不通过本科目核算，应当通过"库存现金""银行存款"科目进行核算。本科目应当按照资产的种类和委托人进行明细核算；属于转赠资产的，还应当按照受赠人进行明细核算。本科目期末借方余额反映单位受托代理资产的成本。

1. 受托转赠物资

（1）接受委托人委托需要转赠给受赠人的物资，其成本按照有关凭据注明的金额确定。接受委托转赠的物资验收入库，按照确定的成本，借记本科目，贷记"受托代理负债"科目。受托协议约定由受托方承担相关税费、运输费等的，还应当按照实际支付的相关税费、运输费等金额，借记"其他费用"科目，贷记"银行存款"等科目。

（2）将受托转赠物资交付受赠人时，按照转赠物资的成本，借记"受托代理负债"科目，贷记本科目。

（3）转赠物资的委托人取消了对捐赠物资的转赠要求，且不再收回捐赠物资的，应当将转赠物资转为单位的存货、固定资产等。按照转赠物资的成本，借记"受托代理负债"科目，贷记本科目；同时，借记"库存物品""固定资产"等科目，贷记"其他收入"科目。

【例2-24】某行政单位接受委托人委托需要转赠给受赠人的物资5000000元，物资已验收入库。数日后，该行政单位按照委托人的要求，将该批物资转赠给了相关的受赠人。

其账务处理如下：

单位：元

阶段	财务会计		预算会计
接受	借：受托代理资产 　贷：受托代理负债	5000000 5000000	—
转赠	借：受托代理负债 　贷：受托代理资产	5000000 5000000	—

2. 受托存储保管物资

（1）接受委托人委托存储保管的物资，其成本按照有关凭据注明的金额确定。接受委托存储的物资验收入库，按照确定的成本，借记本科目，贷记"受托代理负债"科目。

（2）发生由受托单位承担的与受托存储保管的物资相关的运输费、保管费等费用时，按照实际发生的费用金额，借记"其他费用"等科目，贷记"银行存款"等科目。

（3）根据委托人要求交付或发出受托存储保管的物资时，按照发出物资的成本，借记"受托代理负债"科目，贷记本科目。

3. 罚没物资

（1）取得罚没物资时，其成本按照有关凭据注明的金额确定。罚没物资验收（入库），按照确定的成本，借记本科目，贷记"受托代理负债"科目。罚没物资成本无法可靠确定的，单位应当设置备查簿进行登记。

（2）按照规定处置或移交罚没物资时，按照罚没物资的成本，借记"受托代理负债"科目，贷记本科目。处置时取得款项的，按照实际取得的款项金额，借记"银行存款"等科目，贷记"应缴财政款"科目。单位受托代理的其他实物资产，参照本科目有关受托转赠物资、受托存储保管物资的规定进行账务处理。

受托代理资产的账务处理如表 2-53 所示。

表 2-53 受托代理资产的账务处理

	业务事项	财务会计	预算会计
受托转赠物资	接受委托人委托需要转赠给受赠人的物资	借：受托代理资产 　贷：受托代理负债	—
	受托协议约定由受托方承担相关税费、运输费等的	借：其他费用 　贷：财政拨款收入/银行存款等	借：其他支出〔实际支付的相关税费、运输费等〕 　贷：财政拨款预算收入/资金结存
	将受托转赠物资交付受赠人的	借：受托代理负债 　贷：受托代理资产	—
	转赠物资的委托人取消了对捐赠物资的转赠要求，且不再收回捐赠物资的	借：受托代理负债 　贷：受托代理资产 借：库存物品/固定资产等 　贷：其他收入	—
受托存储保管物资	接受委托人委托存储保管的物资	借：受托代理资产 　贷：受托代理负债	—
	发生由受托单位承担的与受托存储保管的物资相关的运输费、保管费等费用时	借：其他费用等 　贷：财政拨款收入/银行存款等	借：其他支出等〔实际支付的运输费、保管费等〕 　贷：财政拨款预算收入/资金结存
	根据委托人要求交付或发出受托存储保管的物资时	借：受托代理负债 　贷：受托代理资产	—

续表

业务事项		财务会计	预算会计
罚没物资	取得罚没物资时	借：受托代理资产 　　贷：受托代理负债	—
	按照规定处置或移交罚没物资时	借：受托代理负债 　　贷：受托代理资产 处置时取得款项的 借：银行存款等 　　贷：应缴财政款	—

六　长期待摊费用业务

（一）长期待摊费用的概念

长期待摊费用是指行政事业单位已经支出，但应由本期和以后各期负担的分摊期限在1年以上的各项费用，如以经营租赁方式租入的固定资产发生的改良支出等。

（二）长期待摊费用的核算内容

单位应当设置"长期待摊费用"科目并按照费用项目进行明细核算。本科目期末借方余额反映单位尚未摊销完毕的长期待摊费用。

发生长期待摊费用时，按照支出金额，借记本科目，贷记"财政拨款收入""银行存款"等科目。

按照受益期间摊销长期待摊费用时，按照摊销金额，借记"业务活动费用""单位管理费用""经营费用"等科目，贷记本科目。

如果某项长期待摊费用已经不能使单位受益，应当将其摊余金额一次全部转入当期费用。按照摊销金额，借记"业务活动费用""单位管理费用""经营费用"等科目，贷记本科目。

长期待摊费用的账务处理如表2-54所示。

表2-54　长期待摊费用的账务处理

业务事项	财务会计	预算会计
发生长期待摊费用	借：长期待摊费用 　　贷：财政拨款收入/银行存款等	借：行政支出/事业支出等 　　贷：财政拨款预算收入/资金结存

资的成本，借记"受托代理负债"科目，贷记本科目。

3. 罚没物资

（1）取得罚没物资时，其成本按照有关凭据注明的金额确定。罚没物资验收（入库），按照确定的成本，借记本科目，贷记"受托代理负债"科目。罚没物资成本无法可靠确定的，单位应当设置备查簿进行登记。

（2）按照规定处置或移交罚没物资时，按照罚没物资的成本，借记"受托代理负债"科目，贷记本科目。处置时取得款项的，按照实际取得的款项金额，借记"银行存款"等科目，贷记"应缴财政款"科目。单位受托代理的其他实物资产，参照本科目有关受托转赠物资、受托存储保管物资的规定进行账务处理。

受托代理资产的账务处理如表 2-53 所示。

表 2-53　受托代理资产的账务处理

业务事项		财务会计	预算会计
受托转赠物资	接受委托人委托需要转赠给受赠人的物资	借：受托代理资产 　贷：受托代理负债	—
	受托协议约定由受托方承担相关税费、运输费等的	借：其他费用 　贷：财政拨款收入/银行存款等	借：其他支出［实际支付的相关税费、运输费等］ 　贷：财政拨款预算收入/资金结存
	将受托转赠物资交付受赠人的	借：受托代理负债 　贷：受托代理资产	—
	转赠物资的委托人取消了对捐赠物资的转赠要求，且不再收回捐赠物资的	借：受托代理负债 　贷：受托代理资产 借：库存物品/固定资产等 　贷：其他收入	—
受托存储保管物资	接受委托人委托存储保管的物资	借：受托代理资产 　贷：受托代理负债	—
	发生由受托单位承担的与受托存储保管的物资相关的运输费、保管费等费用时	借：其他费用等 　贷：财政拨款收入/银行存款等	借：其他支出等［实际支付的运输费、保管费等］ 　贷：财政拨款预算收入/资金结存
	根据委托人要求交付或发出受托存储保管的物资时	借：受托代理负债 　贷：受托代理资产	—

业务事项		财务会计	预算会计
罚没物资	取得罚没物资时	借：受托代理资产 　　贷：受托代理负债	—
	按照规定处置或移交罚没物资时	借：受托代理负债 　　贷：受托代理资产 处置时取得款项的 借：银行存款等 　　贷：应缴财政款	—

六　长期待摊费用业务

（一）长期待摊费用的概念

长期待摊费用是指行政事业单位已经支出，但应由本期和以后各期负担的分摊期限在 1 年以上的各项费用，如以经营租赁方式租入的固定资产发生的改良支出等。

（二）长期待摊费用的核算内容

单位应当设置"长期待摊费用"科目并按照费用项目进行明细核算。本科目期末借方余额反映单位尚未摊销完毕的长期待摊费用。

发生长期待摊费用时，按照支出金额，借记本科目，贷记"财政拨款收入""银行存款"等科目。

按照受益期间摊销长期待摊费用时，按照摊销金额，借记"业务活动费用""单位管理费用""经营费用"等科目，贷记本科目。

如果某项长期待摊费用已经不能使单位受益，应当将其摊余金额一次全部转入当期费用。按照摊销金额，借记"业务活动费用""单位管理费用""经营费用"等科目，贷记本科目。

长期待摊费用的账务处理如表 2-54 所示。

表 2-54　长期待摊费用的账务处理

业务事项	财务会计	预算会计
发生长期待摊费用	借：长期待摊费用 　　贷：财政拨款收入/银行存款等	借：行政支出/事业支出等 　　贷：财政拨款预算收入/资金结存

业务事项	财务会计	预算会计
按期摊销或一次转销长期待摊费用剩余账面余额	借：业务活动费用/单位管理费用/经营费用等 　贷：长期待摊费用	—

七　待处理财产损溢业务

（一）待处理财产损溢的概念

待处理财产损溢是指行政事业单位在资产清查过程中查明的各种资产盘盈、盘亏、报废或毁损的价值。

（二）待处理财产损溢的核算内容

本科目应当按照待处理的资产项目进行明细核算；对于在资产处理过程中取得收入或发生相关费用的项目，还应当设置"待处理财产价值""处理净收入"明细科目，进行明细核算。本科目期末如为借方余额，反映尚未处理完毕的各种资产的净损失；期末如为贷方余额，反映尚未处理完毕的各种资产净溢余。年末，报经批准处理后，本科目一般应无余额。

单位资产清查中查明的资产盘盈、盘亏、报废或毁损，一般应当先计入本科目，按照规定报经批准后及时进行账务处理。年末结账前一般应处理完毕。

1. 盘盈的各类资产

（1）转入待处理资产时，按照确定的成本，借记"库存物品""固定资产""无形资产""公共基础设施""政府储备物资""文物文化资产""保障性住房"等科目，贷记本科目。

（2）按照规定报经批准后处理时，对于盘盈的流动资产，借记本科目，贷记"单位管理费用"［事业单位］或"业务活动费用"［行政单位］科目。对于盘盈的非流动资产，如属于本年度取得的，按照当年新取得相关资产进行账务处理；如属于以前年度取得的，按照前期差错处理，借记本科目，贷记"以前年度盈余调整"科目。

盘盈非现金资产的账务处理如表2-55所示。

表 2-55　盘盈非现金资产的账务处理

业务事项		财务会计	预算会计
盘盈的非现金资产	转入待处理资产时	借：库存物品/固定资产/无形资产/公共基础设施/政府储备物资/文物文化资产/保障性住房等 　　贷：待处理财产损溢	—
	报经批准后处理时（对于流动资产）	借：待处理财产损溢 　　贷：单位管理费用［事业单位］ 　　　　业务活动费用［行政单位］	—
	报经批准后处理时（对于非流动资产）	借：待处理财产损溢 　　贷：以前年度盈余调整	—

2. 盘亏或毁损、报废的各类资产

（1）转入待处理资产时，借记本科目（待处理财产价值）［盘亏、毁损、报废固定资产、无形资产、公共基础设施、保障性住房的，还应借记"固定资产累计折旧""公共基础设施累计折旧（摊销）""无形资产累计摊销""保障性住房累计折旧"科目］，贷记"库存物品""固定资产""无形资产""公共基础设施""政府储备物资""文物文化资产""保障性住房""在建工程"等科目。涉及增值税业务的，相关账务处理参见"应交增值税"科目。报经批准后处理时，借记"资产处置费用"科目，贷记本科目（待处理财产价值）。

（2）处理毁损、报废实物资产过程中取得的残值或残值变价收入、保险理赔或过失人赔偿等，借记"库存现金""银行存款""库存物品""其他应收款"等科目，贷记本科目（处理净收入）；处理毁损、报废实物资产过程中发生的相关费用，借记本科目（处理净收入），贷记"库存现金""银行存款"等科目。处理收支结清，如果处理收入大于相关费用的，按照处理收入减去相关费用后的净收入，借记本科目（处理净收入），贷记"应缴财政款"科目；如果处理收入小于相关费用的，按照相关费用减去处理收入后的净支出，借记"资产处置费用"科目，贷记本科目（处理净收入）。

盘亏或毁损、报废非现金资产的账务处理如表 2-56 所示。

表 2-56 盘亏或毁损、报废非现金资产的账务处理

业务事项	财务会计	预算会计
转入待处理财产时	借:待处理财产损溢——待处理财产价值 固定资产累计折旧/公共基础设施累计折旧(摊销)/无形资产累计摊销/保障性住房累计折旧 贷:库存物品/固定资产/公共基础设施/无形资产/政府储备物资/文物文化资产/保障性住房等	—
报经批准后处理时	借:资产处置费用 贷:待处理财产损溢——待处理财产价值	—
处理毁损、报废实物资产过程中取得的残值或残值变价收入、保险理赔或过失人赔偿等	借:库存现金/银行存款/库存物品/其他应收款等 贷:待处理财产损溢——处理净收入	—
处理毁损、报废实物资产过程中发生的相关费用	借:待处理财产损溢——处理净收入 贷:库存现金/银行存款等	—
处理收支结清,处理收入大于相关费用的	借:待处理财产损溢——处理净收入 贷:应缴财政款	—
处理收支结清,处理收入小于相关费用的	借:资产处置费用 贷:待处理财产损溢——处理净收入	借:其他支出 贷:资金结存等〔支付的处理净支出〕

(三) 待处理财产损溢的实务处理举例

【例 2-25】某事业单位在资产清查过程中发现一批已毁损的库存物品。该批库存物品的账面余额为 3000 元。事业单位将其转入待处理财产。报经批准后,单位将相应的待处理财产价值转入资产处置费用。该事业单位在处理该批库存物品的过程中,取得变价收入等处理收入 2000 元,发生清理费用等相关费用 200 元,实际形成处理净收入 1800 元 (2000-200),款项均以银行存款收付。按照规定,该批库存物品的处理净收入应当上缴财政。该事业单位按规定结清该处理净收入。暂不考虑增值税业务。

其账务处理如下:

单位：元

阶段	财务会计		预算会计
转入	借：待处理财产损溢 　贷：库存物品	3000 3000	—
批准处理	借：资产处置费用 　贷：待处理财产损溢	3000 3000	—
处理收入	借：银行存款 　贷：待处理财产损溢	2000 2000	—
清理费用	借：待处理财产损溢 　贷：银行存款	200 200	—
上缴净收入	借：待处理财产损溢 　贷：应缴财政款	1800 1800	—

课后思考题

1. 有哪些资产类会计科目是只适用于事业单位的？

2. 什么是事业单位的长期股权投资？在什么情况下需要采用"权益法"核算，什么情况下可以采用"成本法"核算？

3. 什么是行政事业单位的公共基础设施和政府储备物资？这两类非流动资产与行政事业单位的固定资产和存货有什么区别？

4. 事业单位如何计提应收账款的坏账准备？

5. 行政事业单位计提固定资产折旧的时点是如何规定的？

第三章　政府单位负债的核算

【学习目标】

1. 理解负债的概念、确认条件及分类
2. 熟悉行政事业单位负债类会计科目
3. 掌握行政事业单位负债的内容及会计核算

【课程思政】

1. 应付政府补贴款的思政元素

应付政府补贴款的相关规定和政策反映了国家的发展战略和政策导向。通过讲解，可以让财务人员了解国家在经济、社会、环保等方面的重点发展方向，培养他们的大局观和对国家政策的敏感度，鼓励其在未来的工作中积极响应国家战略。

2. 受托代理负债核算的思政元素

在受托代理的过程中，诚信是基石。必须严格按照约定和规定管理负债，如实记录和报告，培养财务人员诚实守信的品质，树立正确的价值观。

课前案例

甲单位为中央全额拨款事业单位，2022 年 3 月应发工资 570866.22 元，其中：基本工资 270085.20 元、津贴补贴 181199.82 元、绩效工资 119581.20

元；代扣个人应负担的职业年金 22029.12 元、住房公积金 73676.32 元、基本养老保险金 44058.24 元、医疗保险金 11014.54 元、个人所得税 3532.80 元，代扣为职工垫付的水电费 22000 元，合计代扣 176311.02 元；本月实发工资为 394555.20 元。财务人员通过代理银行代发户实发工资 394555.20 元，银行代发成功。

资料来源：财政部《负债类应用案例——关于职工薪酬业务的会计处理》，财政部官网，http://kjs.mof.gov.cn/zt/zfkjzz/yyal/fzl/202207/t20220707_3825320.htm，2022 年 7 月 7 日。

点评： 发放职工薪酬代扣代缴业务依据《政府会计制度——行政事业单位会计科目和报表》（以下简称《政府会计制度》）"2201 应付职工薪酬"科目的相关规定进行会计处理。根据《政府会计制度》"2201 应付职工薪酬"会计科目明细核算规定，"社会保险费""住房公积金"明细科目核算内容包括单位从职工工资中代扣代缴的社会保险费、住房公积金，以及单位为职工计算缴纳的社会保险费、住房公积金。

根据《政府会计准则——基本准则》第三十三条及《政府会计准则第 8 号——负债》规定，负债是指政府会计主体过去的经济业务或者事项形成的，预期会导致经济资源流出政府会计主体的现时义务。现时义务是指政府会计主体在现行条件下已承担的义务。未来发生的经济业务或者事项形成的义务不属于现时义务，不应当确认为负债。负债的确认应当同时满足以下条件：①履行该义务很可能导致含有服务潜力或者经济利益的经济资源流出政府会计主体；②该义务的金额能够可靠地计量。符合负债定义和负债确认条件的项目，应当列入资产负债表。

本章在政府会计基本准则的基础上，结合政府会计制度，通过对负债类科目核算内容和实务案例介绍，强化对负债类科目的理解，熟悉其在实务中的应用。

第一节　流动负债的核算

一　短期借款

短期借款是指事业单位经批准向银行或其他金融机构等借入的期限在 1 年以内（含 1 年）的各种借款。短期借款反映了事业单位与资金供给之间短期借贷的关系。

事业单位借入款项的管理要求如下。

（1）符合政策：事业单位借入的款项，必须按照国家的有关政策使用，不能冒用名义，用于违背国家政策的事项。

（2）有借款计划：事业单位借入款项事先应编制计划，按批准的计划组织借款。

（3）有还款能力：事业单位在申请借入款项时，就应认真落实偿还借款的资金来源，不能盲目举借无还款能力的款项。

（4）有经济效益：事业单位的借入款项就构成了一项负债。归还借入款项时，不仅应归还借入的本金，还应支付利息。因此，事业单位在申请借款时，必须考虑借入款项的经济效益，不能举借无经济效益的款项。

（5）遵守信用：事业单位借入款项必须按照合同的规定及时偿还本息，不可拖欠违约。

短期借款核算时应当按照债权人和借款种类进行明细核算。短期借款的账务处理如表 3-1 所示。

表 3-1　短期借款的账务处理

业务事项	财务会计	预算会计
借入款项	借：银行存款 　贷：短期借款	借：资金结存——货币资金 　贷：债务预算收入
支付借款利息	借：其他支出 　贷：短期借款	借：其他预算支出 　贷：资金结存——货币资金

续表

业务事项	财务会计	预算会计
归还本金	借：短期借款 　　贷：银行存款	借：债务还本支出 　　贷：资金结存——货币资金

【例 3-1】2×24 年 2 月，某事业单位为满足事业业务发展的资金需要，从中国工商银行借入 200000 元，借款期限 6 个月，年利率 5%。

其账务处理如下：

单位：元

财务会计	预算会计
借：银行存款　　　　　　　　200000 　　贷：短期借款——中国工商银行 　　　　　　　　　　　　　　200000	借：资金结存——货币资金　　200000 　　贷：债务预算收入　　　　　200000

【例 3-2】2×24 年 8 月，某事业单位到期归还上述短期借款，并支付借款利息。

借款利息 = 200000×5%×6/12 = 5000（元）

其账务处理如下：

单位：元

财务会计	预算会计
借：短期借款——中国工商银行　200000 　　其他支出——利息支出　　　　5000 　　贷：银行存款　　　　　　　205000	借：债务还本支出　　　　　　　200000 　　其他预算支出　　　　　　　　5000 　　贷：资金结存——货币资金　205000

二　应交税费

应交税费是指政府会计主体因发生应税事项导致承担纳税义务而形成的负债。主要包括增值税、城市维护建设税、教育费附加、房产税、车船税、城镇土地使用税等。

（一）应交增值税

（1）应交增值税核算单位按照税法规定计算应交纳的增值税。按照交税主体不同分为一般纳税人和小规模纳税人。"应交增值税"明细科目设置如表 3-2 所示。

表 3-2 　 "应交增值税" 明细科目设置

总账科目	明细科目		核算内容
应交增值税	应交税金	进项税额	核算单位购进货物、加工修理修配劳务、服务、无形资产或不动产而支付或负担的、准予从当期销项税额中抵扣的增值税额
		进项税额转出	核算单位购进货物、加工修理修配劳务、服务、无形资产或不动产等发生非正常损失以及其他原因而不应从销项税额中抵扣、按照规定转出的进项税额
		销项税额	核算单位销售货物、加工修理修配劳务、服务、无形资产或不动产应收取的增值税额
		减免税款	核算单位按照现行增值税制度规定准予减免的增值税额
		已交税金	核算单位当月已交纳的应交增值税额
		转出未交增值税	核算一般纳税人月度终了转出当月应交未交的增值税额
		转出多交增值税	核算一般纳税人月度终了转出当月多交的增值税额
	未交税金		核算单位月度终了从"应交税金"或"预交税金"明细科目转入当月应交未交、多交或预缴的增值税额，以及当月交纳以前期间未交的增值税额
	预交税金		核算单位转让不动产、提供不动产经营租赁服务等，以及其他按照现行增值税制度规定应预缴的增值税额
	待抵扣进项税额		核算单位已取得增值税扣税凭证并经税务机关认证，按照现行增值税制度规定准予以后期间从销项税额中抵扣的进项税额
	待认证进项税额		核算单位由于未经税务机关认证而不得从当期销项税额中抵扣的进项税额，包括一般纳税人已取得增值税扣税凭证并按规定准予从销项税额中抵扣，但尚未经税务机关认证的进项税额；一般纳税人已申请稽核但尚未取得稽核相符结果的海关缴款书进项税额
	待转销项税额		核算单位销售货物、加工修理修配劳务、服务、无形资产或不动产，已确认相关收入（或利得）但尚未发生增值税纳税义务而需于以后期间确认为销项税额的增值税额
	简易计税		核算单位采用简易计税方法发生的增值税计提、扣减、预缴、缴纳等业务
	转让金融商品应交增值税		核算单位转让金融商品发生的增值税额
	代扣代交增值税		核算单位购进在境内未设经营机构的境外单位或个人在境内的应税行为代扣代缴的增值税

属于增值税小规模纳税人的单位只需在本科目下设置"转让金融商品应交增值税""代扣代交增值税"明细科目。

（2）增值税一般纳税人单位取得资产或接受劳务等业务"应交增值税"的账务处理如表 3-3 所示。

表 3-3　增值税一般纳税人单位取得资产或接受劳务等业务
"应交增值税"的账务处理

业务事项	财务会计	预算会计
购入应税资产或服务时	借：业务活动费用/在途物品/库存物品/工程物资/在建工程/固定资产/无形资产等 　　应交增值税——应交税金（进项税额）〔当月已认证可抵扣〕 　　应交增值税——待认证进项税额〔当月未认证可抵扣〕 　贷：银行存款等〔实际支付的金额〕/应付票据〔开出并承兑的商业汇票〕/应付账款等〔应付的金额〕	借：事业支出/经营支出等 　贷：资金结存等〔实际支付的金额〕
经税务机关认证为不可抵扣进项税时	借：应交增值税——应交税金（进项税额） 　贷：应交增值税——待认证进项税额 同时 借：业务活动费用等 　贷：应交增值税——应交税金（进项税额转出）	—
购进应税不动产或在建工程按规定分年抵扣进项税额的	借：固定资产/在建工程等 　　应交增值税——应交税金（进项税额）〔当期可抵扣〕 　　应交增值税——待抵扣进项税额〔以后期间可抵扣〕 　贷：银行存款等〔实际支付的金额〕/应付票据〔开出并承兑的商业汇票〕/应付账款等〔应付的金额〕	借：事业支出/经营支出等 　贷：资金结存等〔实际支付的金额〕
尚未抵扣的进项税额以后期间抵扣时	借：应交增值税——应交税金（进项税额） 　贷：应交增值税——待抵扣进项税额	—
购进属于增值税应税项目的资产后，发生非正常损失或改变用途的	借：待处理财产损溢/固定资产/无形资产等〔按照现行增值税制度规定不得从销项税额中抵扣的进项税额〕 　贷：应交增值税——应交税金（进项税额转出）/应交增值税——待认证进项税额/应交增值税——待抵扣进项税额	—

续表

业务事项	财务会计	预算会计
原不得抵扣且未抵扣进项税额的固定资产、无形资产等，因改变用途等用于允许抵扣进项税额的应税项目	借：应交增值税——应交税金（进项税额）[可以抵扣的进项税额] 　贷：固定资产/无形资产等	—
购进时已全额计提进项税额的货物或服务等转用于不动产在建工程的，对于结转以后期间的进项税额	借：应交增值税——待抵扣进项税额 　贷：应交增值税——应交税金（进项税额转出）	—
购进资产或服务时作为扣缴义务人	借：业务活动费用/在途物品/库存物品/工程物资/固定资产/无形资产等 　应交增值税——应交税金（进项税额）[当期可抵扣] 　贷：银行存款[实际支付的金额] 　　应付账款等 　　应交增值税——代扣代交增值税	借：事业支出/经营支出等 　贷：资金结存[实际支付的金额]
	实际缴纳代扣代缴增值税时 借：应交增值税——代扣代交增值税 　贷：银行存款等	借：事业支出/经营支出等 　贷：资金结存[实际支付的金额]

（3）增值税一般纳税人单位销售资产或提供服务等业务"应交增值税"的账务处理如表3-4所示。

表3-4　增值税一般纳税人单位销售资产或提供服务等业务

"应交增值税"的账务处理

业务事项	财务会计	预算会计
销售应税产品或提供应税服务时	借：银行存款/应收账款/应收票据等[包含增值税的价款总额] 　贷：事业收入/经营收入等[扣除增值税销项税额后的价款] 　　应交增值税——应交税金（销项税额）/ 　　应交增值税——简易计税	借：资金结存[实际收到的含税金额] 　贷：事业预算收入/经营预算收入等

续表

业务事项		财务会计	预算会计
金融商品转让	产生收益	借：投资收益［按净收益计算的应纳增值税］ 贷：应交增值税——转让金融商品应交增值税	—
	产生损失	借：应交增值税——转让金融商品应交增值税 贷：投资收益［按净损失计算的应纳增值税］	—
	缴纳增值税时	借：应交增值税——转让金融商品应交增值税 贷：银行存款等	借：投资预算收益等 贷：资金结存［实际支付的金额］
	年末，如有借方余额	借：投资收益 贷：应交增值税——转让金融商品应交增值税	—
发生销售退回		根据按规定开具的红字增值税专用发票做相反的会计分录	—

（4）增值税一般纳税人单位月末转出未交增值税和多交增值税"应交增值税"的账务处理如表 3-5 所示。

表 3-5　增值税一般纳税人单位月末转出未交增值税和多交增值税
"应交增值税"的账务处理

业务事项	财务会计	预算会计
月末转出本月未交增值税	借：应交增值税——应交税金（转出未交增值税） 贷：应交增值税——未交税金	—
月末转出本月多交增值税	借：应交增值税——未交税金 贷：应交增值税——应交税金（转出多交增值税）	—

（5）增值税一般纳税人单位缴纳增值税"应交增值税"的账务处理如表 3-6 所示。

表 3-6　增值税一般纳税人单位缴纳增值税"应交增值税"的账务处理

业务事项	财务会计	预算会计
本月缴纳本月增值税时	借：应交增值税——应交税金（已交税金） 贷：银行存款等	借：事业支出/经营支出等 贷：资金结存
本月缴纳以前期间未交增值税	借：应交增值税——未交税金 贷：银行存款等	借：事业支出/经营支出等 贷：资金结存

业务事项	财务会计	预算会计
按规定预缴增值税	预缴 借：应交增值税——预交税金 　　　贷：银行存款等 月末 借：应交增值税——未交税金 　　　贷：应交增值税——预交税金	借：事业支出/经营支出等 　　贷：资金结存
当期直接减免的增值税应纳税额	借：应交增值税——应交税金（减免税款） 　　　贷：业务活动费用/经营费用等	—

（6）增值税小规模纳税人单位"应交增值税"的账务处理如表3-7所示。

表3-7　增值税小规模纳税人单位"应交增值税"的账务处理

业务事项			财务会计	预算会计
购入应税资产或服务	购入应税资产或服务时		借：业务活动费用/在途物品/库存物品等［按价税合计金额］ 　　贷：银行存款等［实际支付的金额］/应付票据［开出并承兑的商业汇票］/应付账款等［应付的金额］	借：事业支出/经营支出等 　　贷：资金结存［实际支付的金额］
	购进资产或服务时作为扣缴义务人		借：在途物品/库存物品/固定资产/无形资产等 　　贷：应付账款/银行存款等 　　　　应交增值税——代扣代交增值税 实际缴纳增值税时参照一般纳税人的账务处理（见表3-6）	借：事业支出/经营支出等 　　贷：资金结存［实际支付的金额］
销售应税资产或提供服务	销售资产或提供服务		借：银行存款/应收账款/应收票据［包含增值税的价款总额］ 　　贷：事业收入/经营收入等［扣除增值税金额后的价款］ 　　　　应交增值税	借：资金结存［实际收到的含税金额］ 　　贷：事业预算收入/经营预算收入等
	金融商品转让	收益	借：投资收益［按净收益计算的应纳增值税］ 　　贷：应交增值税——转让金融商品应交增值税	—
		损失	借：应交增值税——转让金融商品应交增值税 　　贷：投资收益［按净损失计算的应纳增值税］	—
		缴纳	参照一般纳税人的账务处理（见表3-6）	

续表

业务事项	财务会计	预算会计
缴纳增值税时	借：应交增值税 　　贷：银行存款等	借：事业支出/经营支出等 　　贷：资金结存
减免增值税	借：应交增值税 　　贷：业务活动费用/经营费用等	—

【例3-3】2×21年6月1日，某事业单位买了一座楼办公用，价值为40000000元，进项税额4400000元，通过国库集中支付方式支付款项。

购入时可抵扣进项税额＝4400000×60%＝2640000（元）

待抵扣进项税额＝4400000×40%＝1760000（元）

其账务处理如下：

单位：元

财务会计	预算会计
借：固定资产　　　　　　40000000 　　应交增值税——应交税金（进项税额） 　　　　　　　　　　　2640000 　　应交增值税——待抵扣进项税额 　　　　　　　　　　　1760000 　　贷：财政拨款收入　　44400000	借：事业支出　　　　　44400000 　　贷：财政拨款预算收入　44400000

【例3-4】2×23年5月，某事业单位将上述办公楼改造成员工食堂，用于集体福利。假设2×22年5月该不动产的净值为36000000元。

不动产净值率＝36000000÷40000000×100%＝90%

不得抵扣的进项税额＝4400000×90%＝3960000（元）

不得抵扣的进项税额为3960000元，大于已抵扣的进项税额2640000元。

其账务处理如下：

单位：元

财务会计	预算会计
借：固定资产　　　　　　　　　　　　3960000 　　贷：应交增值税——应交税金（进项税额转出）　2640000 　　　　应交增值税——待抵扣进项税额　1320000	—

在2×22年6月，其余待抵扣进项税额为440000元（1760000-1320000）。

其账务处理如下：

单位：元

财务会计		预算会计
借：应交增值税——待抵扣进项税额	440000	—
贷：应交增值税——应交税金（进项税额转出）	440000	

【例3-5】2×22年5月，某事业单位将上述办公楼改造成员工食堂，用于集体福利。假设2×22年5月该不动产的净值为20000000元。

不动产净值率 = 20000000÷40000000×100% = 50%

不得抵扣的进项税额 = 4400000×50% = 2200000（元）

不得抵扣的进项税额为2200000元，小于已抵扣的进项税额2640000元。

其账务处理如下：

单位：元

财务会计		预算会计
借：固定资产	2200000	—
贷：应交增值税——应交税金（进项税额转出）	2200000	

在2×22年6月，其余待抵扣进项税额为1320000元。

其账务处理如下：

单位：元

财务会计		预算会计
借：应交增值税——待抵扣进项税额	1320000	—
贷：应交增值税——应交税金（进项税额转出）	1320000	

【例3-6】2×21年8月1日，某事业单位购入一台电脑用于办公，取得增值税专用发票并认证通过，发票注明金额为10000元，增值税额为1600元。

其账务处理如下：

单位：元

财务会计		预算会计	
借：固定资产	10000	借：事业支出	11600
应交增值税——应交税金（进项税额）	1600	贷：财政拨款预算收入	11600
贷：财政拨款收入	11600		

假定该电脑分 10 年按直线法计提折旧，残值为 0 元。2×23 年 9 月，该电脑改用于免税项目。

电脑每年计提折旧 = 10000÷10 = 1000（元）

2×23 年 9 月，电脑净值 = 10000−2000 = 8000（元）

电脑转出进项税额 = 8000×16% = 1280（元）

其账务处理如下：

单位：元

财务会计		预算会计
借：固定资产 　贷：应交增值税——应交税金（进项税额转出）	1280 1280	—

（二）其他应交税费

其他应交税费是核算单位按照税法等规定计算应交纳的除增值税以外的各种税费，包括城市维护建设税、教育费附加、地方教育费附加、车船税、房产税、城镇土地使用税和企业所得税等。单位代扣代缴的个人所得税，也通过本科目核算。单位应交纳的印花税不需要预提应交税费，直接通过"业务活动费用""单位管理费用""经营费用"等科目核算，不通过本科目核算。

其他应交税费的账务处理如表 3-8 所示。

表 3-8　其他应交税费的账务处理

业务事项		财务会计	预算会计
城市维护建设税、教育费附加、地方教育费附加、车船税、房产税、城镇土地使用税等	发生时，按照税法规定计算的应缴税费金额	借：业务活动费用/单位管理费用/经营费用等 　贷：其他应交税费——应交城市维护建设税/应交教育费附加/应交地方教育费附加/应交车船税/应交房产税/应交城镇土地使用税等	—
	实际缴纳时	借：其他应交税费——应交城市维护建设税/应交教育费附加/应交地方教育费附加/应交车船税/应交房产税/应交城镇土地使用税等 　贷：银行存款等	借：事业支出/经营支出等 　贷：资金结存［实际支付的金额］

业务事项		财务会计	预算会计
代扣代缴职工个人所得税	计算应代扣代缴职工的个人所得税	借：应付职工薪酬 　贷：其他应交税费——应交个人所得税	—
	计算应代扣代缴职工以外其他人员个人所得税	借：业务活动费用/单位管理费用等 　贷：其他应交税费——应交个人所得税	—
	实际缴纳时	借：其他应交税费——应交个人所得税 　贷：财政拨款收入/银行存款等	借：行政支出/事业支出/经营支出等 　贷：财政拨款预算收入/资金结存
发生企业所得税纳税义务	按照税法规定计算的应缴税费金额	借：所得税费用 　贷：其他应交税费——单位应交所得税	—
	实际缴纳时	借：其他应交税费——单位应交所得税 　贷：银行存款等	借：非财政拨款结余 　贷：资金结存

【例3-7】2×24年1月，某行政单位出租办公室取得含税租金收入105000元，该行政单位出租收入符合简易计税办法，适用的增值税征收率为5%，城市维护建设税以及教育费附加的税率分别为7%、3%。

应交增值税 = 105000÷（1+5%）×5% = 5000（元）

应交城市维护建设税 = 5000×7% = 350（元）

应交教育费附加 = 5000×3% = 150（元）

其账务处理如下：（单位：元）

（1）收取租金时：

借：银行存款　　　　　　　　　　　　　　　105000

　　贷：应缴财政款——国有资产出租收入　　　100000

　　　　应交增值税　　　　　　　　　　　　　5000

（2）计算应交税费时：

借：业务活动费用　　　　　　　　　　　　　500

　　贷：其他应交税费——应交城市维护建设税　350

　　　　　　　　　　——应交教育费附加　　　150

（3）支付税费时：

借：应交增值税 5000

　　其他应交税费——应交城市维护建设税 350

　　　　　　　　——应交教育费附加 150

　　贷：银行存款 5500

借：行政支出 5500

　　贷：资金结存 5500

（4）出租净收入上缴财政时：

借：应缴财政款——国有资产出租收入 100000

　　贷：银行存款 100000

三　应缴财政款

应缴财政款是单位取得或应收的按照规定应当上缴财政的款项，包括应缴国库的款项和应缴财政专户的款项。单位按照国家税法等有关规定应当缴纳的各种税费，通过"应交增值税""其他应交税费"科目核算，不通过"应缴财政款"核算。

（一）应缴国库款

应缴国库款是指单位在业务活动中按规定取得的应缴国库的各种款项，包括代收的纳入预算管理的基金、代收的行政性收费、罚没收入、无主财物变价收入以及其他按预算管理规定应上缴国库（不包括应缴税费）的款项等。

（1）罚没收入是指单位依据国家法律法规，对公民、法人和其他组织实施经济处罚所取得的各项罚款、没收款、没收财物变价款以及取得的无主财物变价款。

（2）行政性收费是指单位在行使行政职能的过程中，依据国家法律法规向公民、法人和其他组织收取的行政性费用。如各级公安、司法、工商行政管理等行政单位为发放各种证照等向有关单位和个人收取的证照工本费、手续费、企业登记注册费。

（3）政府性基金是指单位依据有关的法律法规向公民、法人和其他组织无偿征收的具有专门用途的财政资金。

（二）应缴财政专户款

应缴财政专户款是指行政事业单位按规定代收的应上缴财政专户的预算外资金。

应缴财政款的账务处理如表 3-9 所示。

表 3-9 应缴财政款的账务处理

业务事项	财务会计	预算会计
取得或应收按照规定应缴财政的款项时	借：银行存款/应收账款等 　　贷：应缴财政款	—
处置资产取得上缴财政的处置净收入时	参照"待处理财产损溢"科目的相关账务处理	—
上缴财政款项时	借：应缴财政款 　　贷：银行存款等	—

【例 3-8】 2×23 年 1 月，某行政单位出售一辆办公用车，处置后获得净收入 200000 元。

其账务处理如下：

单位：元

财务会计		预算会计
（1）处置办公用车完毕： 借：待处理财产损溢——处置净收入　　　　　200000 　　贷：应缴财政款　　　　　　　　　　　　　　　200000 （2）上缴财政款项时： 借：应缴财政款　　　　　　　　　　　　200000 　　贷：银行存款　　　　　　　　　　　　　　　200000		—

四　应付职工薪酬

应付职工薪酬是单位按照有关规定应付给职工（含长期聘用人员）及为职工支付的各种薪酬，包括基本工资、国家统一规定的津贴补贴、规范津贴补贴（绩效工资）、改革性补贴、社会保险费（如职工基本养老保险费、职业年金、基本医疗保险费等）、住房公积金等。

应付职工薪酬的账务处理如表 3-10 所示。

表 3-10　应付职工薪酬的账务处理

业务事项		财务会计	预算会计
计算确认当期应付职工薪酬	从事专业及其辅助活动人员的职工薪酬	借：业务活动费用/单位管理费用 　　贷：应付职工薪酬	—
	应由在建工程、加工物品、自行研发无形资产负担的职工薪酬	借：在建工程/加工物品/研发支出等 　　贷：应付职工薪酬	—
	从事专业及其辅助活动以外的经营活动人员的职工薪酬	借：经营费用 　　贷：应付职工薪酬	—
	因解除与职工的劳动关系而给予的补偿	借：单位管理费用 　　贷：应付职工薪酬	—
向职工支付工资、津贴补贴等薪酬		借：应付职工薪酬 　　贷：财政拨款收入/银行存款等	借：行政支出/事业支出/经营支出等 　　贷：财政拨款预算收入/资金结存
从职工薪酬中代扣各种款项	代扣代缴个人所得税	借：应付职工薪酬——基本工资 　　贷：其他应交税费——应交个人所得税	—
	代扣社会保险费和住房公积金	借：应付职工薪酬——基本工资 　　贷：应付职工薪酬——社会保险费/住房公积金	—
	代扣为职工垫付的水电费、房租等费用时	借：应付职工薪酬——基本工资 　　贷：其他应收款等	—
按照规定缴纳职工社会保险费和住房公积金		借：应付职工薪酬——社会保险费/住房公积金 　　贷：财政拨款收入/银行存款等	借：行政支出/事业支出/经营支出等 　　贷：财政拨款预算收入/资金结存
从应付职工薪酬中支付的其他款项		借：应付职工薪酬 　　贷：银行存款等	借：行政支出/事业支出/经营支出等 　　贷：资金结存等

【例 3-9】2×23 年 3 月，某行政单位本月职工薪酬总额为 900000 元，代扣代缴住房公积金 50000 元，代扣代缴社会保险费 12000 元，代扣代缴个人所得税 36000 元，代扣为职工垫付的房租、水电费共 75000 元。

其账务处理如下：

单位：元

财务会计	预算会计
（1）计算本月应付职工薪酬时： 借：业务活动费用　　　　　　　900000 　　贷：应付职工薪酬——基本工资　　900000	—
（2）计算本月代扣代缴税费和代扣垫付费用时 借：应付职工薪酬——基本工资　173000 　　贷：应付职工薪酬——住房公积金　50000 　　　　　　　　——社会保险费　12000 　　其他应交税费——应交个人所得税36000 　　其他应收款　　　　　　　　75000	—
（3）使用国库集中支付方式支付职工薪酬和代缴住房公积金、社会保险费和个人所得税时： 借：应付职工薪酬——基本工资　　727000 　　　　　　　——住房公积金　50000 　　　　　　　——社会保险费　12000 　　其他应交税费——应交个人所得税　36000 　　贷：财政拨款收入　　　　　825000	借：行政支出　　　　　　　825000 　　贷：财政拨款预算收入　825000

五　应付票据

应付票据是指事业单位因购买材料、物资时所开出、承兑的汇票，包括银行承兑汇票和商业承兑汇票。按国家有关规定，单位之间只有在商品交易的情况下，才能使用商业汇票结算方式。在会计核算中，购买商品在采用商业汇票结算方式时，如果开出的是商业承兑汇票，必须由付款方即购买单位承兑；如果是银行承兑的汇票，必须经银行承兑。付款单位应在商业汇票到期前，及时将款项足额交存其开户银行，可使银行在到期日凭票将款项划转给收款人、被背书人或贴现银行。

应付票据的账务处理如表 3-11 所示。

表 3-11　应付票据的账务处理

业务事项	财务会计	预算会计
开出、承兑商业汇票	借：库存物品/固定资产等 　　贷：应付票据	—

续表

业务事项		财务会计	预算会计
以商业汇票抵付应付账款时		借：应付账款 　贷：应付票据	—
支付银行承兑汇票的手续费		借：业务活动费用/经营费用等 　贷：银行存款等	借：事业支出/经营支出 　贷：资金结存——货币资金
商业汇票到期时	收到银行支付到期票据的付款通知时	借：应付票据 　贷：银行存款	借：事业支出/经营支出 　贷：资金结存——货币资金
	银行承兑汇票到期，本单位无力支付票款	借：应付票据 　贷：短期借款	借：事业支出/经营支出 　贷：债务预算收入
	商业承兑汇票到期，本单位无力支付票款	借：应付票据 　贷：应付账款	—

【例3-10】2×24年，某事业单位发生如下应付票据业务。

（1）为开展事业活动采用银行承兑汇票结算方式购入一批材料，购入材料价款为22600元，其中增值税为2600元，材料已验收入库。

（2）单位开出3个月到期的银行承兑汇票，并支付银行承兑汇票的手续费100元。

（3）票据到期能正常还款。

（4）若票据到期不能如期支付票款。

其账务处理如下：

单位：元

财务会计	预算会计
（1）开出银行承兑汇票时： 借：库存物品　　　　　　　　　　　　20000 　　应交增值税——应交税费（进项税额）2600 　　贷：应付票据——银行承兑汇票　　22600	—
（2）支付银行承兑汇票的手续费时： 借：业务活动费用　　　　　　　　　　100 　　贷：银行存款　　　　　　　　　　100	借：经营支出　　　　　　　　　100 　　贷：资金结存——货币资金 　　　　　　　　　　　　　　100
（3）票据到期还款时： 借：应付票据　　　　　　　　　　　22600 　　贷：银行存款　　　　　　　　　22600	借：经营支出　　　　　　　　22600 　　贷：资金结存——货币资金 　　　　　　　　　　　　22600

续表

财务会计	预算会计
（4）若票据到期不能如期支付票款时： 借：应付票据　　　　　　22600 　　贷：短期借款　　　　　　22600	—

六　应付账款

应付账款是指行政事业单位因购买物资或服务、工程建设等而应付的偿还期限在 1 年以内（含 1 年）的款项。应付账款应当在收到所购物资或服务、完成工程时确认。

应付账款的账务处理如表 3-12 所示。

表 3-12　应付账款的账务处理

业务事项	财务会计	预算会计
购入物资、设备或服务以及完成工程进度但尚未付款	借：库存物品/固定资产/在建工程等 　　贷：应付账款	—
偿付应付账款	借：应付账款 　　贷：财政拨款收入/零余额账户用款额度/银行存款等	借：行政支出/事业支出等 　　贷：财政拨款预算收入/资金结存
开出、承兑商业汇票抵付应付账款	借：应付账款 　　贷：应付票据	—
无法偿付或债权人豁免偿还的应付账款	借：应付账款 　　贷：其他收入	—

【例 3-11】2×23 年 4 月 1 日，某行政单位购入一批打印机，价值 800000 元，已验收入库，货款未付。4 月 10 日，该行政单位使用国库集中支付方式支付款项。

其账务处理如下：

单位：元

财务会计	预算会计
（1）购入打印机时： 借：固定资产——打印机　　　800000 　　贷：应付账款　　　　　　　800000	—

财务会计		预算会计	
（2）支付该款项时：			
借：应付账款	800000	借：行政支出	800000
贷：财政拨款收入	800000	贷：财政拨款预算收入	800000

七　应付政府补贴款

应付政府补贴款是负责发放政府补贴的行政单位，按照规定应当支付给政府补贴接受者的各种政府补贴款。应付政府补贴款应当在规定发放政府补贴的时间确认。

应付政府补贴款的账务处理如表 3-13 所示。

表 3-13　应付政府补贴款的账务处理

业务事项	财务会计	预算会计
发生（确认）应付政府补贴款	借：业务活动费用 贷：应付政府补贴款	—

支付应付政府补贴款时	借：应付政府补贴款
	  贷：银行存款等
		借：行政支出
		  贷：资金结存等

【例 3-12】2×23 年，某行政单位负责给当地的低保居民发放政府生活补助 800000 元，用国库集中支付方式支付上述政府补贴款。

其账务处理如下：

单位：元

财务会计		预算会计	
（1）确认应付政府补贴款时：			
借：业务活动费用	800000	—	
贷：应付政府补贴款	800000		
（2）支付应付政府补贴款时：			
借：应付政府补贴款	800000	借：行政支出	800000
贷：财政拨款收入	800000	贷：财政拨款预算收入	800000

八　应付利息

应付利息是指事业单位按照合同约定应支付的借款利息，包括短期借款、分期付息到期还本的长期借款等应支付的利息。

应付利息的账务处理如表 3-14 所示。

表 3-14　应付利息的账务处理

业务事项	财务会计	预算会计
按期计提利息费用	借：在建工程/其他费用 　　贷：应付利息	—
实际支付利息时	借：应付利息 　　贷：银行存款等	借：其他支出 　　贷：资金结存——货币资金

【例 3-13】某单位借入 3 年期到期还本，每年付息的长期借款 10000000 元，利率为 4.5%。

单位每年支付利息：10000000×4.5%＝450000（元）

其账务处理如下：

单位：元

财务会计	预算会计
（1）计算利息费用时： 借：其他费用　　　　　450000 　　贷：应付利息　　　　　450000 （2）实际支付利息时： 借：应付利息　　　　　450000 　　贷：银行存款　　　　　450000	— 借：其他支出　　　　　　　　450000 　　贷：资金结存——货币资金　450000

九　预收账款

预收账款是指事业单位按照合同约定预先收取但尚未结算的款项。与应付账款不同，预收账款所形成的负债不是以货币偿付的，而是以货物或劳务偿付的。

预收账款的账务处理如表 3-15 所示。

表 3-15　预收账款的账务处理

业务事项	财务会计	预算会计
从付款方预收款 项时	借：银行存款等 　　贷：预收账款	借：资金结存——货币资金 　　贷：事业预算收入/经营预算收入等

续表

业务事项	财务会计	预算会计
确认有关收入时	借：预收账款 　　银行存款［收到补付款］ 　　贷：事业收入/经营收入等 　　　　银行存款［退回预收款］	借：资金结存——货币资金 　　贷：事业预算收入/经营预算收入等 　　　　　［收到补付款］ 退回预收款的金额做相反会计分录
无法偿付或债权人豁免偿还的预收账款	借：预收账款 　　贷：其他收入	—

【例 3-14】 某事业单位从付款方预收一笔款项 10000 元，款项已存入开户银行。相应的专业业务活动结束后，该事业单位应确认事业收入 12000 元，付款方通过银行转账方式补付款项 2000 元。

其账务处理如下：

单位：元

财务会计	预算会计
(1) 从付款方预收款项时： 借：银行存款　　　　　10000 　　贷：预收账款　　　　　　10000 (2) 确认收入并收到补付款时： 借：预收账款　　　　　10000 　　银行存款　　　　　　2000 　　贷：事业收入　　　　　　12000	— 借：资金结存——货币资金　　12000 　　贷：事业预算收入　　　　　　12000

十　其他应付款

其他应付款是单位除应交增值税、其他应交税费、应缴财政款、应付职工薪酬、应付票据、应付账款、应付政府补贴款、应付利息、预收账款以外，其他各项偿还期限在 1 年以内（含 1 年）的应付及暂收款项，如收取的押金、存入保证金、已经报销但尚未偿还银行的本单位公务卡欠款等。

同级政府财政部门预拨的下期预算款和没有纳入预算的暂付款项，以及采用实拨资金方式通过本单位转拨给下属单位的财政拨款，也通过本科目核算。

其他应付款的账务处理如表 3-16 所示。

表 3-16　其他应付款的账务处理

业务事项		财务会计	预算会计
发生暂收款项	取得暂收款项时	借：银行存款等 　贷：其他应付款	—
	确认收入时	借：其他应付款 　贷：事业收入等	借：资金结存 　贷：事业预算收入等
	退回（转拨）暂收款时	借：其他应付款 　贷：银行存款等	—
收到同级政府财政部门预拨的下期预算款和没有纳入预算的暂付款项	按照实际收到的金额	借：银行存款等 　贷：其他应付款	—
	待到下一预算期或批准纳入预算时	借：其他应付款 　贷：财政拨款收入	借：资金结存 　贷：财政拨款预算收入
发生其他应付义务	确认其他应付款项时	借：业务活动费用/单位管理费用 　贷：其他应付款	—
	支付其他应付款项	借：其他应付款 　贷：银行存款等	借：行政支出/事业支出等 　贷：资金结存
无法偿付或债权人豁免偿还的其他应付款项		借：其他应付款 　贷：其他收入	

【例 3-15】某行政单位公务卡持卡人报销，审核报销的金额为 20000 元。记账日，该行政单位通过国库集中支付方式向银行偿还了该项公务卡欠款 20000 元。

其账务处理如下：

单位：元

财务会计	预算会计
（1）公务卡持卡人报销时： 借：业务活动费用　　　　20000 　贷：其他应付款　　　　20000 （2）向银行偿还欠款时： 借：其他应付款　　　　20000 　贷：财政拨款收入　　　20000	— 借：行政支出　　　　　20000 　贷：财政拨款预算收入　　20000

十一　预提费用

预提费用是单位预先提取的已经发生但尚未支付的费用，如预提租金费用等。

预提费用的账务处理如表 3-17 所示。

表 3-17　预提费用的账务处理

业务事项	财务会计	预算会计
按规定计提项目间接费用或管理费时	借：单位管理费用 　贷：预提费用——项目间接费用或管理费	借：非财政拨款结转——项目间接费用或管理费 　贷：非财政拨款结余——项目间接费用或管理费
实际使用计提的项目间接费用或管理费时	借：预提费用——项目间接费用或管理费 　贷：银行存款/库存现金	借：事业支出等 　贷：资金结存
按照规定预提每期租金等费用时	借：业务活动费用/单位管理费用/经营费用等 　贷：预提费用	—
实际支付款项时	借：预提费用 　贷：银行存款等	借：行政支出/事业支出/经营支出 　贷：资金结存

【例 3-16】 某事业单位按规定从某项科研项目收入中提取项目管理费 10000 元。在该项目日常管理中，该事业单位实际使用计提的项目管理费为 2000 元，款项以银行存款支付。

其账务处理如下：

单位：元

财务会计	预算会计
（1）从科研项目收入中提取项目管理费时： 借：单位管理费用　　　　10000 　贷：预提费用——项目管理费　10000 （2）实际使用计提的项目管理费时： 借：预提费用——项目管理费　2000 　贷：银行存款　　　　2000	借：非财政拨款结转——项目管理费 　　　　　　　　　　10000 　贷：非财政拨款结余——项目管理费 　　　　　　　　　　10000 借：事业支出　　　　2000 　贷：资金结存——货币资金　2000

第二节 非流动负债的核算

一 长期借款

长期借款是指事业单位经批准向银行或其他金融机构等借入的期限超过1年的各种借款本息。长期借款的偿还方式一般包括以下三种：到期还本付息、分期付息到期还本、分期还本付息。

【延伸提示】

关于举借债务借款费用资本化的问题：负债准则规定，政府以外的其他政府会计主体为购建固定资产等工程项目借入专门借款的，对于发生的专门借款费用在满足规定条件的情况下可以计入工程成本，其他举借债务（包括政府举借的债务和其他政府会计主体的非专门借款）的借款费用均计入当期费用。对于一级政府用于公益性资本支出所发行的政府债券，如收费公路专项债券等，负债准则未要求将相关借款费用资本化，而是计入当期费用。这种处理主要基于以下考虑。一是政府债券借款费用资本化的会计主体难以确定。政府债券由政府财政部门统一发行，借款取得的资金拨付建设部门使用，举借债务和使用资金的会计主体不同，且使用资金的建设部门可能涉及政府、企业等各类主体。二是政府债券借款费用资本化在实务中难以操作。政府债券的利息由财政部门统一计算和支付，建设部门既不负责支付债券利息，也难以掌握利息的计提、支付时点和金额信息。

长期借款的账务处理如表3-18所示。

表3-18 长期借款的账务处理

业务事项	财务会计	预算会计
借入各项长期借款时	借：银行存款 　　贷：长期借款——本金	借：资金结存 　　贷：债务预算收入 ［本金］

业务事项		财务会计	预算会计
为购建固定资产、公共基础设施等应支付的专门借款利息	属于工程项目建设期间发生的	借：在建工程 　贷：应付利息［分期付息、到期还本］ 　　　长期借款——应计利息［到期一次还本付息］	—
	属于工程项目完工交付使用后发生的	借：其他费用 　贷：应付利息［分期付息、到期还本］ 　　　长期借款——应计利息［到期一次还本付息］	—
	实际支付利息时	借：应付利息 　贷：银行存款等	借：其他支出 　贷：资金结存
其他长期借款利息	计提利息	借：其他费用 　贷：应付利息［分期付息、到期还本］ 　　　长期借款——应计利息［到期一次还本付息］	—
	分期实际支付利息	借：应付利息 　贷：银行存款等	借：其他支出 　贷：资金结存
归还长期借款本息		借：长期借款——本金 　　　　　——应计利息［到期一次还本付息］ 　贷：银行存款	借：债务还本支出［支付的本金］ 　　其他支出［支付的利息］ 　贷：资金结存

【例 3-17】某事业单位为建造一项固定资产经批准专门向银行借入一笔款项 900000 元，借款期限为五年，每年支付借款利息 50000 元，到期还本。工程建设期限为三年，三年后固定资产如期建造完成并交付使用。五年后，该事业单位如期还本付息。本息均通过银行存款支付。

其账务处理如下：

单位：元

财务会计	预算会计
（1）取得长期借款时： 借：银行存款　　　　　900000 　贷：长期借款——本金　　900000	借：资金结存——货币资金　900000 　贷：债务预算收入　　　　900000
（2）第 1~3 年工程在建期间，计算借款利息： 借：在建工程　　　　　50000 　贷：应付利息　　　　　50000	—

续表

财务会计	预算会计
（3）第 1~3 年每年支付借款利息时： 借：应付利息　　　　　　50000 　　贷：银行存款　　　　　　50000	借：其他支出　　　　　　　　50000 　　贷：资金结存——货币资金　50000
（4）第 4~5 年，计算借款利息： 借：其他费用　　　　　　50000 　　贷：应付利息　　　　　　50000	——
（5）第 4~5 年每年支付借款利息时： 借：应付利息　　　　　　50000 　　贷：银行存款　　　　　　50000	借：其他支出　　　　　　　　50000 　　贷：资金结存——货币资金　50000
（6）第 5 年偿还长期借款本金： 借：长期借款——本金　　900000 　　贷：银行存款　　　　　900000	借：债务还本支出　　　　　　900000 　　贷：资金结存——货币资金　900000

二　长期应付款

长期应付款是单位发生的偿还期限超过 1 年的应付款项，如以融资租赁方式取得固定资产应付的租赁费、以分期付款方式购入固定资产发生的应付款项。

长期应付款的账务处理如表 3-19 所示。

表 3-19　长期应付款的账务处理

业务事项	财务会计	预算会计
发生长期应付款时	借：固定资产/在建工程等 　　贷：长期应付款	——
支付长期应付款时	借：长期应付款 　　贷：财政拨款收入/银行存款	借：行政支出/事业支出/经营支出等 　　贷：财政拨款预算收入/资金结存
无法偿付或债权人豁免偿还的长期应付款	借：长期应付款 　　贷：其他收入	——

【例 3-18】某行政单位以分期付款方式购入一台仪器，总价款 480000 元，分 4 年支付，于每年年末用国库集中支付方式进行支付。不考虑相关税费。

其账务处理如下：

单位：元

财务会计		预算会计	
（1）购入仪器时：		—	
借：固定资产	480000		
贷：长期应付款	480000		
（2）每年年末支付款项时：			
借：长期应付款	120000	借：行政支出	120000
贷：财政拨款收入	120000	贷：财政拨款预算收入	120000

三　预计负债

1. 或有事项

或有事项是指过去的交易或者事项形成的，其结果须由某些未来事项的发生或不发生才能决定的不确定事项。或有事项具有以下特征。

（1）由过去交易或事项形成，是指或有事项的现存状况是由过去交易或事项引起的客观存在。如未决诉讼虽然是正在进行的诉讼，但该诉讼是由过去的经济行为导致起诉其他单位或被其他单位起诉。它是现存的一种状况而不是未来将要发生的事项。未来可能发生的自然灾害、交通事故、经营亏损等，不属于或有事项。

（2）结果具有不确定性，是指或有事项的结果是否发生具有不确定性，或者或有事项的结果预计将会发生，但发生的具体时间或金额具有不确定性。如债务担保事项的担保方到期是否承担和履行连带责任，需要根据债务到期时被担保方能否按时还款加以确定。这一事项的结果在担保协议达成时具有不确定性。

（3）由未来事项决定，是指或有事项的结果只能由未来不确定事项的发生或不发生才能决定。如债务担保事项只有在被担保方到期无力还款时担保方才履行连带责任。

常见的或有事项主要包括未决诉讼或仲裁、债务担保、产品质量保证、承诺、亏损合同、重组义务、环境污染整治等。

2. 预计负债的概念与会计核算

预计负债是行政事业单位对因或有事项所产生的现时义务而确认的负

债，如对未决诉讼等确认的负债。

单位应当设置"预计负债"科目核算预计负债。本科目应当按照预计负债的项目进行明细核算。本科目借方余额反映当期单位预计负债的减少，贷方余额反映当期单位预计负债的增加，期末贷方余额反映单位已经确认但尚未支付的预计负债金额。

预计负债的账务处理如表3-20所示。

表 3-20 预计负债的账务处理

业务事项	财务会计	预算会计
确认预计负债	借：业务活动费用/经营费用/其他费用等 　　贷：预计负债	—
实际偿付预计负债	借：预计负债 　　贷：银行存款等	借：事业支出/经营支出/其他支出等 　　贷：资金结存
对预计负债账面余额调整	借：业务活动费用/经营费用/其他费用等 　　贷：预计负债 或做相反会计分录	—

【延伸提示】

关于与或有事项相关的不确认为负债的义务的会计处理问题：负债准则规定，政府会计主体不应当将与或有事项相关的潜在义务或与或有事项相关的不满足负债准则第三条规定的负债确认条件的现时义务确认为负债，但应当按照准则规定进行披露。此类潜在义务或现时义务并不同时符合负债的定义和确认条件，因此不属于负债的范畴。但此类潜在义务或现时义务在未来有可能会转化为预计负债，增加政府会计主体的债务风险。为帮助会计信息使用者全面地掌握和分析政府会计主体的债务风险状况，负债准则对此类潜在义务或现时义务的披露提出了要求。

【例3-19】 某事业单位在开展业务活动中因违约而被起诉。年末，案件尚在审理，法院未判决。该事业单位在咨询了法律顾问后认为，本单位在该案件中处于不利地位，很可能需要赔偿40000元。次年，经法院判决，该事业单位需要向其他利益相关方赔偿38000元，其以银行存款支付赔偿。赔偿按规定应计入业务活动费用。

其账务处理如下：

单位：元

财务会计		预算会计	
（1）年末确认预计负债时：			
借：业务活动费用	40000	—	
贷：预计负债	40000		
（2）次年法院判决时：			
借：预计负债	40000	借：事业支出	38000
贷：银行存款	38000	贷：资金结存——货币资金	38000
业务活动费用	2000		

四　受托代理负债

受托代理负债是行政事业单位接受委托，取得受托代理资产时形成的负债。受托代理负债应当在行政事业单位收到受托代理资产并产生受托代理义务时确认。单位应当设置"受托代理负债"科目核算受托代理负债。本科目应当按照受托代理负债的委托人等进行明细核算。属于指定转赠物资的，还应当按照指定受赠人进行明细核算。本科目借方余额反映当期单位受托代理负债的减少；贷方余额反映当期单位受托代理负债的增加，期末贷方余额反映单位尚未清偿的受托代理负债金额。本科目的账务处理参照"受托代理资产""库存现金""银行存款"等科目。

课后思考题

1. 政府单位负债概念是什么，具体包括哪些内容？

2. 政府单位应交税费主要内容？

3. 应付政府补贴款与应缴财政款的主要区别？

4. 应付职工薪酬应如何核算？

5. 长期应付款与应付账款的主要区别？

第四章　政府单位收入和预算收入的核算

【学习目标】

1. 理解行政事业单位各项收入的内涵
2. 了解行政事业单位各项收入的区别
3. 掌握与运用行政事业单位各项收入和预算收入的核算方法

【课程思政】

事业收入核算的思政元素

在讲授事业单位的事业收入核算办法时，可以将高校按照物价局核准的大学生生均收费与财政生均拨款额进行对比，告诉学生个人所缴纳的学费不足以支撑生均教学所需，财政的一般公共预算支出中教育支出包含对每个公办高校学生的财政补贴额，教育支出占财政支出的比例逐年增加，政府在加大教育投资上做了大量工作，让学生务必珍惜接受教育的机会。

课前案例　　　　"放管服"改革下财政科研经费收入的会计核算

科研经费是指用于科研项目研究、创新和发展，以取得科学成果为目的，指定用途或特殊用途的资金，其主要资金来源是财政拨款及科研经费。科研经费主要由纵向、横向以及自筹经费组成，纵向经费主要来源于中央、地方各级财政资金支持的科研项目资金；横向经费主要来源于政府、企业及个人资金市场委托项目。伴随着财政科研经费来源的多样性和经济业务的复杂性，如何科学、规范、准确地进行会计核算，努力解决科研人员报销流程"烦琐"问题，进而保证报表数据的准确性，成为各有关方面工作改进的新思考方向。

2021 年 8 月，《国务院办公厅关于改革完善中央财政科研经费管理的若干意见》（以下简称《若干意见》）发布。针对科研经费管理偏刚性等问题，《若干意见》指出，要充分尊重科研规律，并提出了一系列"破题"之策。其中包括简化预算编制，预算科目精简为设备费、业务费、劳务费3 类，人才类和基础研究类科研项目中推行"包干制"；提高间接经费比例，用于"人"的费用可以占预算的 50% 等。目前，各地正在按照《若干意见》精神，改革完善本级财政科研经费管理。

财政科研经费的会计核算内容，主要是财政科研项目相关收入和耗费的会计处理，涉及科研项目经费拨款收入取得、间接费用或管理费用的计提与使用、发生直接计入当期费用和自行研究开发项目的各项耗费等业务的会计处理。在政府会计核算模式下收入采取"双基础"确认，财政科研经费收入核算须结合资金来源部门、任务书等进行计量。按照会计政策要求，财政科研经费收入方法一经确定不允许变动，在报告期内通过财务报告编制说明或会计报表附注详细披露。

资料来源：袁庆《政府会计核算模式下财政科研经费的确认、计量、记录与报告——基于"放管服"改革的思考》，《预算管理与会计》2022 年第 8 期，第 23~29 页。

点评：上述案例中谈到"放管服"背景下持续完善推进财政科研经费管理改革，需要财务核算数据来支撑，会计核算的好坏直接关系财政科研项目资金使用效益。政府会计构建预算会计与财务会计适度分离且相互衔接的核算模式，预算会计要素和财务会计要素相互协调，决算报告和财务报告互为补充，同时，反映政府会计主体的预算执行情况和财务会计信息。

因开展科研及辅助活动而从非同级政府财政部门取得的经费拨款，项目承担单位不通过预算会计"非同级财政拨款收入"一级科目核算。科研单位应分别在财务会计"事业收入"和预算会计"事业预算收入"一级科目下单设"非同级财政拨款"明细科目进行核算。而采用预收款方式的科研单位，则按合同完成进度确认收入。

收入是指报告期内导致政府会计主体净资产增加的、含有服务潜力或者经济利益的经济资源的流入。收入核算实行权责发生制。收入的确认应当同时满足以下条件：①与收入相关的含有服务潜力或者经济利益的经济资源很可能流入政府会计主体；②含有服务潜力或者经济利益的经济资源流入会导致政府会计主体资产增加或者负债减少；③流入金额能够可靠地计量。预算收入是指政府会计主体在预算年度内依法取得的并纳入预算管理的现金流入。预算收入一般在实际收到时予以确认，以实际收到的金额计量，实行收付实现制。

本章在政府会计基本准则的基础上，结合政府会计制度，通过对财务会计收入类科目和预算会计预算收入类科目核算内容与实务案例介绍，强化对收入类科目和预算收入类科目的理解，熟悉其在实务中的应用。

第一节　财政拨款收入和财政拨款预算收入核算

一　财政拨款收入和财政拨款预算收入的概念

财政拨款收入和财政拨款预算收入都是指单位从同级政府财政部门取得的各类财政拨款。财政拨款收入是财务会计科目，财政拨款预算收入是预算会计科目。需要注意的是，概念强调行政事业单位按照部门预算隶属关系从同一级次财政部门取得的财政资金。

二　财政拨款收入和财政拨款预算收入的核算内容

"财政拨款收入"可按照一般公共预算财政拨款、政府性基金预算财政拨款等拨款种类进行明细核算。期末结转后，本科目应无余额。

"财政拨款预算收入"应当设置"基本支出"和"项目支出"两个明细科目，并按《政府收支分类科目》中"支出功能分类科目"的项级科目进行明细核算；同时，在"基本支出"明细科目下按照"人员经费"和"日常公用经费"进行明细核算，在"项目支出"明细科目下按照具体项目进行明细核算。有一般公共预算财政拨款、政府性基金预算财政拨款等两种或两种以上财政拨款的，还应按财政拨款的种类进行明细核算。年末结转后，本科目应无余额。财政拨款收入和财政拨款预算收入的账务处理如表4-1所示。

表4-1　财政拨款收入和财政拨款预算收入的账务处理

业务事项		财务会计	预算会计
收到拨款	国库集中支付方式下	借：库存物品/固定资产/业务活动费用/单位管理费用/应付职工薪酬等 贷：财政拨款收入	借：行政支出/事业支出等 贷：财政拨款预算收入
	其他方式下	借：银行存款等 贷：财政拨款收入	借：资金结存——货币资金 贷：财政拨款预算收入
年末确认拨款差额	年末，根据财政部门批准的本年度预算指标数大于当年实际支付数的差额中允许结转使用的金额	借：财政应返还额度 贷：财政拨款收入	借：资金结存——财政应返还额度 贷：财政拨款预算收入
因差错更正或购货退回等发生的国库直接支付款项退回的	属于本年度支付的款项	借：财政拨款收入 贷：业务活动费用/库存物品等	借：财政拨款预算收入 贷：行政支出/事业支出等
	属于以前年度支付的款项（财政拨款结转资金）	借：财政应返还额度 贷：以前年度盈余调整/库存物品等	借：资金结存——财政应返还额度 贷：财政拨款结转——年初余额调整
	属于以前年度支付的款项（财政拨款结余资金）		借：资金结存——财政应返还额度 贷：财政拨款结余——年初余额调整
期末/年末结转		借：财政拨款收入 贷：本期盈余	借：财政拨款预算收入 贷：财政拨款结转——本年收支结转

【延伸提示】

从本单位零余额账户向实有资金账户划转资金时，应当根据收到的国库集中支付凭证及实有资金账户入账凭证，按照凭证入账金额，借记"银行存款"科目，贷记"财政拨款收入"（使用本年度预算指标）或"财政应返还额度"科目（使用以前年度预算指标）。在预算会计下，借记"资金结存——货币资金"科目，贷记"财政拨款预算收入"科目（使用本年度预算指标）或"资金结存——财政应返还额度"科目（使用以前年度预算指标）。

三 财政拨款收入和财政拨款预算收入的实务处理举例

【例 4-1】2×24 年，某行政单位发生有关业务如下。

（1）收到国库集中支付凭证及相关原始凭证，财政支付会议费 50000 元。

（2）以实拨资金方式收到财政部门拨款，所收到的银行存款进账单表明，同级政府财政部门拨入某专项经费 600000 元。

（3）单位当年通过国库集中支付采购的一批货品在入库后发现有质量问题，货物已退回。接到代理银行转来的国库集中支付退款通知书，退回相关货款 40000 元。

（4）预收到当地财政部门以实有资金形式拨付的下一年度财政拨款 300000 元。

（5）年末，单位确认本年国库集中支付预算指标数为 8000000 元，实际支出数为 7800000 元，允许结转使用的金额为 200000 元。

（6）年末，"财政拨款收入"科目贷方余额为 1000000 元，转入本期盈余；同时，预算会计做结转的账务处理。

其账务处理如下：

单位：元

财务会计		预算会计	
（1）借：业务活动费用	50000	借：行政支出	50000
贷：财政拨款收入	50000	贷：财政拨款预算收入	50000
（2）借：银行存款	600000	借：资金结存——货币资金	600000
贷：财政拨款收入	600000	贷：财政拨款预算收入	600000
（3）借：财政拨款收入	40000	借：财政拨款预算收入	40000
贷：库存物品	40000	贷：行政支出	40000
（4）借：银行存款	300000		
贷：其他应付款	300000	—	

续表

财务会计	预算会计
（5）借：财政应返还额度　　200000 　　　　贷：财政拨款收入　　　　200000 （6）借：财政拨款收入　1000000 　　　　贷：本期盈余　　　　1000000	借：资金结存——财政应返还额度 　　　　　　　　　　　　　　200000 　　　贷：财政拨款预算收入　200000 借：财政拨款预算收入　1000000 　　贷：财政拨款结转——本年收支结转 　　　　　　　　　　　　　1000000

【应用案例】

转拨资金应用案例——关于转拨从本级政府

财政部门取得资金的会计处理

2022 年 1 月 5 日，某省财政厅采用实拨资金方式拨付某省属甲行政单位财政拨款 50 万元，其中 10 万元为拨付甲单位预算拨款，40 万元为甲单位下属乙事业单位的预算拨款。

1 月 10 日，乙单位收到甲单位转拨的财政拨款 40 万元。

案例分析：

本案例中做好账务处理的前提是甲、乙单位是否要确认财政拨款收入。依据《政府会计制度——行政事业单位会计科目和报表》规定，"财政拨款收入"科目核算单位从同级政府财政部门取得的各类财政拨款。因此，确认财政拨款收入需要确定两个前提条件，一是资金来源是同级政府财政部门；二是资金性质是财政拨款。本案例中对于甲单位和乙单位来说资金来源都是同级政府财政部门，但对于甲单位来说收到的 50 万元资金中有 40 万元具有转拨款性质，应按往来处理，通过往来科目核算，不应确认财政拨款收入，同时预算会计不做处理；10 万元符合财政拨款收入确认条件，应计入"财政拨款收入"科目并进行预算会计处理。对于乙单位来说，收到的 40 万元资金虽从甲单位拨付，但资金的初始来源是省财政厅，且属于财政拨款性质，应确认为财政拨款收入。

账务处理：

（一）甲单位账务处理（单位：元）

1.1 月 5 日，收到省财政厅拨款时：

财务会计：

借：银行存款　　　　　　　　　　　　　　　　　500000

　　贷：财政拨款收入　　　　　　　　　　　　　　100000

　　　　其他应付款——转拨款——乙单位　　　　　400000

预算会计：

借：资金结存——货币资金　　　　　　　　　　　100000

　　贷：财政拨款预算收入　　　　　　　　　　　　100000

2.1 月 10 日，拨付下属乙单位时：

财务会计：

借：其他应付款——转拨款——乙单位　　　　　　400000

　　贷：银行存款　　　　　　　　　　　　　　　　400000

预算会计：不做账务处理

（二）乙单位账务处理（单位：元）

1 月 10 日，收到甲单位转拨省财政厅财政拨款时：

财务会计：

借：银行存款　　　　　　　　　　　　　　　　　400000

　　贷：财政拨款收入　　　　　　　　　　　　　　400000

预算会计：

借：资金结存——货币资金　　　　　　　　　　　400000

　　贷：财政拨款预算收入　　　　　　　　　　　　400000

资料来源：财政部《转拨资金类应用案例——关于转拨从本级政府财政部门取得资金的会计处理》，财政部官网，http://kjs.mof.gov.cn/zt/zfkjzz/yyal/zbzjl/202209/t20220928_3843474.htm，2022 年 9 月 28 日。

第二节　事业收入和事业预算收入核算

一　事业收入和事业预算收入的概念

事业收入是指事业单位开展专业业务活动及辅助活动所取得的收入，

不包括从同级政府财政部门取得的各类财政拨款。事业预算收入是指事业单位开展专业业务活动及辅助活动取得的现金流入。所谓专业业务活动，是指事业单位根据本单位专业特点所从事或开展的主要业务活动，也可以叫作主营业务，如科研事业单位的科研活动、教育事业单位的教学活动、文化事业单位的演出活动、卫生事业单位的医疗保健活动、体育事业单位的体育比赛活动等。所谓辅助活动，是指与专业业务活动相关、直接为专业业务活动服务的行政管理活动、后勤服务活动及其他有关活动。

【延伸提示】

"事业收入——非同级财政拨款"科目核算因开展与事业单位业务活动相关及其辅助活动而从非同级政府财政部门取得的经费拨款。该科目强调的业务活动，即签署合同或协议后开展的业务活动。可以根据接受资金的事业单位是否为拨款提供对等专项服务进行判断。有对等交换要求的就属于"事业收入——非同级财政拨款"。没有对等交换要求的非同级财政拨款，就是"非同级财政拨款收入"。

二　事业收入和事业预算收入的核算内容

"事业收入"应当按照事业收入的类别、来源等进行明细核算。期末结转后，本科目应无余额。

"事业预算收入"应当按照事业预算收入的类别、项目、来源、《政府收支分类科目》中"支出功能分类科目"项级科目等进行明细核算。对于因开展专业业务活动及其辅助活动取得的非同级财政拨款收入，应当在本科目下单设"非同级财政拨款"明细科目进行明细核算；事业预算收入中如有专项资金收入，还应按照具体项目进行明细核算。年末结转后，本科目应无余额。事业收入和事业预算收入的账务处理如表4-2所示。

【延伸提示】

政府会计制度下，事业单位收到的科研项目课题经费，应当在何时确认收入？事业单位为科研项目提供配套经费应当如何进行会计处理？

根据政府会计准则制度相关规定，事业单位收到科研项目课题经费时，按收到的资金金额，在财务会计下借记"银行存款"等科目，贷记

"预收账款"科目；在预算会计下借记"资金结存"科目，贷记"事业预算收入"科目。单位按照科研合同完成进度确认收入时，在财务会计下借记"预收账款"科目，贷记"事业收入"科目；预算会计不做处理。单位确定合同完成进度，应根据业务实质，选择累计实际发生的合同成本占合同预计总成本的比例、已经完成的合同工作量占合同预计总工作量的比例、已经完成的时间占合同期限的比例、实际测定的完工进度等方法。

事业单位为科研项目提供的配套经费在单位内部批准立项并建立独立的课题账号后，单位预算管理部门在预算额度内划转课题预算，以保证项目执行过程中单独核算与实时监控，财务部门不确认收入。

表 4-2　事业收入和事业预算收入的账务处理

业务事项		财务会计	预算会计
采用财政专户返还方式	实际收到或应收应上缴财政专户的事业收入时	借：银行存款/应收账款等 　贷：应缴财政款	—
	向财政专户上缴款项时	借：应缴财政款 　贷：银行存款等	—
	收到从财政专户返还的款项	借：银行存款等 　贷：事业收入	借：资金结存——货币资金 　贷：事业预算收入
采用预收款方式	实际收到款项时	借：银行存款等 　贷：预收账款	借：资金结存——货币资金 　贷：事业预算收入
	按合同完成进度确认收入时	借：预收账款 　贷：事业收入	
采用应收款方式	根据合同完成进度计算本期应收的款项	借：应收账款 　贷：事业收入	—
	实际收到款项时	借：银行存款等 　贷：应收账款	借：资金结存——货币资金 　贷：事业预算收入
其他方式下		借：银行存款/库存现金等 　贷：事业收入	借：资金结存——货币资金 　贷：事业预算收入
期末/年末结转	专项资金收入	借：事业收入 　贷：本期盈余	借：事业预算收入 　贷：非财政拨款结转—— 　　　本年收支结转
	非专项资金收入		借：事业预算收入 　贷：其他结余

三 事业收入和事业预算收入的实务处理举例

【例4-2】2×24年，某高等学校发生的有关业务如下。

（1）学校的学费收入纳入财政专户管理。8月，该高校收到学生缴纳的学费6000000元，款项已存入银行。

（2）8月末，将款项上缴财政专户。

（3）10月，收到财政专户返还的事业收入2000000元。

（4）11月，学校为某公司提供课题咨询服务。按照合同约定，该公司预先支付课题经费600000元，款项已到账，暂不考虑增值税业务。

（5）年末，该事业单位按照合同完成进度20%，确认实现的事业收入为120000元。

（6）年末，该单位"事业收入"科目贷方余额为35000000元。"事业预算收入"科目贷方余额为33000000元，其中：专项资金明细科目余额为13000000元，非专项资金明细科目余额为20000000元。

其账务处理如下：

单位：元

财务会计		预算会计	
（1）借：银行存款	6000000		
贷：应缴财政款	6000000	—	
（2）借：应缴财政款	6000000		
贷：银行存款	6000000	—	
（3）借：银行存款	2000000	借：资金结存——货币资金	2000000
贷：事业收入	2000000	贷：事业预算收入	2000000
（4）借：银行存款	600000	借：资金结存——货币资金	600000
贷：预收账款	600000	贷：事业预算收入	600000
（5）借：预收账款	120000		
贷：事业收入	120000	—	
（6）借：事业收入	35000000	借：事业预算收入	33000000
贷：本期盈余	35000000	贷：非财政拨款结转——本年收支结转	
			13000000
		其他结余	20000000

【应用案例】

转拨资金应用案例——关于转拨从本级政府

非财政部门取得资金的会计处理

2022 年 1 月 5 日，某省属事业单位收到省科技厅按项目进度拨付的科研课题项目经费 50 万元，补助经费 40 万元。为简化处理，本案例不考虑增值税影响因素。

案例分析：

本案例中主要应区分"事业收入——非同级财政拨款"和"非同级财政拨款收入"两个会计科目核算的不同。依据《关于进一步做好政府会计准则制度新旧衔接和加强行政事业单位资产核算的通知》（财会〔2018〕34 号）"一、关于政府会计准则制度新旧衔接有关问题（十五）关于非同级财政拨款（预算）收入"相关规定，单位取得的非同级财政拨款收入包括两大类，一类是从同级财政以外的同级政府部门取得的横向转拨财政款，另一类是从上级或下级政府（包括政府财政和政府部门）取得的各类财政款。在具体核算时，事业单位对于因开展专业业务活动及其辅助活动取得的非同级财政拨款收入，应当通过"事业收入——非同级财政拨款"科目核算；对于其他非同级财政拨款收入，应当通过"非同级财政拨款收入"科目核算。事业收入和非同级财政拨款收入的区别在于，事业收入要求接受资金的事业单位为这种拨款提供对等专项服务，非同级财政拨款收入则没有对等交换要求。本案例从资金来源来看，该省属事业单位收到的 90 万元省科技厅拨款的来源都是同级财政以外的同级政府部门。从资金的用途来看，收到的 50 万元资金指定为科研课题项目经费，应确认为事业收入；40 万元未明确指定用途，属于从同级政府其他部门取得的横向转拨财政款，应确认为非同级财政拨款收入。

账务处理：

该省属事业单位收到拨款账务处理如下：（单位：元）

财务会计：

借：银行存款　　　　　　　　　　　　　　　　　　900000

贷：事业收入——非同级财政拨款   500000

    非同级财政拨款收入——本级横向转拨财政款 400000

  预算会计：

  借：资金结存——货币资金   900000

   贷：事业预算收入——非同级财政拨款   500000

    非同级财政拨款预算收入   400000

  资料来源：财政部《转拨资金类应用案例——关于转拨从本级政府非财政部门取得资金的会计处理》，财政部官网，http://kjs.mof.gov.cn/zt/zfkjzz/yyal/zbzjl/202209/t20220928_3843476.htm，2022 年 9 月 28 日。

第三节 转移性收入及其预算收入核算

  转移性收入是政府单位从上下级政府、同级政府部门、主管部门或上级单位、附属单位取得的内部收入，包括非同级财政拨款收入、上级补助收入和附属单位上缴收入。非同级财政拨款收入是行政单位和事业单位的共用科目，上级补助收入和附属单位上缴收入是事业单位设置的会计科目，行政单位没有上级补助收入与附属单位上缴收入。

一 非同级财政拨款收入和非同级财政拨款预算收入核算

（一）非同级财政拨款收入和非同级财政拨款预算收入的概念

  非同级财政拨款收入是指单位从非同级政府财政部门取得的经费拨款。单位取得的非同级财政拨款收入包括两大类。一类是从同级财政以外的同级政府部门取得的横向转拨财政款。现实中，有些本级政府财政资金由财政部门按照财政预算切块分配给某些政府主管部门，这些政府主管部门是财政资金的预算单位，而后再由这些主管部门分配给具体的资金使用单位，将本级政府财政资金横向转拨。那么，对于接受这些转拨资金的行政事业单位而言，就属于本单位的非同级财政拨款收入。另一类是从上级或下级政府，包括政府财政和政府部门取得的各类财政款。非同级财政拨款预算收入是指单位从非同级政府财政部门取得的财政拨款，包括本级横向转拨财政款和非本级财政拨款。

项目强调的是从同级的政府部门（预算关系同级）而非财政部门，或是从上级或下级而非同级的财政部门或主管部门取得的财政资金，要注意与上级补助收入的显著区别。

（二）非同级财政拨款收入和非同级财政拨款预算收入的核算内容

非同级财政拨款收入应当按照本级横向转拨财政款和非本级财政拨款进行明细核算，并按照收入来源进行明细核算。期末结转后，本科目应无余额。

非同级财政拨款预算收入应当按照非同级财政拨款预算收入的类别、来源、《政府收支分类科目》中"支出功能分类科目"的项级科目等进行明细核算。非同级财政拨款预算收入中如有专项资金收入，还应按照具体项目进行明细核算。年末结转后，本科目应无余额。

在具体核算时，事业单位对于因开展专业业务活动及其辅助活动取得的非同级财政拨款收入应当通过"事业收入——非同级财政拨款"科目核算，对于其他非同级财政拨款收入，应当通过"非同级财政拨款收入"科目核算。

非同级财政拨款收入和非同级财政拨款预算收入的账务处理如表4-3所示。

表4-3　非同级财政拨款收入和非同级财政拨款预算收入的账务处理

业务事项		财务会计	预算会计
确认收入时	按照应收或实际收到的金额	借：其他应收款/银行存款等 贷：非同级财政拨款收入	借：资金结存——货币资金 　　［按照实际收到的金额］ 　贷：非同级财政拨款预算收入
收到应收的款项时	按照实际收到的金额	借：银行存款 贷：其他应收款	
期末/年末结转	专项资金收入	借：非同级财政拨款收入 贷：本期盈余	借：非同级财政拨款预算收入 　贷：非财政拨款结转—— 　　　本年收支结转
	非专项资金收入		借：非同级财政拨款预算收入 　贷：其他结余

（三）非同级财政拨款收入和非同级财政拨款预算收入的实务处理举例

【例4-3】2×24年4月，某县级事业单位接到县委组织部发来的拨款通知书，拨付人才研究经费600000元，县委组织部不是该单位的上级主管部门，该款项已收到。

其账务处理如下：

单位：元

财务会计		预算会计	
借：银行存款	600000	借：资金结存——货币资金	600000
贷：非同级财政拨款收入	600000	贷：非同级财政拨款预算收入	600000

【应用案例】

转拨资金应用案例——关于转拨从非本级政府财政部门取得资金的会计处理

2022年1月5日，某中央直属甲行政单位收到当地省财政厅拨付的财政拨款补助人员经费50万元，其中10万元补助行政单位本级，40万元转拨下属乙事业单位用于公用经费补助。1月10日，甲单位转拨下属乙事业单位40万元。

案例分析：

依据《关于进一步做好政府会计准则制度新旧衔接和加强行政事业单位资产核算的通知》（财会〔2018〕34号）"一、关于政府会计准则制度新旧衔接有关问题（十五）关于非同级财政拨款（预算）收入"相关规定，单位取得的非同级财政拨款收入包括两大类，一类是从同级财政以外的同级政府部门取得的横向转拨财政款，另一类是从上级或下级政府（包括政府财政和政府部门）取得的各类财政款。在具体核算时，事业单位对于因开展专业业务活动及其辅助活动取得的非同级财政拨款收入，应当通过"事业收入——非同级财政拨款"科目核算；对于其他非同级财政拨款收入，应当通过"非同级财政拨款收入"科目核算。从本案例的资金来源来看，甲行政单位是中央直属单位，它的同级政府财政部门是财政部，省财政厅属于地方级政府财政部门，因此，省财政厅的财政拨款属于从下级政府财政部门取得的经费拨款，属于非同级财政拨款。从收到的资金性质来看，甲行政单位收到的 50 万元资金中有 40 万元具有转拨款性质，应按往来处理，通过往来科目核算，同时预算会计不做账务处理；10 万元符合非同级财政拨款收入确认条件，应计入"非同级财政拨款收入"。对于乙事业单位来说收到的 40 万元公用经费补助应确认为非同级财政拨款收入。

账务处理：

（一）甲单位账务处理（单位：元）

1. 1 月 5 日，收到省财政厅拨款时：

财务会计：

借：银行存款	500000
贷：非同级财政拨款收入	100000
其他应付款——转拨款——乙单位	400000

预算会计：

借：资金结存——货币资金	100000
贷：非同级财政拨款预算收入	100000

2. 1 月 10 日，拨付下属乙单位时：

财务会计：

借：其他应付款——转拨款——乙单位	400000
贷：银行存款	400000

预算会计：不做账务处理

（二）乙单位账务处理（单位：元）

1 月 10 日，收到甲单位转拨省财政厅财政拨款时：

财务会计：

借：银行存款	400000
贷：非同级财政拨款收入	400000

预算会计：

借：资金结存——货币资金	400000
贷：非同级财政拨款预算收入	400000

资料来源：财政部《转拨资金类应用案例——关于转拨从非本级政府财政部门取

得资金的会计处理》，财政部官网，http://kjs.mof.gov.cn/zt/zfkjzz/yyal/zbzjl/202209/t20220928_3843477.htm，2022年9月28日。

二 上级补助收入和上级补助预算收入核算

（一）上级补助收入和上级补助预算收入的概念

上级补助收入是指事业单位从主管部门和上级单位取得的非财政拨款收入。上级补助预算收入是指事业单位从主管部门和上级单位取得的非财政补助现金流入。具体而言，它们是各事业单位的主管部门或上级单位利用自身组织的收入或集中下级单位的收入以一定的方式对事业单位给予的补助，以调剂各事业单位的资金余缺。

【延伸提示】

上级补助收入与事业收入的区别主要在于，事业单位是否向主管部门和上级单位提供相应的服务。如果通过合同或协议的形式提供相应的服务，提供对等的服务，则应该认定为事业收入。上级补助收入是事业单位收到的无偿的补助收入，没有对等交换的要求。

上级补助收入概念强调两个方面，一是来源于主管部门和上级单位；二是资金为非财政拨款收入。通过上述概念可区分"上级补助收入"和"非同级财政拨款收入"两个科目的内容。

（二）上级补助收入和上级补助预算收入的核算内容

上级补助收入应当按照发放补助单位、补助项目等进行明细核算。期末结转后，本科目应无余额。

上级补助预算收入应当按照发放补助单位、补助项目、《政府收支分类科目》中"支出功能分类科目"的项级科目等进行明细核算。上级补助预算收入中如有专项资金收入，还应按照具体项目进行明细核算。年末结转后，本科目应无余额。

上级补助收入和上级补助预算收入的账务处理如表4-4所示。

表 4-4 上级补助收入和上级补助预算收入的账务处理

业务事项		财务会计	预算会计
日常核算	确认时，按照应收或实际收到的金额	借：其他应收款/银行存款等 　贷：上级补助收入	借：资金结存——货币资金 　　[按照实际收到的金额] 　贷：上级补助预算收入
	收到应收的上级补助收入时	借：银行存款等 　贷：其他应收款	
期末/年末结转	专项资金收入	借：上级补助收入 　贷：本期盈余	借：上级补助预算收入 　贷：非财政拨款结转—— 　　　本年收支结转
	非专项资金收入		借：上级补助预算收入 　贷：其他结余

（三） 上级补助收入和上级补助预算收入的实务处理举例

【例 4-4】 某事业单位收到上级主管部门拨来的补助款 800000 元，专门用于支持 A 项目的建设，该笔补助款在性质上属于非财政拨款资金。

其账务处理如下：

单位：元

财务会计		预算会计	
借：银行存款	800000	借：资金结存——货币资金	800000
贷：上级补助收入	800000	贷：上级补助预算收入	800000

三　附属单位上缴收入和附属单位上缴预算收入核算

（一） 附属单位上缴收入和附属单位上缴预算收入的概念

附属单位上缴收入是指事业单位取得的附属独立核算单位按照有关规定上缴的收入。事业单位因投资关系获得的被投资企业上缴利润，纳入"投资收益"科目核算。附属单位归还的事业单位垫付的各种费用不通过"附属单位上缴收入"科目核算，应冲减事业单位的相关费用。

附属单位上缴预算收入是指事业单位取得的附属独立核算单位根据有关规定上缴的现金流入。

（二） 附属单位上缴收入和附属单位上缴预算收入的核算内容

附属单位上缴收入应当按照附属单位、缴款项目等进行明细核算。期末结转后，本科目应无余额。

附属单位上缴预算收入应当按照附属单位、缴款项目、《政府收支分类科目》中"支出功能分类科目"的项级科目等进行明细核算。附属单位上缴预算收入中如有专项资金收入，还应按照具体项目进行明细核算。年末结转后，本科目应无余额。

附属单位上缴收入和附属单位上缴预算收入的账务处理如表 4-5 所示。

表 4-5 附属单位上缴收入和附属单位上缴预算收入的账务处理

业务事项		财务会计	预算会计
日常核算	确认时，按照应收或实际收到的金额	借：其他应收款/银行存款等 　　贷：附属单位上缴收入	借：资金结存——货币资金 　　[按照实际收到的金额] 　　贷：附属单位上缴预算收入
	实际收到应收附属单位上缴收入款时	借：银行存款等 　　贷：其他应收款	
期末/年末结转	专项资金收入	借：附属单位上缴收入 　　贷：本期盈余	借：附属单位上缴预算收入 　　贷：非财政拨款结转—— 　　本年收支结转
	非专项资金收入		借：附属单位上缴预算收入 　　贷：其他结余

（三）附属单位上缴收入和附属单位上缴预算收入的实务处理举例

【例 4-5】2×24 年 12 月，某事业单位发生有关业务如下。

（1）经结算，该事业单位的附属单位（独立核算单位）应向该单位上缴收入 600000 元。

（2）数日后，该单位的银行账户收到上述款项。

（3）年末，该事业单位"附属单位上缴收入"科目贷方余额 600000元；"附属单位上缴预算收入"科目贷方余额 600000 元，其中专项资金收入 400000 元，非专项资金收入 200000 元。

其账务处理如下：

单位：元

财务会计	预算会计
（1）借：其他应收款　　　600000 　　　　贷：附属单位上缴收入　　600000 （2）借：银行存款　　　600000 　　　　贷：其他应收款　　600000 （3）借：附属单位上缴收入　　600000 　　　　贷：本期盈余　　600000	— 借：资金结存——货币资金　　　600000 　　贷：附属单位上缴预算收入　　600000 借：附属单位上缴预算收入——专项资金收入 　　　　　　　　　　　　　　400000 　　　　　　　——非专项资金收入 　　　　　　　　　　　　　　200000 　　贷：非财政拨款结转——本年收支结转 　　　　　　　　　　　　　　400000 　　　　其他结余　　　　200000

第四节　经营收入和经营预算收入核算

一　经营收入和经营预算收入的概念

经营收入是指事业单位在专业业务活动及其辅助活动之外开展非独立核算经营活动取得的收入。经营预算收入是指事业单位在专业业务活动及其辅助活动之外开展非独立核算经营活动取得的现金流入。

【延伸提示】

注意将"经营收入"科目与其他科目进行区别。属于专业业务活动取得的收入在"事业收入"科目核算。属于非专业业务活动取得的收入在"经营收入"科目核算，如事业单位内部非独立核算的单位食堂对外提供市场定价的餐饮服务，或事业单位按照市场价格出售单位生产的产品或服务等。事业单位开展这些活动不是为了完成事业任务，而是为了获得收益，补充事业单位的资金来源。

此外，经营收入还强调非独立核算经营活动，独立核算的经营活动不在本单位会计主体进行核算。如果从事经营活动的事业单位是完全独立核算的单位，那就是独立于事业单位的另一个会计主体，则该单位将经营活动取得的收入上缴给事业单位，属于"附属单位上缴收入"科目核算的范围。

二 经营收入和经营预算收入的核算内容

经营收入应当按照经营活动类别、项目和收入来源等进行明细核算。期末结转后，本科目应无余额。

经营预算收入应当按照经营活动类别、项目、《政府收支分类科目》中"支出功能分类科目"的项级科目等进行明细核算。年末结转后，本科目应无余额。

经营收入和经营预算收入的账务处理如表 4-6 所示。

表 4-6　经营收入和经营预算收入的账务处理

业务事项		财务会计	预算会计
确认经营收入时	按照确定的收入金额	借：银行存款/应收账款/应收票据等 　贷：经营收入	借：资金结存——货币资金 　[按照实际收到的金额] 　贷：经营预算收入
收到应收的款项时	按照实际收到的金额	借：银行存款等 　贷：应收账款/应收票据	
期末/年末结转		借：经营收入 　贷：本期盈余	借：经营预算收入 　贷：经营结余

三 经营收入和经营预算收入的实务处理举例

【例 4-6】2×24 年 12 月，某事业单位发生有关业务如下。

（1）该单位开展一项非独立核算的经营活动，取得经营收入 100000 元，款项已经存入银行。

（2）年末，该单位"经营收入"科目贷方余额为 100000 元；"经营预算收入"科目贷方余额为 400000 元。

其账务处理如下：

单位：元

财务会计		预算会计	
（1）借：银行存款	100000	借：资金结存——货币资金	100000
贷：经营收入	100000	贷：经营预算收入	100000
（2）借：经营收入	100000	借：经营预算收入	400000
贷：本期盈余	100000	贷：经营结余	400000

第五节　投资收益和投资预算收益核算

一　投资收益和投资预算收益的概念

投资收益是指事业单位股权投资和债券投资所实现的收益或发生的损失。

投资预算收益是指事业单位取得的按照规定纳入部门预算管理的属于投资收益性质的现金流入，包括股权投资收益、出售或收回债券投资所取得的收益和债券投资利息收入。

事业单位在投资持有期间取得的利息、股利或利润，以及按照权益法核算长期股权投资时被投资单位实现的净损益，出售或到期收回长短期债券投资确认的投资收益或投资损失，按照规定报经批准出售长期股权投资时将取得的投资收益纳入本单位预算管理的投资收益，均通过"投资收益"科目核算。

二　投资收益和投资预算收益的核算内容

投资收益应当按照投资的种类等进行明细核算。期末结转后，本科目应无余额。

投资预算收益应当按照《政府收支分类科目》中"支出功能分类科目"的项级科目等进行明细核算。年末结转后，本科目应无余额。

在债券投资和股权投资两种方式下的投资收益和投资预算收益的账务处理分别如表4-7、表4-8所示。

表4-7　投资收益和投资预算收益的账务处理（债券投资）

业务事项	财务会计	预算会计
出售或到期收回短期债券本息	借：银行存款 　　投资收益［借差］ 　贷：短期投资［成本］ 　　投资收益［贷差］	借：资金结存——货币资金［实际收到的款项］ 　　投资预算收益［借差］ 　贷：投资支出/其他结余［投资成本］ 　　投资预算收益［贷差］

续表

业务事项		财务会计	预算会计
持有的分期付息、一次还本的长期债券投资	确认应收未收利息	借：应收利息 　　贷：投资收益	—
	实际收到利息时	借：银行存款 　　贷：应收利息	借：资金结存——货币资金 　　贷：投资预算收益
持有的一次还本付息的长期债券投资	计算确定的应收未收利息增加长期债券投资的账面余额	借：长期债券投资——应计利息 　　贷：投资收益	—
出售长期债券投资或到期收回长期债券投资本息		借：银行存款 　　投资收益［借差］ 　　贷：长期债券投资 　　　　应收利息 　　　　投资收益［贷差］	借：资金结存——货币资金［实际收到的款项］ 　　投资预算收益［借差］ 　　贷：投资支出/其他结余 　　　　投资预算收益［贷差］

表 4-8　投资收益和投资预算收益的账务处理（股权投资）

业务事项		财务会计	预算会计
成本法下长期股权投资持有期间，被投资单位宣告分派利润或股利	按照宣告分派的利润或股利中属于单位应享有的份额	借：应收股利 　　贷：投资收益	—
	取得分派的利润或股利，按照实际收到的金额	借：银行存款 　　贷：应收股利	借：资金结存——货币资金 　　贷：投资预算收益
采用权益法核算的长期股权投资持有期间	按照应享有或应分担的被投资单位实现的净损益的份额	借：长期股权投资——损益调整 　　贷：投资收益［被投资单位实现净利润］ 借：投资收益［被投资单位发生净亏损］ 　　贷：长期股权投资——损益调整	—
	收到被投资单位发放的现金股利	借：银行存款 　　贷：应收股利	借：资金结存——货币资金 　　贷：投资预算收益
	被投资单位发生净亏损，但以后年度又实现净利润的，按规定恢复确认投资收益	借：长期股权投资——损益调整 　　贷：投资收益	—

续表

业务事项		财务会计	预算会计
期末/年末结转	投资收益为贷方余额时	借：投资收益 　贷：本期盈余	借：投资预算收益 　贷：其他结余

三　投资收益和投资预算收益的实务处理举例

【例 4-7】2×23 年，某事业单位发生有关业务如下。

（1）8 月 1 日，该单位经批准后使用非财政性资金取得短期投资 X 债券一项，按月付息，共支付价款 304000 元。

（2）8 月 31 日，收到支付的价款中包含的尚未领取的利息 4000 元。

（3）12 月 31 日，收到持有期间利息 6000 元，假设投资收益纳入单位预算。

（4）2×24 年 3 月 1 日，以 305000 元出售该短期投资，款项已收到，按规定将投资收益纳入单位预算，不上缴财政。

其账务处理如下：

单位：元

财务会计	预算会计
（1）借：短期投资　　　　304000 　　　贷：银行存款　　　　304000	借：投资支出　　　　　　304000 　　贷：资金结存——货币资金　304000
（2）借：银行存款　　　　4000 　　　贷：短期投资　　　　4000	借：资金结存——货币资金　4000 　　贷：投资支出　　　　　4000
（3）借：银行存款　　　　6000 　　　贷：投资收益　　　　6000	借：资金结存——货币资金　6000 　　贷：投资预算收益　　　6000
（4）借：银行存款　　　　305000 　　　贷：短期投资　　　　300000 　　　　　投资收益　　　　5000	借：资金结存——货币资金　305000 　　贷：其他结余　　　　　300000 　　　　投资预算收益　　　5000

第六节 捐赠收入、利息收入、租金收入、其他收入和其他预算收入核算

一 捐赠收入、利息收入、租金收入、其他收入和其他预算收入的概念

捐赠收入是指单位接受其他单位或者个人捐赠取得的收入。利息收入是指单位取得的银行存款利息收入。租金收入是指单位经批准利用国有资产出租取得并按照规定纳入本单位预算管理的租金收入。其他收入是指单位取得的除财政拨款收入、事业收入、上级补助收入、附属单位上缴收入、经营收入、非同级财政拨款收入、投资收益、捐赠收入、利息收入、租金收入以外的各项收入，包括现金盘盈收入、按照规定纳入单位预算管理的科技成果转化收入、行政单位收回已核销的其他应收款、无法偿付的应付及预收款项、置换换出资产评估增值等。

其他预算收入是指单位除财政拨款预算收入、事业预算收入、上级补助预算收入、附属单位上缴预算收入、经营预算收入、债务预算收入、非同级财政拨款预算收入、投资预算收益之外的纳入部门预算管理的现金流入，包括捐赠预算收入、利息预算收入、租金预算收入、现金盘盈收入等。

财务会计中的捐赠收入、利息收入、租金收入、其他收入等会计科目，在预算会计中平行记账时采用"其他预算收入"科目。

二 捐赠收入、利息收入、租金收入、其他收入和其他预算收入的核算内容

捐赠收入应当按照捐赠资产的用途和捐赠单位等进行明细核算；利息收入核算单位取得的银行存款利息收入；租金收入应当按照出租国有资产类别和收入来源等进行明细核算；其他收入应当按照其他收入的类别、来源等进行明细核算。期末结转后，四个科目应无余额。

其他预算收入应当按照其他收入类别、《政府收支分类科目》中"支出功能分类科目"的项级科目等进行明细核算。其他预算收入中如有专项资金收入，还应按照具体项目进行明细核算。年末结转后，本科目应无余额。

捐赠收入、利息收入、租金收入、其他收入和其他预算收入的账务处理分别如表4-9、表4-10、表4-11、表4-12所示。

【延伸提示】

根据《政府会计制度——行政事业单位会计科目和报表》（财会〔2017〕25号）规定，该单位出租资产发生应收未收租金款项时，应当在按合同约定收取租金的时点，按照应收未收租金的金额，借记"应收账款"科目，贷记"应缴财政款"科目。后续取得租金收入时，按照实际收到的金额，借记"银行存款"等科目，贷记"应收账款"科目；按规定上缴应缴财政的款项时，借记"应缴财政款"科目，贷记"银行存款"等科目。

后续由于政策原因对承租人租金进行减免的，该单位应当根据租金减免政策核销此前已经确认的应收账款和应缴财政款，即根据批准减免的租金金额，借记"应缴财政款"科目，贷记"应收账款"科目。

表4-9 捐赠收入和其他预算收入的账务处理

业务事项		财务会计	预算会计
接受捐赠的货币资金	按照实际收到的金额	借：银行存款/库存现金 贷：捐赠收入	借：资金结存——货币资金 贷：其他预算收入——捐赠收入
接受捐赠的存货、固定资产等	按照确定的成本	借：库存物品/固定资产等 贷：银行存款等［相关税费支出］ 捐赠收入	借：其他支出［支付的相关税费等］ 贷：资金结存——货币资金
	如按照名义金额入账	借：库存物品/固定资产等［名义金额］ 贷：捐赠收入 借：其他费用 贷：银行存款等［相关税费支出］	借：其他支出［支付的相关税费等］ 贷：资金结存——货币资金
期末/年末结转	专项资金收入	借：捐赠收入 贷：本期盈余	借：其他预算收入——捐赠收入 贷：非财政拨款结转——本年收支结转
	非专项资金收入		借：其他预算收入——捐赠收入 贷：其他结余

表 4-10 利息收入和其他预算收入的账务处理

业务事项		财务会计	预算会计
确认银行存款利息收入	实际收到利息时	借：银行存款 　贷：利息收入	借：资金结存——货币资金 　贷：其他预算收入——利息收入
期末/年末结转		借：利息收入 　贷：本期盈余	借：其他预算收入——利息收入 　贷：其他结余

表 4-11 租金收入和其他预算收入的账务处理

业务事项		财务会计	预算会计
预收租金方式	收到预付的租金时	借：银行存款等 　贷：预收账款	借：资金结存——货币资金 　贷：其他预算收入——租金收入
	按照直线法分期确认租金收入时	借：预收账款 　贷：租金收入	—
后付租金方式	确认租金收入时	借：应收账款 　贷：租金收入	—
	收到租金时	借：银行存款等 　贷：应收账款	借：资金结存——货币资金 　贷：其他预算收入——租金收入
分期收取租金	按期收取租金	借：银行存款等 　贷：租金收入	借：资金结存——货币资金 　贷：其他预算收入——租金收入
期末/年末结转		借：租金收入 　贷：本期盈余	借：其他预算收入——租金收入 　贷：其他结余

表 4-12 其他收入和其他预算收入的账务处理

业务事项		财务会计	预算会计
现金盘盈收入	属于无法查明原因的部分，报经批准后	借：待处理财产损溢 　贷：其他收入	—
按照规定纳入单位预算管理的科技成果转化收入	按照规定留归本单位的	借：银行存款等 　贷：其他收入	借：资金结存——货币资金 　贷：其他预算收入
行政单位收回已核销的其他应收款	按照实际收回的金额	借：银行存款等 　贷：其他收入	借：资金结存——货币资金 　贷：其他预算收入
无法偿付的应付及预收款项		借：应付账款/预收账款/其他应付款/长期应付款 　贷：其他收入	—

续表

业务事项		财务会计	预算会计
置换换出资产评估增值	按照换出资产评估价值高于资产账面价值的金额	借：有关科目 　　贷：其他收入	—
其他情况	按照应收或实际收到的金额	借：其他应收款/银行存款/库存现金等 　　贷：其他收入	借：资金结存——货币资金 　　[按照实际收到的金额] 　　贷：其他预算收入
期末/年末结转	专项资金收入	借：其他收入 　　贷：本期盈余	借：其他预算收入 　　贷：非财政拨款结转—— 　　　　本年收支结转
	非专项资金收入		借：其他预算收入 　　贷：其他结余

三　捐赠收入、利息收入、租金收入、其他收入和其他预算收入的实务处理举例

【例4-8】2×24年，某事业单位发生有关业务如下。

（1）接受甲企业捐赠的一批物资，相关凭证注明其金额为500000元，物资已验收入库，捐赠过程中发生归属于该单位的运输费等相关费用5000元，款项以银行存款支付。

（2）单位收到开户银行的到账通知书，本期银行存款利息10000元，计入单位的银行账户。

（3）单位经批准采用预收租金的方式出租闲置房产一处，所取得的租金纳入单位预算管理，年初预收全年租金120000元，款项已存入银行。

（4）每月确认租金收入10000元，暂不考虑增值税业务。

（5）单位发现一笔应付账款60000元因对方单位已经破产无法偿付。

（6）年末，"捐赠收入"科目贷方余额为50000元，"其他预算收入——捐赠收入"科目贷方余额为30000元（专项资金收入20000元、非专项资金收入10000元）；"利息收入"科目贷方余额为15000元，"其他预算收入——利息收入"科目贷方余额为15000元；"租金收入"科目贷方余额为12000元，"其他预算收入——租金收入"科目贷方余额为120000元；

"其他收入"科目无余额。

其账务处理如下：

单位：元

财务会计		预算会计	
（1）借：库存物品	505000	借：其他支出	5000
贷：银行存款	5000	贷：资金结存——货币资金	5000
捐赠收入	500000		
（2）借：银行存款	10000	借：资金结存——货币资金	10000
贷：利息收入	10000	贷：其他预算收入——捐赠收入	10000
（3）借：银行存款	120000	借：资金结存——货币资金	120000
贷：预收账款	120000	贷：其他预算收入——租金收入	120000
（4）借：预收账款	10000		
贷：租金收入	10000	—	
（5）借：应付账款	60000		
贷：其他收入	60000	—	
（6）借：捐赠收入	50000	借：其他预算收入——捐赠收入	30000
利息收入	15000	——利息收入	15000
租金收入	12000	——租金收入	120000
贷：本期盈余	77000	贷：非财政拨款结转——本年收支结转	
			20000
		其他结余	145000

第七节　债务预算收入核算

一　债务预算收入的概念

债务预算收入是指事业单位按照规定从银行和其他金融机构等借入的、纳入部门预算管理的、不以财政资金作为偿还来源的债务本金。

【延伸提示】

预算会计中的债务预算收入，在财务会计中采用"长期借款"或"短期借款"负债类科目核算，而不是收入类科目。这一点不同于其他的预算收入科目核算情况。

二　债务预算收入的核算内容

债务预算收入应当按照贷款单位、贷款种类、《政府收支分类科目》

中"支出功能分类科目"的项级科目等进行明细核算。债务预算收入中如有专项资金收入，还应按照具体项目进行明细核算。债务预算收入的账务处理如表 4-13 所示。

表 4-13 债务预算收入的账务处理

业务事项		财务会计	预算会计
短期借款	借入各种短期借款	借：银行存款 　贷：短期借款	借：资金结存——货币资金 　贷：债务预算收入
	归还短期借款本金	借：短期借款 　贷：银行存款	借：债务还本支出 　贷：资金结存——货币资金
长期借款	借入各种长期借款	借：银行存款 　贷：长期借款——本金	借：资金结存——货币资金 　贷：债务预算收入
	归还长期借款本金	借：长期借款——本金 　贷：银行存款	借：债务还本支出 　贷：资金结存——货币资金
期末/年末结转	债务预算收入结转　专项资金收入	—	借：债务预算收入 　贷：非财政拨款结转——本年收支结转
	债务预算收入结转　非专项资金收入	—	借：债务预算收入 　贷：其他结余
	债务还本支出结转	—	借：其他结余 　贷：债务还本支出

本科目的账务处理参见"长期借款"或"短期借款"等科目。

课后思考题

1. 行政事业单位收入与预算收入之间的区别和联系？

2. 行政事业单位共用的收入项目有哪些？事业单位专用的收入项目有哪些？

3. 如何区分行政事业单位的财政拨款收入与非同级财政拨款收入？

4. "事业收入——非同级财政拨款"与"非同级财政拨款收入"两个科目之间的区别是什么？

5. 什么是事业单位的上级补助收入和附属单位上缴收入？

第五章　政府单位费用和预算支出的核算

【学习目标】

1. 理解行政事业单位各项费用的内涵
2. 了解行政事业单位各项费用的区别
3. 掌握与运用行政事业单位各项费用和预算支出的核算方法

【课程思政】

1. 业务活动费用核算的思政元素

关注业务活动费用产生的效果和效益，培养财务人员注重工作绩效和效能的思维，以实现公共服务的优化和提升。

2. 资产处置费用核算的思政元素

资产处置费用的产生涉及国有资产的变动，培养财务人员对国有资产的保护意识，认识到国有资产的重要性和神圣不可侵犯性。

课前案例　　　　　　　行政事业单位费用报销审批要素和流程案例

为加强财务规范化管理工作，进一步统一省直单位财务开支报销审批管理，根据《省财政厅关于巩固落实中央八项规定精神成果　加强财务规范化管理工作的意见》（鄂财办发〔2018〕12 号）要求，湖北省财政厅总结梳理了《湖北省省直单位公务开支报销审批要素和流程》，并在此基础上结合工作实际，研究制定了《省财政厅关于统一省直单位财务开支报销审批模板管理的通知》（鄂财办发〔2018〕14 号）。该通知结合省直单位支出项目多、领域广、资金量大的特点，根据各类公务开支的报销要素和业务事项，将自制凭证整合为五大类 16 张，并对报销审批的流程和凭证单据的规格进行统一。文件分为《湖北省省直单位财务开支审批报销模板》和《湖北省省直单位公务开支报销要素和流程》两部分，对加强行政事业单位财务的费用规范是一个非常好的参照和学习。下面以《差旅费报销审批要素和流程》为案例供大家参考。

差旅费报销审批要素和流程

一、政策依据

1. 省财政厅关于印发《湖北省省级党政机关差旅费管理办法》的通知（鄂财行发〔2014〕11 号）

2. 省财政厅办公室关于印发《湖北省省级党政机关差旅费管理办法有关问题的解答》的通知（鄂财办行〔2014〕189 号）

3. 省财政厅关于调整省级党政机关差旅住宿费标准等有关问题的通知（鄂财行发〔2015〕90 号）

4. 省财政厅关于明确省级党政机关省外差旅住宿费标准的通知（鄂财行一发〔2016〕17 号）

二、报销审批要素及重点内容

（一）事前审批要素

1. 出差人员姓名、职务　2. 出差事由　3. 出差地点　4. 交通工具
5. 预计天数

（二）审批报销所需原始凭证及附件

1. 差旅审批单　2. 差旅费报销单　3. 城市间交通费票据　4. 住宿费发票　5. 公务卡结算票据　6. 差旅费其他相关附件（包括会议、培训通知，检查文件，邀请函，招商引资方案及经费预算，考察请示及报告等）

（三）开支范围

差旅费开支范围包括城市间交通费、住宿费、伙食补助费、市内交通费和其他费用。

（四）开支标准

1. 城市间交通费：按级别乘坐对应交通工具；

2. 住宿费：在标准上限以内凭发票据实报销；

3. 伙食补助费：100元/（人·天）；

4. 市内交通费：省内50元/（人·天）、省外80元/（人·天）；

5. 其他费用：包括订票费、交通意外险（单位统一购买的除外）、民航发展基金、燃油附加费及经批准发生的退票费、改签费等，根据实际产生费用凭票报销。

（五）涉及自制凭证

住宿费自制凭证（到偏远山区、农村实际发生住宿但无法取得住宿发票）。

三、报销审批程序

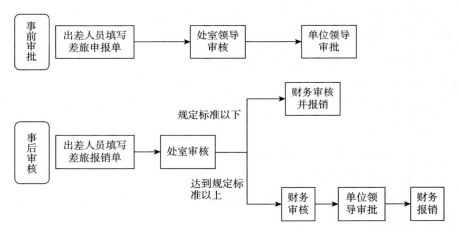

备注：各省直单位可根据单位内部工作流程对报销审批程序做适当调整。

四、潜在风险点及防控措施

1. 事前审批风险

风险点：审批领导对于出差事由把关不严，导致出现无实质内容、变相旅游等情况。

防控措施：有关领导要严格把关差旅事项审批，按照工作事项和工作内容审批出差活动，严禁无实质内容、无明确公务目的的差旅活动。

2. 事后审核风险

风险点：向下级单位、企业或其他单位转嫁差旅费；差旅费报销附件不全；对票据真实性或费用标准审核不严，出现扩大差旅费报销范围和提高差旅费支出标准等问题。

防控措施：加强公务开支制度学习，强化财务审计，严禁向下级单位、企业或其他单位转嫁差旅费。单位财务人员应严格按规定审核差旅费用开支，加强票据附件审核，确保票据来源合法，内容真实完整、合规；对超范围、超标准开支的费用不予报销。

五、报销负面清单

1. 严禁无实质内容、无明确公务目的、以任何名义和形式变相旅游、异地部门间无实质内容的学习交流和考察调研等；

2. 差旅费由派出单位承担，不得向下级单位、企业或其他单位转嫁；

3. 其他违反八项规定的行为。

资料来源：宇飞《行政事业单位费用报销审批要素和流程案例》，"审计之家"微信公众号，https://mp.weixin.qq.com/s/I5Oj3KajIeR5APeAsnorMA，2020 年 8 月 27 日。

点评： 在实际财务管理工作中，费用的报销审核工作是日常财务管理工作重要的一部分，也是最容易发生风险的一部分。如何规范地做好各种审核业务，彰显专业的财务素质，降低财务风险，是每名财务人员应重视和关心的问题。

原始凭证是报销审核环节最基础的会计资料，原始凭证不仅仅是税务发票，原始凭证的审核也不仅仅是看单位名称、税号，相关印章是否清晰、报销内容是否真实以及符合文件规定的标准；除了合规的发票以外，还要有相关附件。比如符合政府采购条件的办公设备购置，一般单位报销需要提供正式票据、产品销售合同、中标通知书、政府采购验收报告等原始凭证，但有些单位还需要提供会议记录等要件；对自行批量（或单次金额较大）采购，报销附件需要提供正式票据、会议记录、购销合同、采购明细清单。小金额零星采购的，只需正式票据、采购明细清单。有的单位对自行采购还需要提供询价单等要件。因此，费用报销附件的完整性审核是费用报销的真实性审核，这是至关重要的。

费用是指报告期内导致政府会计主体净资产减少的、含有服务潜力或者经济利益的经济资源的流出。费用核算实行权责发生制。费用的确认应当同时满足以下条件：①与费用相关的含有服务潜力或者经济利益的经济资源很可能流出政府会计主体；②含有服务潜力或者经济利益的经济资源流出会导致政府会计主体资产减少或者负债增加；③流出金额能够可靠地计量。预算支出是指政府会计主体在预算年度内依法发生并纳入预算管理的现金流出。预算支出一般在实际支付时予以确认，以实际支付的金额计量，实行收付实现制。

本章在政府会计基本准则的基础上，结合政府会计制度，通过对财务会计费用类科目和预算会计预算支出类科目核算内容与实务案例介绍，强化对费用类科目和预算支出类科目的理解，熟悉其在实务中的应用。

第一节 业务活动费用和行政支出、事业支出核算

一 业务活动费用和行政支出、事业支出的概念

业务活动费用指单位为实现其职能目标，依法履职或开展专业业务活动及其辅助活动所发生的各项费用。业务活动费用的发生与单位设立的宗旨及职责密切相关，是单位发挥其职能作用和实现事业发展目标过程中最主要的经济资源耗费。

行政支出是行政单位履行其职责实际发生的各项现金流出。行政支出是行政单位为实现国家管理职能、完成行政任务所必须发生的各项资金，是行政单位组织和领导经济、政治、文化、社会、生态等各项建设，促进社会全面发展所必须支出的资金。

事业支出是事业单位开展专业业务活动及其辅助活动实际发生的各项现金流出。

二 业务活动费用和行政支出、事业支出的核算内容

政府单位应在财务会计体系下设置"业务活动费用"科目，核算政府

单位为实现其职能目标，依法履职或开展专业业务活动及其辅助活动所发生的各项费用，并按照项目、费用类别、支付对象等进行明细核算。为了满足成本核算需要，本科目下还可按照"工资福利费用""商品和服务费用""对个人和家庭的补助费用""固定资产折旧费""无形资产摊销费""公共基础设施折旧（摊销）费""保障性住房折旧费""计提专用基金"等成本项目设置明细科目，归集能够直接计入或采用一定方法计算后计入单位业务或管理活动的费用。

行政单位应在预算会计体系下设置"行政支出"科目，核算行政单位在履行其职责过程中实际发生的各项现金流出，并按照"财政拨款支出"、"非财政专项资金支出"、"其他资金支出"、"基本支出"和"项目支出"等进行明细核算，按照《政府收支分类科目》中"支出功能分类科目"的项级科目进行明细核算，"基本支出"和"项目支出"明细科目下应当按照《政府收支分类科目》中"部门预算支出经济分类科目"的款级科目进行明细核算，同时在"项目支出"明细科目下按照具体项目进行明细核算。有一般公共预算财政拨款、政府性基金预算财政拨款等两种或两种以上财政拨款的行政或事业单位，还应当在"财政拨款支出"明细科目下按照财政拨款的种类进行明细核算。对于预付款项，可通过在本科目下设置"待处理"明细科目进行核算，待确认具体支出项目后再转入本科目下相关明细科目。年末结账前，应将本科目"待处理"明细科目余额全部转入本科目下相关明细科目。

事业单位应在预算会计体系下设置"事业支出"科目，核算单位在开展专业业务活动及其辅助活动的过程中实际发生的预算支出业务，其明细科目设置要求与"行政支出"科目要求相同。

业务活动费用和行政支出、事业支出的账务处理如表5-1所示。

【延伸提示】

财务会计中的"业务活动费用"科目，如果会计主体为行政单位，那么在预算会计中平行记账时采用"行政支出"科目；如果会计主体为事业单位，那么在预算会计中平行记账时则采用"事业支出"科目。

表 5-1　业务活动费用和行政支出、事业支出的账务处理

业务事项			财务会计	预算会计
为履职或开展业务活动人员计提并支付职工薪酬		计提时，按照计算的金额	借：业务活动费用 　贷：应付职工薪酬	—
		实际支付给职工并代扣个人所得税时	借：应付职工薪酬 　贷：财政拨款收入/银行存款等 　　其他应交税费——应交个人所得税	借：行政支出/事业支出［按照实际支付给个人部分］ 　贷：财政拨款预算收入/资金结存
		实际缴纳税款时	借：其他应交税费——应交个人所得税 　贷：银行存款等	借：行政支出/事业支出［按照实际缴纳额］ 　贷：资金结存等
为履职或开展业务活动发生的外部人员劳务费		计提时，按照计算的金额	借：业务活动费用 　贷：其他应付款	—
		实际支付并代扣个人所得税时	借：其他应付款 　贷：财政拨款收入/银行存款等 　　其他应交税费——应交个人所得税	借：行政支出/事业支出［按照实际支付给个人部分］ 　贷：财政拨款预算收入/资金结存
		实际缴纳税款时	借：其他应交税费——应交个人所得税 　贷：银行存款等	借：行政支出/事业支出［按照实际缴纳额］ 　贷：资金结存等
为履职或开展业务活动发生的预付款项	预付账款	支付款项时	借：预付账款 　贷：财政拨款收入/银行存款等	借：行政支出/事业支出 　贷：财政拨款预算收入/资金结存
		结算时	借：业务活动费用 　贷：预付账款 　　财政拨款收入/银行存款等［补付金额］	借：行政支出/事业支出 　贷：财政拨款预算收入/资金结存［补付金额］
	暂付款项	支付款项时	借：其他应收款 　贷：银行存款等	—
		结算或报销时	借：业务活动费用 　贷：其他应收款	借：行政支出/事业支出 　贷：资金结存等
为履职或开展业务活动购买资产或支付在建工程款等		按照实际支付或应付的价款	借：库存物品/固定资产/无形资产/在建工程等 　贷：财政拨款收入/银行存款/应付账款等	借：行政支出/事业支出 　贷：财政拨款预算收入/资金结存

续表

业务事项		财务会计	预算会计
为履职或开展业务活动领用库存物品	按照领用库存物品的成本	借：业务活动费用 贷：库存物品等	—
为履职或开展业务活动计提的固定资产、无形资产、公共基础设施、保障性住房的折旧（摊销）	按照计提的折旧、摊销额	借：业务活动费用 贷：固定资产累计折旧/无形资产累计摊销/公共基础设施累计折旧（摊销）/保障性住房累计折旧	—
为履职或开展业务活动发生应负担的税金及附加时	确认其他应交税费时	借：业务活动费用 贷：其他应交税费	—
	支付其他应交税费时	借：其他应交税费 贷：银行存款等	借：行政支出/事业支出 贷：资金结存等
为履职或开展业务活动发生其他各项费用		借：业务活动费用 贷：财政拨款收入/银行存款/应付账款/其他应付款等	借：行政支出/事业支出［按照实际支付的金额］ 贷：财政拨款预算收入/资金结存
计提专用基金	从收入中按照一定比例提取基金并计入费用	借：业务活动费用 贷：专用基金	—
购货退回等	当年发生的	借：财政拨款收入/银行存款/应收账款等 贷：库存物品/业务活动费用	借：财政拨款预算收入/资金结存 贷：行政支出/事业支出
期末/年末结转		借：本期盈余 贷：业务活动费用	借：财政拨款结转——本年收支结转［财政拨款支出］ 非财政拨款结转——本年收支结转［非同级财政专项资金支出］ 其他结余［非同级财政非专项资金支出］ 贷：行政支出/事业支出

三　业务活动费用和行政支出、事业支出的实务处理举例

【例 5-1】2×24 年，某行政单位发生有关业务如下。

（1）单位根据当月工资发放表，向在职人员支付基本工资 500000 元、津贴补贴 300000 元，应代扣代缴个人所得税 15000 元。现通过国库集中支付方式向个人支付税后工资薪金，向税务机关缴纳代扣代缴的个人所得税。

（2）单位通过国库集中支付方式向外部聘任人员支付当月劳务费 12000 元，应代扣外聘人员个人所得税 1920 元。

（3）单位通过国库集中支付方式采购了一批便携式电脑，采购价为 50000 元，电脑已交付使用，并且款项已支付。

（4）行政单位委托某公司开发一套管理系统软件，合同价为 200000 元。根据合同，行政单位先预付 40% 的价款，等到软件开发并验收合格后再支付剩余的 60%，均通过国库集中支付方式完成支付。

（5）行政单位的职工李某因公出差。经批准，出差前向单位财务部门预借差旅费 5000 元，出差回来后，共发生差旅费 4500 元，差额部分以现金方式退回。

（6）单位通过国库集中支付方式向物业公司支付物业费 500000 元。

（7）年末，某行政单位进行年终结算。经核算，行政支出科目借方余额为 58000000 元，其中财政拨款支出明细科目余额为 38000000 元，非财政专项资金支出明细科目余额为 12000000 元，非财政非专项资金支出明细科目余额为 8000000 元。同时，业务活动费用支出科目借方余额为 62500000 元。

其账务处理如下：

单位：元

财务会计		预算会计	
（1）借：应付职工薪酬	800000	借：行政支出	785000
贷：财政拨款收入	785000	贷：财政拨款预算收入	785000
其他应交税费——应交个人所得税	15000		
借：其他应交税费——应交个人所得税	15000	借：行政支出	15000
		贷：财政拨款预算收入	15000
贷：财政拨款收入	15000		

财务会计	预算会计
（2）借：业务活动费用　　　12000 　　　贷：其他应付款　　　10080 　　　　　其他应交税费——应交个人所得 　　　　　税　　　1920 　　借：其他应付款　　　10080 　　　　其他应交税费——应交个人所得税 　　　　　1920 　　　贷：财政拨款收入　　　12000	— 借：行政支出　　　12000 　　贷：财政拨款预算收入　　　12000
（3）借：固定资产　　　50000 　　　贷：财政拨款收入　　　50000	借：行政支出　　　50000 　　贷：财政拨款预算收入　　　50000
（4）借：预付账款　　　80000 　　　贷：财政拨款收入　　　80000 　　借：无形资产　　　200000 　　　贷：预付账款　　　80000 　　　　　财政拨款收入　　　120000	借：行政支出　　　80000 　　贷：财政拨款预算收入　　　80000 借：行政支出　　　120000 　　贷：财政拨款预算收入　　　120000
（5）借：其他应收款　　　5000 　　　贷：库存现金　　　5000 　　借：库存现金　　　500 　　　　业务活动费用　　　4500 　　　贷：其他应收款　　　5000	— 借：行政支出　　　4500 　　贷：资金结存——货币资金　　　4500
（6）借：业务活动费用　　　500000 　　　贷：财政拨款收入　　　500000	借：行政支出　　　500000 　　贷：财政拨款预算收入　　　500000
（7）借：本期盈余　　　62500000 　　　贷：业务活动费用　　　62500000	借：财政拨款结转——本年收支结转 　　　38000000 　　非财政拨款结转——本年收支结转 　　　12000000 　　其他结余　　　8000000 　　贷：行政支出　　　58000000

第二节　单位管理费用和事业支出核算

一　单位管理费用的概念

单位管理费用指事业单位本级行政及后勤管理部门开展管理活动发生的各项费用，包括单位行政及后勤管理部门发生的人员经费、日常公用经费、资产折旧（摊销）等费用，以及由单位统一负担的离退休人员经费、工会经费、诉讼费、中介费等。

二 单位管理费用的核算内容

事业单位应设置"单位管理费用"科目,核算单位本级行政及后勤管理部门开展管理活动发生的各项费用,并按照项目、费用类别、支付对象等进行明细核算。为了满足成本核算需要,本科目下还可按照"工资福利费用""商品和服务费用""对个人和家庭的补助费用""固定资产折旧费""无形资产摊销费"等成本项目设置明细科目,归集能够直接计入单位管理活动或采用一定方法计算后计入单位管理活动的费用。

单位管理费用和事业支出的账务处理如表 5-2 所示。

【延伸提示】

财务会计中的"单位管理费用"科目在预算会计中平行记账时采用"事业支出"科目。

表 5-2 单位管理费用和事业支出的账务处理

业务事项		财务会计	预算会计
管理活动人员职工薪酬	计提时,按照计算的金额	借:单位管理费用 贷:应付职工薪酬	—
	实际支付给职工并代扣个人所得税时	借:应付职工薪酬 贷:财政拨款收入/银行存款等 其他应交税费——应交个人所得税	借:事业支出［按照实际支付给个人部分］ 贷:财政拨款预算收入/资金结存
	实际缴纳税款时	借:其他应交税费——应交个人所得税 贷:银行存款等	借:事业支出［按照实际缴纳额］ 贷:资金结存等
为开展管理活动发生的外部人员劳务费	计提时,按照计算的金额	借:单位管理费用 贷:其他应付款	—
	实际支付并代扣个人所得税时	借:其他应付款 贷:财政拨款收入/银行存款等 其他应交税费——应交个人所得税	借:事业支出［按照实际支付给个人部分］ 贷:财政拨款预算收入/资金结存
	实际缴纳税款时	借:其他应交税费——应交个人所得税 贷:银行存款等	借:事业支出［按照实际缴纳额］ 贷:资金结存等

续表

业务事项			财务会计	预算会计
开展管理活动发生的预付款项	预付账款	支付款项时	借：预付账款 　　贷：财政拨款收入/银行存款等	借：事业支出 　　贷：财政拨款预算收入/资金结存
		结算时	借：单位管理费用 　　贷：预付账款 　　　　财政拨款收入/银行存款等［补付金额］	借：事业支出 　　贷：财政拨款预算收入/资金结存［补付金额］
	暂付款项	支付款项时	借：其他应收款 　　贷：银行存款等	—
		结算或报销时	借：单位管理费用 　　贷：其他应收款	借：事业支出 　　贷：资金结存等
发生的其他与管理活动相关的各项费用			借：单位管理费用 　　贷：财政拨款收入/银行存款/应付账款等	借：事业支出［按照实际支付的金额］ 　　贷：财政拨款预算收入/资金结存
为开展管理活动购买资产或支付在建工程款	按照实际支付或应付的价款		借：库存物品/固定资产/无形资产/在建工程等 　　贷：财政拨款收入/银行存款/应付账款等	借：事业支出［按照实际支付价款］ 　　贷：财政拨款预算收入/资金结存
管理活动所用固定资产、无形资产计提的折旧、摊销	按照计提的折旧、摊销额		借：单位管理费用 　　贷：固定资产累计折旧/无形资产累计摊销	—
开展管理活动内部领用库存物品	按照库存物品的成本		借：单位管理费用 　　贷：库存物品	—
开展管理活动发生应负担的税金及附加时	按照计算确定应交纳的金额		借：单位管理费用 　　贷：其他应交税费	—
	实际缴纳时		借：其他应交税费 　　贷：银行存款等	借：事业支出 　　贷：资金结存等
购货退回等	当年发生的		借：财政拨款收入/银行存款/应收账款等 　　贷：库存物品/单位管理费用等	借：财政拨款预算收入/资金结存 　　贷：事业支出

续表

业务事项	财务会计	预算会计
期末/年末结转	借：本期盈余 　　贷：单位管理费用	借：财政拨款结转——本年收 　　支结转［财政拨款支出］ 　　非财政拨款结转——本年 　　收支结转［非财政专项资 　　金支出］ 　　其他结余［非财政非专项 　　资金支出］ 　　贷：事业支出

三　单位管理费用和事业支出的实务处理举例

【例 5-2】2×24 年，某医院发生有关费用和事业支出的业务如下。

（1）医院的行政管理部门购买零星办公用品一批，通过银行转账支付 500 元，办公用品已分发给办公室相关人员使用。

（2）医院的后勤管理部门办公用房通过房屋租赁取得，根据房屋租赁协议，年租金 36000 元应当在年初一次性转账支付，每月分摊房屋租赁费 3000 元。

（3）医院的后勤管理部门通过银行转账支付一笔设备维修费 1800 元。

（4）医院购入一项先进医疗技术，购买价款合计 77000 元，款项通过国库集中支付方式支付。

（5）医院门诊挂号处领用打印耗材一批，"材料出库单"金额为 2600 元。

（6）9 月，计提医院 B 超室使用的固定资产折旧费 3800 元。

（7）某医生外出参加工作会议发生一笔差旅费 6000 元，通过国库集中支付方式予以支付。

（8）12 月末，结转"单位管理费用"账户借方余额 200000 元，"业务活动费用"账户借方余额 300000 元，"事业支出"账户借方余额中的非财政专项资金支出 100000 元和其他资金支出 30000 元。

其账务处理如下：

单位：元

财务会计		预算会计	
（1）借：单位管理费用	500	借：事业支出	500
贷：银行存款	500	贷：资金结存——货币资金	500
（2）借：待摊费用	36000	借：事业支出	36000
贷：银行存款	36000	贷：资金结存——货币资金	36000
借：单位管理费用	3000		
贷：待摊费用	3000	——	
（3）借：单位管理费用	1800	借：事业支出	1800
贷：银行存款	1800	贷：资金结存——货币资金	1800
（4）借：无形资产	77000	借：事业支出	77000
贷：财政拨款收入	77000	贷：财政拨款预算收入	77000
（5）借：业务活动费用	2600		
贷：库存物品	2600	——	
（6）借：业务活动费用	3800		
贷：固定资产累计折旧	3800	——	
（7）借：业务活动费用	6000	借：事业支出	6000
贷：财政拨款收入	6000	贷：财政拨款预算收入	6000
（8）借：本期盈余	500000	借：非财政拨款结转——本年收支结转	
贷：单位管理费用	200000		100000
业务活动费用	300000	其他结余	30000
		贷：事业支出	130000

第三节　经营费用和经营支出核算

一　经营费用和经营支出的概念

经营费用指事业单位在专业业务活动及其辅助活动之外开展非独立核算经营活动发生的各项费用。事业单位除了开展专业业务活动及其辅助活动之外，为事业发展需要或弥补事业经费不足，也为社会提供各种有偿服务。

经营支出是事业单位在专业业务活动及其辅助活动之外开展非独立核算经营活动实际发生的各项现金流出。

"经营费用"科目采用权责发生制原则确认，"经营支出"科目采用收付实现制原则确认。

【延伸提示】

事业单位的业务活动主要是专业业务活动，有些事业单位在专业业务活动之外还开展经营活动，以获取一定的收益，弥补事业经费的不足。事业单位应当合理划分业务活动费用和经营费用的界限，加强对经营活动的成本核算。

二 经营费用和经营支出的核算内容

经营费用应当按照经营活动类别、项目、支付对象等进行明细核算。为了满足成本核算需要，还可按照"工资福利费用""商品和服务费用""对个人和家庭的补助费用""固定资产折旧费""无形资产摊销费"等成本项目设置明细科目，归集能够直接计入单位经营活动或采用一定方法计算后计入单位经营活动的费用。期末，将经营费用科目本期发生额转入本期盈余，借记"本期盈余"科目，贷记"经营费用"科目。结转后，本科目无余额。

经营支出应当按照经营活动类别、项目、《政府收支分类科目》中"支出功能分类科目"的项级科目和"部门预算支出经济分类科目"的款级科目等进行明细核算。年末，将经营支出科目本年发生额转入经营结余，借记"经营结余"科目，贷记"经营支出"科目。结转后，本科目无余额。

经营费用和经营支出的账务处理如表5-3所示。

表5-3 经营费用和经营支出的账务处理

业务事项		财务会计	预算会计
为经营活动人员支付职工薪酬	计提时，按照计算的金额	借：经营费用 　　贷：应付职工薪酬	—
	实际支付给职工时	借：应付职工薪酬 　　贷：银行存款等 　　　　其他应交税费——应交个人所得税	借：经营支出［按照实际支付给个人部分］ 　　贷：资金结存——货币资金
	实际缴纳税款时	借：其他应交税费——应交个人所得税 　　贷：银行存款等	借：经营支出［按照实际缴纳额］ 　　贷：资金结存——货币资金

续表

业务事项		财务会计	预算会计
为开展经营活动购买资产或支付在建工程款	按照实际支付或应付的金额	借：库存物品/固定资产/无形资产/在建工程 贷：银行存款/应付账款等	借：经营支出 　贷：资金结存——货币资金［按照实际支付金额］
开展经营活动内部领用材料或出售发出物品等	按照实际成本	借：经营费用 　贷：库存物品	—
开展经营活动发生的预付款项	预付时，按照预付的金额	借：预付账款 　贷：银行存款等	借：经营支出 　贷：资金结存——货币资金
	结算时	借：经营费用 　贷：预付账款 　　银行存款等［补付金额］	借：经营支出 　贷：资金结存——货币资金［补付金额］
开展经营活动发生应负担的税金及附加时	按照计算确定的缴纳金额	借：经营费用 　贷：其他应交税费	—
	实际缴纳时	借：其他应交税费 　贷：银行存款等	借：经营支出 　贷：资金结存——货币资金
开展经营活动发生的其他各项费用		借：经营费用 　贷：银行存款/应付账款等	借：经营支出［按照实际支付的金额］ 　贷：资金结存——货币资金
经营活动所用固定资产、无形资产计提的折旧、摊销	按照计提的折旧、摊销额	借：经营费用 　贷：固定资产累计折旧/无形资产累计摊销	—
计提专用基金	按照预算收入的一定比例计提并列入费用	借：经营费用 　贷：专用基金	—
购货退回等	当年发生的	借：银行存款/应收账款等 　贷：库存物品/经营费用等	借：资金结存——货币资金［按照实际收到的金额］ 　贷：经营支出
期末/年末结转		借：本期盈余 　贷：经营费用	借：经营结余 　贷：经营支出

三 经营费用和经营支出的实务处理举例

【例 5-3】 2×24 年，某文化事业单位发生有关费用和支出的业务如下。

（1）其非独立核算的经营业务为对外出租演出场地及相关设备，计算应缴纳相关税费 1800 元，通过银行转账缴纳相关税费。

（2）单位年末结转"经营费用"科目借方发生额 15000 元，"经营支出"科目借方发生额 12000 元。

其账务处理如下：

单位：元

财务会计		预算会计	
（1）借：经营费用	1800		
贷：其他应交税费	1800	—	
借：其他应交税费	1800	借：经营支出	1800
贷：银行存款	1800	贷：资金结存——货币资金	1800
（2）借：本期盈余	15000	借：经营结余	12000
贷：经营费用	15000	贷：经营支出	12000

第四节 上缴上级费用和上缴上级支出核算

一 上缴上级费用和上缴上级支出的概念

上缴上级费用指事业单位按照财政部门和主管部门的规定上缴上级单位款项的费用。上缴上级款项属于非财政资金，相应的资金通常来自单位自身取得的事业收入、经营收入和其他收入等。上缴上级支出是指事业单位按照财政部门和主管部门的规定上缴上级单位款项发生的现金流出。

"上缴上级费用"科目采用权责发生制原则确认，"上缴上级支出"科目采用收付实现制原则确认。

二 上缴上级费用和上缴上级支出的核算内容

"上缴上级费用"科目应当按照收缴款项单位、缴款项目等进行明细核算。该科目属于政府单位财务会计中的费用类账户，借方登记当期上缴上级费用增加数，贷方登记减少数。期末，将本科目本期发生额转入本期盈余，借记"本期盈余"科目，贷记本科目。结转后，本科目无余额。

"上缴上级支出"科目应当按照收缴款项单位、缴款项目、《政府收支分类科目》中"支出功能分类科目"的项级科目和"部门预算支出经济分类科目"的款级科目等进行明细核算。"上缴上级支出"科目属于政府单位预算会计中的预算支出类账户，借方登记增加数，贷方登记减少数，平时借方余额反映单位上缴上级支出的本年累计数。年末，将本科目本年发生额转入其他结余，借记"其他结余"科目，贷记本科目。结转后，本科目无余额。

上缴上级费用和上缴上级支出的账务处理如表 5-4 所示。

表 5-4　上缴上级费用和上缴上级支出的账务处理

业务事项	财务会计	预算会计
按照实际上缴的金额或者按照规定计算出应当上缴的金额	借：上缴上级费用 贷：银行存款/其他应付款等	借：上缴上级支出〔实际上缴的金额〕 贷：资金结存——货币资金
实际上缴应缴的金额	借：其他应付款 贷：银行存款等	
期末/年末结转	借：本期盈余 贷：上缴上级费用	借：其他结余 贷：上缴上级支出

三　上缴上级费用和上缴上级支出的实务处理举例

【例 5-4】2×24 年，某事业单位发生有关业务如下。

（1）根据相关规定，某事业单位需向上级单位上缴款项 300000 元，现已通过银行转账方式完成上缴。

（2）年末，事业单位进行年终结算，"上缴上级支出"科目借方余额为 435000 元，"上缴上级费用"科目借方余额为 500000 元。

其账务处理如下：

单位：元

财务会计		预算会计	
（1）借：上缴上级费用	300000	借：上缴上级支出	300000
贷：银行存款	300000	贷：资金结存——货币资金	300000
（2）借：本期盈余	500000	借：其他结余	435000
贷：上缴上级费用	500000	贷：上缴上级支出	435000

第五节　对附属单位补助费用和对附属单位补助支出核算

一　对附属单位补助费用和对附属单位补助支出的概念

对附属单位补助费用指事业单位用财政拨款之外的收入对附属单位补助发生的费用。事业单位对附属单位的补助款项属于非财政资金，不可以将其自身取得的财政拨款收入作为对附属单位的补助。该科目采用权责发生制原则确认。

对附属单位补助支出是指事业单位用财政拨款预算收入之外的收入对附属单位补助发生的现金流出。该科目采用收付实现制原则确认。

二　对附属单位补助费用和对附属单位补助支出的核算内容

"对附属单位补助费用"科目属于政府单位财务会计中的费用类账户，借方登记当期确认的补助费用，贷方登记减少数。期末，将本科目本期发生额转入本期盈余，借记"本期盈余"科目，贷记本科目。结转后，本科目无余额。"对附属单位补助费用"科目应当按照接受补助单位、补助项目等进行明细核算。

"对附属单位补助支出"科目属于政府单位预算会计中的预算支出类账户，借方登记增加数，贷方登记减少数，平时借方余额反映对附属单位补助支出的本年累计数。单位发生对附属单位补助支出的，按照实际补助的金额，借记"对附属单位补助支出"科目，贷记"资金结存"科目。年末，将本科目本年发生额转入其他结余，借记"其他结余"科目，贷记本科目。结转后，本科目无余额。"对附属单位补助支出"科目应当按照接受补助单位、补助项目、《政府收支分类科目》中"支出功能分类科目"的项级科目和"部门预算支出经济分类科目"的款级科目等进行明细核算。

对附属单位补助费用和对附属单位补助支出的账务处理如表 5-5 所示。

表 5-5　对附属单位补助费用和对附属单位补助支出的账务处理

业务事项	财务会计	预算会计
按照实际补助的金额或者按照规定计算出应当补助的金额	借：对附属单位补助费用 　贷：银行存款/其他应付款等	借：对附属单位补助支出［实际补助的金额］ 　贷：资金结存——货币资金
实际支出应补助的金额	借：其他应付款 　贷：银行存款等	
期末/年末结转	借：本期盈余 　贷：对附属单位补助费用	借：其他结余 　贷：对附属单位补助支出

三　对附属单位补助费用和对附属单位补助支出的实务处理举例

【例 5-5】2×24 年，某事业单位经研究决定，向其附属单位（独立事业法人）补助 300000 元，款项已通过银行转账。年末，该事业单位进行年终结算，"对附属单位补助支出"科目借方余额为 368000 元，"对附属单位补助费用"科目借方余额为 400000 元。

其账务处理如下：

单位：元

财务会计	预算会计
（1）借：对附属单位补助费用　　300000 　　　　贷：银行存款　　　　　　300000 （2）借：本期盈余　　　　　　　400000 　　　　贷：对附属单位补助费用　400000	借：对附属单位补助支出　　　　　300000 　　贷：资金结存——货币资金　　300000 借：其他结余　　　　　　　　　　368000 　　贷：对附属单位补助支出　　　368000

第六节　资产处置费用和所得税费用核算

一　资产处置费用业务

（一）资产处置费用的概念

资产处置费用指行政事业单位经批准处置资产时发生的费用，包括转销的被处置资产价值，以及在处置过程中发生的相关费用或者处置收入小于相关费用形成的净支出。资产处置的形式包括无偿调拨、出售、出让、转让、置换、对外捐赠、报废、毁损以及货币性资产损失核销等。该科目采用权责发生制原则确认。

【延伸提示】

单位在资产清查中查明的资产盘亏、毁损以及资产报废等，应当先通过"待处理财产损溢"科目进行核算，再将处理资产价值和处理净支出计入本科目。涉及增值税的，通过"应交增值税"科目核算。

（二）资产处置费用的核算内容

资产处置费用属于政府单位财务会计中的费用类账户，借方登记当期发生或确认的资产处置费用增加数，贷方登记减少数。本科目应按照处置资产的类别、资产处置的形式等进行明细核算。期末，将本科目本期发生额转入本期盈余，借记"本期盈余"科目，贷记"资产处置费用"科目。结转后，本科目无余额。

本科目账务处理分为以下两种情况。

1. 不通过"待处理财产损溢"科目核算的资产处置

以出售、出让、转让、置换、对外捐赠、无偿调拨等方式处置资产，不通过"待处理财产损溢"科目核算，直接将处置资产的账面价值计入资产处置费用，账面价值是资产的账面余额减去累计折旧（摊销）后的净值。

不通过"待处理财产损溢"科目核算的资产处置的账务处理如表5-6所示。

表 5-6 不通过"待处理财产损溢"科目核算的资产处置的账务处理

业务事项	财务会计	预算会计
转销被处置资产账面价值	借：资产处置费用 　　固定资产累计折旧/无形资产累计摊销/公共基础设施累计折旧（摊销）/保障性住房累计折旧 　贷：库存物品/固定资产/无形资产/公共基础设施/政府储备物资/文物文化资产/保障性住房/在建工程等［账面余额］/其他应收款等	—
处置资产过程中仅发生相关费用的	借：资产处置费用 　贷：银行存款/库存现金等	借：其他支出 　贷：资金结存
处置资产过程中取得收入的	借：库存现金/银行存款等［取得的价款］ 　贷：银行存款/库存现金等［支付的相关费用］ 　　应缴财政款	—

【例 5-6】2×24 年，某行政单位按照规定报经批准出售固定资产一项。该项固定资产的账面余额为 50000 元，计提折旧为 35000 元。在出售过程中，取得出售收入 13000 元，款项已存入银行；同时，发生税费等相关费用 1500 元，款项以银行存款支付。处置净收入需上缴财政。

其账务处理如下：

单位：元

财务会计		预算会计
（1）借：资产处置费用　　　　　15000 　　　　固定资产累计折旧　　　35000 　　　贷：固定资产　　　　　　　　50000		—
（2）借：银行存款　　　　　　　13000 　　　贷：银行存款　　　　　　　　1500 　　　　应缴财政款　　　　　　11500		—

2. 通过"待处理财产损溢"科目核算的资产处置

单位账款核对中发现的无法查明原因的现金短缺，以及资产清查过程中盘亏或者毁损、报废的存货、固定资产、无形资产、公共基础设施、政府储备物资、文物文化资产、保障性住房等，应当在报批时借记"待处理财产损溢"科目，贷记相关资产类科目；经批准处理时，按照处理资产价值，借记"资产处置费用"科目，贷记"待处理财产损溢——待处理财产价值"科目；处理收支结清时，处理过程中所取得收入小于所发生相关费用的，按照相关费用减去处理收入后的净支出，借记"资产处置费用"科目，贷记"待处理财产损溢——处理净收入"科目。

通过"待处理财产损溢"科目核算的资产处置的账务处理如表 5-7 所示。

表 5-7　通过"待处理财产损溢"科目核算的资产处置的账务处理

业务事项		财务会计	预算会计
账款核对中发现的现金短缺，无法查明原因的，报经批准核销时		借：资产处置费用 　贷：待处理财产损溢	—
盘亏、毁损、报废的资产	经批准处理时	借：资产处置费用 　贷：待处理财产损溢—— 　　待处理财产价值	—
	处理过程中所发生的费用大于所取得收入的	借：资产处置费用 　贷：待处理财产损溢—— 　　处理净收入	借：其他支出［净支出］ 　贷：资金结存

【例 5-7】某高校年末进行固定资产清查，拟报废计算机设备一台。

（1）其账面余额为 6000 元，已计提固定资产累计折旧 4500 元，将打印机的账面价值 1500 元转入待处置资产，同时上报同级财政部门审批。

（2）根据财政部门的批复，该打印机予以报废，在处理过程中无变价收入和清理费用发生。

（3）期末结转"资产处置费用"科目借方余额 5000 元。

其账务处理如下：

单位：元

财务会计		预算会计
（1）借：待处理财产损溢——待处理财产价值　1500 　　　固定资产累计折旧　4500 　　　贷：固定资产　6000		—
（2）借：资产处置费用　1500 　　　贷：待处理财产损溢——待处理财产价值　1500		—
（3）借：本期盈余　5000 　　　贷：资产处置费用　5000		—

二 所得税费用业务

（一） 所得税费用的概念

所得税费用指有企业所得税缴纳义务的事业单位按照规定缴纳企业所得税形成的费用。事业单位在取得财政拨款以外、不符合税法规定免税范围的收入时，形成企业所得税缴纳义务，需要按规定计算并缴纳企业所得税。该科目采用权责发生制原则确认。

（二） 所得税费用的核算内容

所得税费用科目属于政府单位财务会计中的费用类账户，借方登记当期应缴纳的所得税费用数额，贷方登记减少数。期末，将本科目本期发生额转入本期盈余，借记"本期盈余"科目，贷记"所得税费用"科目。结转后，本科目无余额。所得税费用的账务处理如表5-8所示。

表5-8 所得税费用的账务处理

业务事项		财务会计	预算会计
发生企业所得税纳税义务	按照税法规定计算应交税金数额	借：所得税费用 　贷：其他应交税费——单位应交所得税	—
	实际缴纳时	借：其他应交税费——单位应交所得税 　贷：银行存款等	借：非财政拨款结余——累计结余 贷：资金结存——货币资金
年末结转		借：本期盈余 　贷：所得税费用	—

（三） 所得税费用的实务处理举例

【例5-8】某事业单位发生企业所得税纳税义务。按照税法规定，计算单位应缴所得税额，为15000元，以银行存款缴纳税款。

其账务处理如下：

单位：元

财务会计	预算会计
（1）借：所得税费用　　　　　　15000 　　　贷：其他应交税费——单位应交所得税 　　　　　　　　　　　　　　　15000	—
（2）借：其他应交税费——单位应交所得税 　　　　　　　　　　　　　　　15000 　　　贷：银行存款　　　　　15000	借：非财政拨款结余——累计结余 　　　　　　　　　　　　　　15000 　　贷：资金结存——货币资金 15000

第七节　其他费用和其他支出核算

一　其他费用和其他支出的概念

单位发生的无法归集到上述七项的费用统称为其他费用，包括利息费用、坏账损失、罚没支出、现金资产捐赠支出以及相关税费、运输费等。"其他费用"科目采用权责发生制原则确认。

其他支出是指单位除行政支出、事业支出、经营支出、上缴上级支出、对附属单位补助支出、投资支出、债务还本支出以外的各项现金流出，包括利息支出、对外捐赠现金支出、现金盘亏损失、接受捐赠（调入）和对外捐赠（调出）非现金资产发生的税费支出、资产置换过程中发生的相关税费支出、罚没支出等。"其他支出"科目采用收付实现制原则确认。

【延伸提示】

财务会计中的"其他费用"科目在预算会计中平行记账时采用"其他支出"科目。

二　其他费用和其他支出的核算内容

其他费用应当按照其他费用的类别等进行明细核算。其他费用属于政府单位财务会计中的费用类账户，借方登记增加数，贷方登记减少数。单位发生的利息费用较多的，可以单独设置"5701 利息费用"科目。

其他支出应当按照其他支出的类别，如"财政拨款支出"、"非财政专项资金支出"和"其他资金支出"，以及《政府收支分类科目》中"支出功能分类科目"的项级科目和"部门预算支出经济分类科目"的款级科目等进行明细核算。其他支出中如有专项资金支出，还应按照具体项目进行明细核算。有一般公共预算财政拨款、政府性基金预算财政拨款等两种或两种以上财政拨款的事业单位，还应当在"财政拨款支出"明细科目下按照财政拨款的种类进行明细核算。其他支出属于政府单位预算会计中的预算支出类账户，借方登记增加数，贷方登记减少数，平时借方余额反映单位其他支出的本年累计数。单位发生利息支出、捐赠支出等其他支出金额较大或业务较多的，可单独设置"7902 利息支出""7903 捐赠支出"等科目。

财务会计期末，将"其他费用"科目本期发生额转入本期盈余，借记"本期盈余"科目，贷记"其他费用"科目。

预算会计年末，将"其他支出"科目本年发生额中的财政拨款支出转入财政拨款结转，借记"财政拨款结转——本年收支结转"科目，贷记"其他支出"科目下各财政拨款支出明细科目；将"其他支出"科目本年发生额中的非财政专项资金支出转入非财政拨款结转，借记"非财政拨款结转——本年收支结转"科目，贷记"其他支出"科目下各非财政专项资金支出明细科目；将"其他支出"科目本年发生额中的其他资金支出（非财政非专项资金支出）转入其他结余，借记"其他结余"科目，贷记"其他支出"科目下各其他资金支出明细科目。结转后，本科目无余额。其他费用和其他支出的账务处理如表 5-9 所示。

表 5-9　其他费用和其他支出的账务处理

业务事项		财务会计	预算会计
利息费用	计算确定借款利息费用时	借：其他费用/在建工程 　　贷：应付利息/长期借款 　　　　——应计利息	—
	实际支付利息时	借：应付利息等 　　贷：银行存款等	借：其他支出 　　贷：资金结存——货币资金
现金资产对外捐赠	按照实际捐赠的金额	借：其他费用 　　贷：银行存款/库存现金等	借：其他支出 　　贷：资金结存——货币资金

续表

业务事项		财务会计	预算会计
坏账损失	按照规定对应收账款和其他应收款计提坏账准备	借：其他费用 　　贷：坏账准备	—
	冲减多提的坏账准备时	借：坏账准备 　　贷：其他费用	—
罚没支出	按照实际发生金额	借：其他费用 　　贷：银行存款/库存现金/ 　　　　其他应付款	借：其他支出 　　贷：资金结存——货币资金 　　　　[实际支付金额]
其他相关税费、运输费等		借：其他费用 　　贷：银行存款等	借：其他支出 　　贷：资金结存
期末/年末结转		借：本期盈余 　　贷：其他费用	借：其他结余［非财政非专项资 　　　金支出］ 　　非财政拨款结转——本年收支 　　结转［非财政专项资金支出］ 　　财政拨款结转——本年收支 　　结转［财政拨款资金支出］ 　　贷：其他支出

三　其他费用和其他支出的实务处理举例

【例5-9】2×24年，某事业单位发生有关业务如下。

（1）事业单位经批准，向商业银行借入一笔三年期长期贷款。按规定支付当期借款利息5000元。

（2）单位为支持贫困地区教育事业发展，向某山区希望小学捐款100000元，款项已通过银行转账形式捐出。

（3）单位某日发现现金短缺100元，无法查明原因。

（4）上述情况经批准，予以核销。

（5）单位向对口扶贫地区捐赠库存物资一批，价值50000元，捐赠过程中发生运输费等相关费用1000元，以现金形式支付。

（6）单位收到某行政执法部门开具的行政处罚决定书，事业单位通过银行存款缴纳罚款1000元。

（7）年末，单位进行年终结算。经核算，"其他支出"科目借方余额

50000 元，其中财政拨款支出明细科目余额 5000 元，非财政专项资金支出明细科目 25000 元，非财政非专项资金支出明细科目 20000 元；"其他费用"科目借方余额 65000 元。

其账务处理如下：

单位：元

财务会计		预算会计	
（1）借：应付利息	5000	借：其他支出	5000
贷：银行存款	5000	贷：资金结存——货币资金	5000
（2）借：其他费用	100000	借：其他支出	100000
贷：银行存款	100000	贷：资金结存——货币资金	100000
（3）借：待处理财产损溢	100	借：其他支出	100
贷：库存现金	100	贷：资金结存——货币资金	100
（4）借：资产处置费用	100		
贷：待处理财产损溢	100	—	
（5）借：资产处置费用	51000	借：其他支出	1000
贷：库存现金	1000	贷：资金结存——货币资金	1000
库存物品	50000		
（6）借：其他费用	1000	借：其他支出	1000
贷：银行存款	1000	贷：资金结存——货币资金	1000
（7）借：本期盈余	65000	借：财政拨款结转——本年收支结转	
贷：其他费用	65000		5000
		非财政拨款结转——本年收支结转	
			25000
		其他结余	20000
		贷：其他支出	50000

第八节　投资支出和债务还本支出核算

一　投资支出业务

（一）投资支出的概念

投资支出是事业单位以货币资金对外投资发生的现金流出。"投资支出"科目采用收付实现制原则确认。

（二）投资支出的核算内容

"投资支出"科目属于政府单位预算会计中的预算支出类会计科目，

借方登记支付的对外投资金额增加数，贷方登记减少数，平时借方余额反映政府单位投资支出的本年累计数。投资支出应当按照投资类型、投资对象、《政府收支分类科目》中"支出功能分类科目"的项级科目和"部门预算支出经济分类科目"的款级科目等进行明细核算。年末，将本科目本年发生额转入其他结余，借记"其他结余"科目，贷记本科目。投资支出的账务处理如表5-10所示。

表5-10　投资支出的账务处理

业务事项		财务会计	预算会计
以货币资金对外投资时		借：短期投资/长期股权投资/长期债券投资 贷：银行存款	借：投资支出 贷：资金结存——货币资金
出售、对外转让或到期收回本年度以货币资金取得的对外投资	实际取得价款大于投资成本的	借：银行存款等［实际取得或收回的金额］ 贷：短期投资/长期债券投资等［账面余额］ 应收利息［账面余额］ 投资收益	借：资金结存——货币资金 贷：投资支出［投资成本］ 投资预算收益
	实际取得价款小于投资成本的	借：银行存款等［实际取得或收回的金额］ 投资收益 贷：短期投资/长期债券投资等［账面余额］ 应收利息［账面余额］	借：资金结存——货币资金 投资预算收益 贷：投资支出［投资成本］
年末结转		—	借：其他结余 贷：投资支出

账务处理举例详见第二章短期投资、长期股权投资和长期债券投资相关内容。

二　债务还本支出业务

（一）债务还本支出的概念

债务还本支出是事业单位偿还自身承担的纳入预算管理的从金融机构举借的债务本金的现金流出。

【延伸提示】

事业单位自身承担还款责任的借款纳入单位预算管理，偿还这些纳入预算管理的债务本金的现金流出，就构成事业单位的债务还本支出。同时，事业单位因债务引起的利息支出，则属于事业单位的其他支出。

（二）债务还本支出的核算内容

事业单位应当设置"债务还本支出"科目，核算事业单位偿还自身承担的纳入预算管理的从金融机构举借的债务本金的现金流出。本科目应当按照贷款单位、贷款种类、《政府收支分类科目》中"支出功能分类科目"的项级科目和"部门预算支出经济分类科目"的款级科目等进行明细核算。债务还本支出属于政府预算会计中的预算支出类账户，按照收付实现制原则确认。借方登记实际偿还的借款金额，贷方登记减少数，平时借方余额反映单位债务还本支出的本年累计数。年末，将本科目本年发生额转入其他结余，借记"其他结余"科目，贷记本科目。结转后，本科目无余额。债务还本支出的账务处理如表5-11所示。

表5-11 债务还本支出的账务处理

业务事项		财务会计	预算会计
短期借款	借入各种短期借款	借：银行存款 贷：短期借款	借：资金结存——货币资金 贷：债务预算收入
	归还短期借款本金	借：短期借款 贷：银行存款	借：债务还本支出 贷：资金结存——货币资金
长期借款	借入各种长期借款	借：银行存款 贷：长期借款——本金	借：资金结存——货币资金 贷：债务预算收入
	归还长期借款本金	借：长期借款——本金 贷：银行存款	借：债务还本支出 贷：资金结存——货币资金
期末/年末结转	债务预算收入结转 · 专项资金收入	—	借：债务预算收入 贷：非财政拨款结转——本年收支结转
	债务预算收入结转 · 非专项资金收入	—	借：债务预算收入 贷：其他结余
	债务还本支出结转	—	借：其他结余 贷：债务还本支出

（三）债务还本支出的实务处理举例

【例5-10】三年前，某事业单位经批准向某商业银行借入一笔为期三年的借款500000元，年利率为5%。现在贷款已到期，事业单位向商业银行偿还贷款本金并支付最后一年利息。

（1）计提最后一年的应付利息。

（2）偿还本金及支付最后一年利息。

（3）年末，该事业单位进行年终结算。经结算，"债务还本支出"科目借方余额5000000元。

其账务处理如下：

单位：元

财务会计	预算会计
（1）借：其他费用　25000 　　　贷：应付利息　25000	—
（2）借：长期借款　500000 　　　应付利息　25000 　　　贷：银行存款　525000	借：债务还本支出　　　　　　　500000 　　其他支出　　　　　　　　　25000 　　贷：资金结存——货币资金　525000
（3）—	借：其他结余　　　　　　　　5000000 　　贷：债务还本支出　　　　　5000000

课后思考题

1. 什么是业务活动费用？它与行政支出、事业支出有什么区别和联系？

2. 什么是预算支出？预算支出与费用有何异同？

3. 什么是资产处置费用？行政事业单位如何核算资产处置费用？

4. 什么是单位管理费用？它与业务活动费用如何区分？

5. 什么是经营费用？它与经营支出有什么区别和联系？

6. 行政单位的预算支出都有哪些类别？

7. 事业单位的预算支出都有哪些类别？

第六章　政府单位净资产的核算

【学习目标】

1. 理解行政事业单位各项净资产的内涵

2. 了解行政事业单位各项净资产的区别

3. 掌握与运用行政事业单位各项净资产的核算方法

【课程思政】

1. 专用基金核算的思政元素

专用基金必须按照规定用途使用，这体现了专款专用的原则和诚信的重要性。培养财务人员遵守规则、诚实守信，不滥用和挪用专项资金。

2. 累计盈余核算的思政元素

通过对累计盈余的核算和分析，可以了解资源的利用和管理情况。培养财务人员优化资源配置、提高资源使用效率的思维，以实现可持续发展。

课前案例　　　　　公立医院净资产的年末结转

公立医院作为相对比较特殊的公益二类事业单位，具有业务量大、种类繁杂、资金来源渠道多等特点，期末结转业务更是面临着一定的困难和挑战。许多财会人员对财务会计、预算会计的"年末结转"业务把握不准确、理解不到位，从而对财务报表、决算报表、政府报告等各种报表的质量产生影响。

新的政府会计制度下财务会计的年末结转难点主要在于：一是将各收入类科目、费用类科目结转到"本期盈余"对应的明细科目；二是净资产科目之间的相互结转，相对于收入类、费用类科目的结转，净资产类科目之间的结转是难点中的难点。

公立医院的业务相对复杂，为了更好地执行新的政府会计制度，财政部于 2018 年发布《关于医院执行〈政府会计制度——行政事业单位会计科目和报表〉的补充规定》，为医院财会人员提供了有力帮助。

资料来源：张秋莲《行政事业单位年末结转的难点、要点及结转逻辑——基于公立医院视角》，《商业会计》2023 年第 17 期，第 57~61 页。

点评：针对上述案例中的年末结转问题，在实际工作中还应注意以下几个问题。

（1）区分不同的资金来源。通过前面的分析可以看出，资金来源不同，收支结转的流程与结转的科目也不同，尤其是要区分财政与非财政资金。一方面，为了满足会计核算、部门决算的需求，财政拨款资金按其资金性质分别进行核算和结转，年终结转时则不会混淆；另一方面，财政拨款资金区别于非同级财政拨款资金（财政部财会〔2017〕25 号文件中明确指出"非同级财政拨款收入"核算内容），虽然均是财政资金，但由于其拨款渠道不同，核算科目不同，年末结转也不同。

（2）区分不同的资金性质。一是区分事业预算收入、其他预算收入等收入中的资金是否属于专项资金。如新冠疫情期间上级主管部门拨付给医务人员的补助经费、核酸检测应检尽检经费等，均为项目专项资金，专项资金与非专项资金的结转是不同的。二是区分事业收入与经营收入。医院的医疗、科研等专业业务活动取得的收入在事业收入中核算，而经营活动取得的收入则在经营收入中核算。尽管在财务会计下，事业收支、经营收支年末均结转至"医疗盈余"，但在预算会计中前者结转至"其他结余"，后者结转至"经营结余"。

（3）区分净资产与预算结余类科目。随着新政府会计制度的顺利实施，其会计科目也相应分为"5+3"模式的财务会计类与预算会计类。其中净资产类是财务会计科目，预算结余类则为预算会计科目，在年末结转过程中两者不可混淆。有些年末结转只是财务会计做账务处理，则使用净资产类科目；有些年末结转业务只是预算会计做账务处理，则使用预算结余类科目；有些结转业务财务会计与预算会计都需要做账务处理，净资产类与预算结余类科目都使用，使用过程中要深刻理解每一个科目核算的内容，不可混淆，否则会对财务报告、决算报表产生错误的影响。

政府会计主体净资产是政府财务会计五要素之一。净资产是指政府会计主体资产扣除负债后的净额。政府会计主体净资产包括累计盈余、专用基金、权益法调整、本期盈余、本年盈余分配、无偿调拨净资产、以前年度盈余调整。政府会计主体净资产金额取决于资产和负债的计量，政府会计主体净资产项目应当列入资产负债表。

本章在政府会计基本准则的基础上，结合政府会计制度，通过对净资产类科目核算内容和实务案例介绍，强化对净资产类科目的理解，熟悉其在实务中的应用。

第一节　本期盈余核算

一　本期盈余的概念

本期盈余是指行政事业单位本期各项收入、费用相抵后的余额。为了反映本期盈余的增减变动情况，行政事业单位应设置"本期盈余"科目。本科目期末如为贷方余额，反映单位自年初至当期期末累计实现的盈余；如为借方余额，反映单位自年初至当期期末累计发生的亏损。年末结账后，本科目应无余额。

二　本期盈余的核算内容

本期盈余核算的业务包括两个内容。

（1）期末，将各收入类科目的本期发生额转入"本期盈余"科目的贷方，将各费用类科目的当期发生额转入"本期盈余"科目的借方，借贷方金额相抵后确定"本期盈余"科目余额。

（2）年末，将"本期盈余"科目余额转入"本年盈余分配"科目。如果年内各项收入类科目的本年发生额之和大于各项费用类科目的本年发生额之和，"本期盈余"科目余额在贷方，表示单位当年财务状况为盈余，将其余额从借方转出，转出后"本期盈余"科目无余额。如果年内各项收入类科目的本年发生额之和小于各项费用类科目的本年发生额之和，"本期盈余"科目余额在借方，表示单位当年财务状况为亏损，将其余额从贷方转出，转出后该科目无余额。

本期盈余的账务处理如表 6-1 所示。

表 6-1　本期盈余的账务处理

业务事项		财务会计	预算会计
期末结转	结转收入	借：财政拨款收入 　　事业收入 　　上级补助收入 　　附属单位上缴收入 　　经营收入 　　非同级财政拨款收入 　　投资收益 　　捐赠收入 　　利息收入 　　租金收入 　　其他收入 　　贷：本期盈余 "投资收益"科目发生额为借方净额时，做相反会计分录	—
	结转费用	借：本期盈余 　　贷：业务活动费用 　　　　单位管理费用 　　　　经营费用 　　　　资产处置费用 　　　　上缴上级费用 　　　　对附属单位补助费用 　　　　所得税费用 　　　　其他费用	—

业务事项		财务会计	预算会计
年末结转	本期盈余科目为贷方余额时	借：本期盈余 　　贷：本年盈余分配	—
	本期盈余科目为借方余额时	借：本年盈余分配 　　贷：本期盈余	—

三　本期盈余的实务处理举例

【例 6-1】2×24 年，某事业单位发生有关业务如下。

（1）12 月末，单位各收入类、费用类科目本期发生额如表 6-2 所示。

表 6-2　收入类、费用类科目本期发生额

单位：元

科目	借方发生额	科目	贷方发生额
业务活动费用	18300000	财政拨款收入——基本支出	16000000
单位管理费用	600000	——项目支出	3000000
资产处置费用	95000	其中：A 项目	2000000
上缴上级费用	500000	B 项目	1000000
对附属单位补助费用	300000	事业收入	4000000
所得税费用	5000	非同级财政拨款收入（C 项目）	1000000
其他费用	20000	上级补助收入	600000
经营费用	180000	附属单位上缴收入	400000
		捐赠收入	600000
		利息收入	10000
		租金收入	140000
		其他收入	50000
		经营收入	200000

（2）年末，将"本期盈余"科目余额 6000000 元转入"本年盈余分配"科目。

其账务处理如下：

单位：元

财务会计		预算会计
（1）结转收入：		
借：财政拨款收入——基本支出	16000000	
——项目支出（A项目）	2000000	—
——项目支出（B项目）	1000000	
事业收入	4000000	
非同级财政拨款收入（C项目）	1000000	
上级补助收入	600000	
附属单位上缴收入	400000	
捐赠收入	600000	
利息收入	10000	
租金收入	140000	
其他收入	50000	
经营收入	200000	
贷：本期盈余	26000000	
结转费用：		
借：本期盈余	20000000	
贷：业务活动费用	18300000	
单位管理费用	600000	
资产处置费用	95000	
上缴上级费用	500000	—
对附属单位补助费月	300000	
所得税费用	5000	
其他费用	20000	
经营费用	180000	
（2）借：本期盈余	6000000	—
贷：本年盈余分配	6000000	

第二节　本年盈余分配核算

一　本年盈余分配的概念

本年盈余分配是指单位本年度盈余分配的情况和结果。《政府会计制度》规定，事业单位本年度盈余分配的方式主要是计提或设置专用基金，行政单位不计提或设置专用基金。

二　本年盈余分配的核算内容

单位应设置"本年盈余分配"科目，核算单位本年度盈余分配的情况和结果。年末结账后，本科目应无余额。本年盈余分配的账务处理如表 6-3 所示。

表 6-3　本年盈余分配的账务处理

业务事项		财务会计	预算会计
年末，按照有关规定提取专用基金	按照预算会计下计算的提取金额	借：本年盈余分配 　　贷：专用基金	借：非财政拨款结余分配 　　贷：专用结余
年末，将本科目余额转入累计盈余	本科目为贷方余额时	借：本年盈余分配 　　贷：累计盈余	—
	本科目为借方余额时	借：累计盈余 　　贷：本年盈余分配	—

三　本年盈余分配的实务处理举例

【例 6-2】接【例 6-1】，2×24 年末，该事业单位"本期盈余"科目贷方余额为 6000000 元，发生有关业务如下。

（1）按照有关规定计提专用基金 500000 元。

（2）将剩下的未分配盈余转入"累计盈余"科目。

其账务处理如下：

单位：元

财务会计		预算会计	
（1）借：本年盈余分配　　500000		借：非财政拨款结余分配　　500000	
贷：专用基金　　500000		贷：专用结余　　500000	
（2）借：本年盈余分配　　5500000		—	
贷：累计盈余　　5500000			

第三节 专用基金核算

一 专用基金的概念

专用基金是指事业单位按照规定提取或设置的具有专门用途的净资产，主要包括职工福利基金、科技成果转化基金、医疗基金、修购基金等。行政单位不计提或设置专用基金。

二 专用基金的核算内容

专用基金业务的核算应设置"专用基金"科目。该科目贷方余额反映专用基金取得的金额，借方余额反映专用基金使用的金额。期末，该科目贷方余额为未使用的专用基金金额。

专用基金核算的业务包括如下两方面内容。

（一）专用基金的取得

专用基金主要是通过计提或者设置而取得的。专用基金具体取得渠道有以下几个。①根据有关规定从本年度非财政拨款结余或经营结余中提取专用基金。年末计提专用基金时，按照预算会计下计算的提取金额，借记"本年盈余分配"，贷记"专用基金"。②根据有关规定从收入中提取专用基金。计提专用基金时，一般按照预算会计下基于预算收入计算的提取金额，借记"业务活动费用"等，贷记"专用基金"。③根据有关规定设置其他专用基金，按照提取的金额借记"银行存款"等，贷记"专用基金"。

（二）专用基金的使用

已提取的专用基金可用来购置固定资产、无形资产等或者按规定使用。使用专用基金时，按照使用专用基金的金额计入"专用基金"科目的借方。

专用基金的账务处理如表6-4所示。

表 6-4　专用基金的账务处理

业务事项	财务会计	预算会计
年末，按照规定从本年度非财政拨款结余或经营结余中提取专用基金的	借：本年盈余分配 　贷：专用基金 ［按照预算会计下计算的提取金额］	借：非财政拨款结余分配 　贷：专用结余
根据规定从收入中提取专用基金并计入费用的	借：业务活动费用等 　贷：专用基金 ［一般按照预算收入计算的提取金额］	—
根据有关规定设置的其他专用基金	借：银行存款等 　贷：专用基金	—
按照规定使用专用基金时	借：专用基金 　贷：银行存款等 如果购置固定资产、无形资产的： 借：固定资产/无形资产 　贷：银行存款等 借：专用基金 　贷：累计盈余	使用从收入中提取并列入费用的专用基金： 借：事业支出等 　贷：资金结存 使用从非财政拨款结余或经营结余中提取的专用基金： 借：专用结余 　贷：资金结存——货币资金

三　专用基金的实务处理举例

【例 6-3】接【例 6-1】，2×24 年末，该事业单位发生相关业务如下。

（1）从经营结余中提取专用基金 60000 元。

（2）次年 1 月 20 日，使用专用基金购买专用设备一台，初始成本为 60000 元，款项通过银行存款支付，现已验收合格。

其账务处理如下：

单位：元

财务会计		预算会计	
（1）借：本年盈余分配	60000	借：非财政拨款结余分配	60000
贷：专用基金	60000	贷：专用结余	60000
（2）借：固定资产	60000	借：专用结余	60000
贷：银行存款	60000	贷：资金结存——货币资金	60000
借：专用基金	60000	—	
贷：累计盈余	60000		

【应用案例】

专用基金应用案例——关于职工福利基金的会计处理

某事业单位有关职工福利基金的业务如下。

（1）2022年12月31日，由"其他结余"和"经营结余"转入"非财政拨款结余分配"的本年度结余数额分别为10000000元和5000000元，该单位当年确定的职工福利基金的计提比例为40%。

（2）2023年1月10日，将职工福利基金用于集体福利待遇发生费用500000元。根据该单位实际情况，业务部门、行政管理及后勤部门、经营部门分摊比例为5∶3∶2。

（3）2023年2月20日，将职工福利基金用于购置集体福利设施，形成固定资产1200000元。根据该单位实际情况，业务部门、行政管理及后勤部门、经营部门分摊比例为5∶3∶2。

本案例假设不考虑相关税费。

案例分析及账务处理：

1. 计提职工福利基金的分析及账务处理

《政府会计制度——行政事业单位会计科目和报表》（以下简称《政府会计制度》）规定："年末，根据有关规定从本年度非财政拨款结余或经营结余中提取专用基金的，按照预算会计下计算的提取金额，借记'本年盈余分配'科目，贷记本科目。"

《关于事业单位提取专用基金比例问题的通知》（财教〔2012〕32号）规定："一、事业单位职工福利基金的提取比例，在单位年度非财政拨款结余的40%以内确定。国家另有规定的，从其规定。二、中央级事业单位职工福利基金的提取比例，由主管部门会同财政部在单位年度非财政拨款结余的40%以内核定。国家另有规定的，从其规定。"

本案例中职工福利基金计提基数是预算会计下的"其他结余"和"经营结余"合计数15000000元，计提比例为40%。因此，2022年职工福利基金计提数为6000000元（15000000×40%）。

因此，该单位2022年12月31日账务处理如下：（单位：元）

财务会计：

借：本年盈余分配 6000000

　　贷：专用基金——职工福利基金 6000000

预算会计：

借：非财政拨款结余分配 6000000

　　贷：专用结余 6000000

2. 使用职工福利基金的分析及账务处理

（1）2023 年 1 月 10 日账务处理。

《政府会计准则制度解释第 5 号》（以下简称《解释 5 号》）规定："根据《事业单位财务规则》（财政部令第 108 号）规定，事业单位应当将专用基金纳入预算管理。事业单位按照规定使用从非财政拨款结余或经营结余中提取的专用基金时，应当在财务会计下借记'业务活动费用'等费用科目，贷记'银行存款'等科目，并在有关费用科目的明细核算或辅助核算中注明'使用专用基金'（使用专用基金购置固定资产、无形资产的，按照《政府会计制度》中'专用基金'科目相关规定进行处理）；同时，在预算会计下借记'事业支出'等预算支出科目，贷记'资金结存'科目，并在有关预算支出科目的明细核算或辅助核算中注明'使用专用结余'。"

按照"专用基金纳入预算管理"的总要求，在使用专用基金时，要通过费用类、支出类科目核算。本案例中，业务部门、行政管理及后勤部门、经营部门使用职工福利基金的费用分摊比例为 5∶3∶2。因此，计入业务活动费用、单位管理费用、经营费用的金额分别为：

业务活动费用 = 500000×5÷（5+3+2）= 250000（元）

单位管理费用 = 500000×3÷（5+3+2）= 150000（元）

经营费用 = 500000×2÷（5+3+2）= 100000（元）

因此，该单位 2023 年 1 月 10 日账务处理如下：（单位：元）

财务会计：

借：业务活动费用——使用专用基金 250000

　　单位管理费用——使用专用基金 150000

　　经营费用——使用专用基金 100000

 　　　贷：银行存款　　　　　　　　　　　　　　500000

预算会计：

借：事业支出——使用专用结余　　　　　　　400000

　　经营支出——使用专用结余　　　　　　　100000

　　贷：资金结存　　　　　　　　　　　　　　500000

（2）2023年2月20日账务处理。

《政府会计制度》规定："使用提取的专用基金购置固定资产、无形资产的，按照固定资产、无形资产成本金额，借记'固定资产'、'无形资产'科目，贷记'银行存款'等科目；同时，按照专用基金使用金额，借记本科目，贷记'累计盈余'科目。"

同时，在预算会计下借记"事业支出"等预算支出科目，贷记"资金结存"科目，并在有关预算支出科目的明细核算或辅助核算中注明"使用专用结余"。本案例中，业务部门、行政管理及后勤部门、经营部门使用职工福利基金的支出分摊比例为5：3：2。因此，计入事业支出、经营支出的金额分别为：

事业支出 = 1200000×(5+3)÷(5+3+2) = 960000（元）

经营支出 = 1200000×2÷(5+3+2) = 240000（元）

因此，该单位2023年2月20日账务处理如下：（单位：元）

财务会计：

借：固定资产　　　　　　　　　　　　　　　1200000

　　贷：银行存款　　　　　　　　　　　　　　1200000

借：专用基金——职工福利基金　　　　　　　1200000

　　贷：累计盈余　　　　　　　　　　　　　　1200000

预算会计：

借：事业支出——使用专用结余　　　　　　　960000

　　经营支出——使用专用结余　　　　　　　240000

　　贷：资金结存　　　　　　　　　　　　　　1200000

3. 期末（年末）有关职工福利基金的账务处理

《解释5号》规定："事业单位应当在期末将有关费用中使用专用基金

的本期发生额转入专用基金，在财务会计下借记'专用基金'科目，贷记'业务活动费用'等科目；在年末将有关预算支出中使用专用结余的本年发生额转入专用结余，在预算会计下借记'专用结余'科目，贷记'事业支出'等科目。"因此，财务会计按期进行结转，预算会计按年进行结转。

该单位相关账务处理如下：（单位：元）

2023 年 1 月 31 日，将有关费用中使用专用基金的本期发生额转入专用基金

财务会计：

借：专用基金——职工福利基金　　　　　　　　　　　500000

　　贷：业务活动费用——使用专用基金　　　　　　　250000

　　　　单位管理费用——使用专用基金　　　　　　　150000

　　　　经营费用——使用专用基金　　　　　　　　　100000

2023 年 12 月 31 日，将有关预算支出中使用专用结余的本年发生额转入专用结余

预算会计：

借：专用结余　　　　　　　　　　　　　　　　　　1700000

　　贷：事业支出——使用专用结余　　　　　　　　1360000

　　　　经营支出——使用专用结余　　　　　　　　 340000

资料来源：财政部《专用基金应用案例——关于职工福利基金的会计处理》，财政部官网，http://kjs.mof.gov.cn/zt/zfkjzz/yyal/zyjjyyal/202307/t20230726_3898475.htm，2023 年 7 月 26 日。

第四节　累计盈余核算

一　累计盈余的概念

累计盈余是指单位历年实现的盈余扣除盈余分配后滚存的金额，以及因无偿调入、调出资产产生的净资产变动额。

二 累计盈余的核算内容

为了核算累计盈余的增减变动情况，单位应设置"累计盈余"科目，核算单位历年实现的盈余扣除盈余分配后滚存的金额，以及因无偿调入、调出资产产生的净资产变动额。按照规定上缴、缴回、单位间调剂结转结余资金产生的净资产变动额，以及以前年度盈余调整的金额，也通过本科目核算。

本科目期末余额反映单位未分配盈余（或未弥补亏损）的累计数以及截至上年末无偿调拨净资产变动的累计数。本科目年末余额反映单位未分配盈余（或未弥补亏损）以及无偿调拨净资产变动的累计数。累计盈余的账务处理如表 6-5 所示。

表 6-5　累计盈余的账务处理

业务事项	财务会计	预算会计
年末，将"本年盈余分配"科目余额转入	借：本年盈余分配 　贷：累计盈余 或做相反会计分录	—
年末，将"无偿调拨净资产"科目余额转入	借：无偿调拨净资产 　贷：累计盈余 或做相反会计分录	—
按照规定上缴财政拨款结转结余、缴回非财政拨款结转资金、向其他单位调出财政拨款结转资金时	借：累计盈余 　贷：财政应返还额度/银行存款等	参照"财政拨款结转""财政拨款结余""非财政拨款结转"等科目进行账务处理
按照规定从其他单位调入财政拨款结转资金时	借：银行存款等 　贷：累计盈余	借：资金结存——货币资金 　贷：财政拨款结转——归集调入
将"以前年度盈余调整"科目的余额转入	借：以前年度盈余调整 　贷：累计盈余 或做相反会计分录	—
使用专用基金购置固定资产、无形资产的	相关账务处理参见"专用基金"科目	

三 累计盈余的实务处理举例

【例 6-4】接【例 6-1】【例 6-2】【例 6-3】，2×24 年，该事业单位发生有关业务如下。

（1）"本年盈余分配"科目有贷方余额 5500000 元，予以结转。

（2）"无偿调拨净资产"科目借方余额 100000 元，"以前年度盈余调整"科目贷方余额 100000 元；年末，将上述科目余额转入"累计盈余"科目。

其账务处理如下：

单位：元

财务会计		预算会计
（1）借：本年盈余分配	5500000	
贷：累计盈余	5500000	—
（2）借：以前年度盈余调整	100000	
贷：累计盈余	100000	—
借：累计盈余	100000	
贷：无偿调拨净资产	100000	—

第五节 其他净资产核算

一 无偿调拨净资产业务

（一）无偿调拨净资产的概念

无偿调拨净资产是指行政事业单位无偿调入或调出非现金资产引起的净资产增减变动。

（二）无偿调拨净资产的核算内容

当单位有无偿调入或调出非现金资产时，设置"无偿调拨净资产"科目进行核算。无偿调入非现金资产按照初始成本计入该科目的贷方，无偿调出非现金资产的账面价值计入该科目的借方。年末，将"无偿调拨净资产"科目余额转入"累计盈余"科目，结转后"无偿调拨净资产"科目无余额。无偿调拨净资产的账务处理如表 6-6 所示。

表 6-6 无偿调拨净资产的账务处理

业务事项		财务会计	预算会计
取得无偿调入的资产时		借：库存物品/固定资产/无形资产/长期股权投资/公共基础设施/政府储备物资/保障性住房等 贷：无偿调拨净资产/银行存款等〔发生的归属于调入方的相关费用〕	借：其他支出〔发生的归属于调入方的相关费用〕 贷：资金结存等
经批准无偿调出资产时		借：无偿调拨净资产 固定资产累计折旧/无形资产累计摊销/公共基础设施累计折旧（摊销）/保障性住房累计折旧 贷：库存物品/固定资产/无形资产/长期股权投资/公共基础设施/政府储备物资等〔账面余额〕 借：资产处置费用 贷：银行存款等〔发生的归属于调出方的相关费用〕	借：其他支出〔发生的归属于调出方的相关费用〕 贷：资金结存等
年末，将本科目余额转入累计盈余	科目余额在贷方时	借：无偿调拨净资产 贷：累计盈余	—
	科目余额在借方时	借：累计盈余 贷：无偿调拨净资产	—

（三）无偿调拨净资产的实务处理举例

【例 6-5】2×24 年，某行政单位发生有关业务如下。

（1）经批准，该行政单位无偿调出一台设备，该设备的固定资产账面余额为 100000 元，已计提折旧为 45000 元。在调拨过程中发生归属于该行政单位的费用为 500 元，款项以库存现金支付。

（2）经批准，该行政单位无偿调入政府储备物资一批，相关凭证表明该批政府储备物资的账面价值为 500000 元。在调入过程中发生归属于该行政单位的运输费等费用 45000 元，款项以银行存款支付。

其账务处理如下：

单位：元

财务会计		预算会计	
（1）借：无偿调拨净资产	55000	借：其他支出	500
固定资产累计折旧	45000	贷：资金结存——货币资金	500
贷：固定资产	100000		
借：资产处置费用	500		
贷：库存现金	500		
（2）借：政府储备物资	545000	借：其他支出	45000
贷：无偿调拨净资产	500000	贷：资金结存——货币资金	45000
银行存款	45000		

二　以前年度盈余调整业务

（一）以前年度盈余调整的概念

以前年度盈余调整是指行政事业单位本年度发生的调整以前年度盈余的事项，包括本年度发生的重要前期差错更正涉及调整以前年度盈余的事项。

（二）以前年度盈余调整的核算内容

为核算以前年度盈余调整业务，行政事业单位应设置"以前年度盈余调整"总账科目，核算单位本年度发生的调整以前年度盈余的事项，包括本年度发生的重要前期差错更正涉及调整以前年度盈余的事项。

如果单位发生调增以前年度收入或者调减以前年度费用时，按照调整的金额计入"以前年度盈余调整"科目的贷方；如果单位发生调减以前年度收入或者调增以前年度费用时，按照调整的金额计入"以前年度盈余调整"科目的借方；如果单位发生非流动资产盘盈时，按照其成本计入"以前年度盈余调整"科目贷方。年末，将"以前年度盈余调整"科目余额转入"累计盈余"科目，结转后"以前年度盈余调整"科目无余额。以前年度盈余调整的账务处理如表6-7所示。

表 6-7　以前年度盈余调整的账务处理

业务事项		财务会计	预算会计
调整以前年度收入	增加以前年度收入时	借：有关资产或负债科目 　　贷：以前年度盈余调整	按照实际收到的金额 借：资金结存 　　贷：财政拨款结转/财政拨款结余/非财政拨款结转/非财政拨款结余（年初余额调整）
	减少以前年度收入时	借：以前年度盈余调整 　　贷：有关资产或负债科目	按照实际支付的金额 借：财政拨款结转/财政拨款结余/非财政拨款结转/非财政拨款结余（年初余额调整） 　　贷：资金结存
调整以前年度费用	增加以前年度费用时	借：以前年度盈余调整 　　贷：有关资产或负债科目	按照实际支付的金额 借：财政拨款结转/财政拨款结余/非财政拨款结转/非财政拨款结余（年初余额调整） 　　贷：资金结存
	减少以前年度费用时	借：有关资产或负债科目 　　贷：以前年度盈余调整	按照实际收到的金额 借：资金结存 　　贷：财政拨款结转/财政拨款结余/非财政拨款结转/非财政拨款结余（年初余额调整）
盘盈非流动资产	报经批准后处理时	借：待处理财产损溢 　　贷：以前年度盈余调整	—
将本科目余额转入累计盈余	本科目为借方余额时	借：累计盈余 　　贷：以前年度盈余调整	—
	本科目为贷方余额时	借：以前年度盈余调整 　　贷：累计盈余	—

（三）以前年度盈余调整的实务处理举例

【例 6-6】2×24 年，某事业单位发生有关业务如下。

（1）单位在内部审计时发现，该单位在上一年度漏记了一项无形资产摊销，由此导致上一年度的业务活动费用少计了 50000 元，现进行错误更正。

（2）单位盘盈一项固定资产，确定成本为 10000 元，经核实，是以前年度取得，在取得时未及时入账；按规定报经批准后，该项盘盈固定资产作为重要前期差错更正。

其账务处理如下：

单位：元

财务会计		预算会计
（1）借：以前年度盈余调整	50000	
贷：无形资产累计摊销	50000	—
（2）借：固定资产	10000	
贷：待处理财产损溢	10000	
借：待处理财产损溢	10000	—
贷：以前年度盈余调整	10000	

三　权益法调整业务

（一）权益法调整的概念

权益法调整是事业单位持有的长期股权投资采用权益法核算时，按照被投资单位除净损益和利润分配以外的所有者权益变动份额，调整长期股权投资账面余额而计入净资产的金额。

（二）权益法调整的核算内容

年末，按照被投资单位除净损益和利润分配以外的所有者权益变动应享有（或应分担）的份额计入"权益法调整"科目。采用权益法核算的长期股权投资，因被投资单位除净损益和利润分配以外的所有者权益变动而将应享有（或应分担）的份额计入"权益法调整"科目。

"权益法调整"科目期末余额反映事业单位在被投资单位除净损益和利润分配以外的所有者权益变动中累计享有（或分担）的份额。年末，本科目结转后应无余额。权益法调整的账务处理如表6-8所示。

表6-8　权益法调整的账务处理

业务事项		财务会计	预算会计
资产负债表日	按照被投资单位除净损益和利润分配以外的所有者权益变动的份额（增加）	借：长期股权投资——其他权益变动 　　贷：权益法调整	—
	按照被投资单位除净损益和利润分配以外的所有者权益变动的份额（减少）	借：权益法调整 　　贷：长期股权投资——其他权益变动	—

业务事项		财务会计	预算会计
长期股权投资处置时	"权益法调整"科目为借方余额	借：投资收益 　　贷：权益法调整 ［与所处置投资对应部分的金额］	—
	"权益法调整"科目为贷方余额	借：权益法调整 ［与所处置投资对应部分的金额］ 　　贷：投资收益	—

（三）权益法调整的实务处理举例

【例6-7】 2×24年，某事业单位发生有关业务如下。

（1）事业单位持有甲公司60%的股权，有权决定甲公司的财务和经营政策，相应的长期股权投资采用权益法核算。年末，甲公司发生除净损益和利润分配以外的所有者权益变动，增加数为100000元，该事业单位应享有的相应份额为60000元。

（2）事业单位持有乙公司51%的股权，有权决定乙公司的财务和经营政策，相应的长期股权投资采用权益法核算。取得该股权投资时的初始投资成本为20000000元，款项以银行存款支付。某日，该事业单位获得转让收入30000000元；当日，按照权益法核算的长期股权投资的成本数额为25000000元，损益调整借方余额为2000000元，其他权益变动借方余额为500000元，转让收益为2500000元（30000000-25000000-2000000-500000）。

其账务处理如下：

单位：元

财务会计	预算会计
（1）借：长期股权投资——其他权益变动 　　　　　　　　　　　　60000 　　　　贷：权益法调整　　　60000	—
（2）借：银行存款　30000000 　　　　贷：长期股权投资——成本 　　　　　　　　　　　　25000000 　　　　　　——损益调整 　　　　　　　　　　　　2000000 　　　　　　——其他权益变动 　　　　　　　　　　　　500000 　　　　投资收益　2500000	借：资金结存——货币资金　30000000 　　贷：投资支出　　　20000000 　　　　投资预算收益　10000000

续表

财务会计	预算会计
借：权益法调整　　　　500000 　贷：投资收益　　　　　500000	—

本章围绕政府单位净资产业务进行介绍。政府单位财务会计应当按规定的结账日进行结账，反映净资产的变动情况。净资产的结转流程包括期末处理和年末处理。

1. 期末处理

期末通常为月末，为单位规定的月末某一结账日期。期末，应当将本期实现的各项收入、发生的各项费用转到"本期盈余"科目，计算本期形成的盈余金额。经过 12 个月末的结转，年末"本期盈余"科目的余额即为全年实现的盈余金额。

2. 年末处理

年度结账日为每年的 12 月 31 日。年度终了结账时，所有总账账户都应当结出全年发生额和年末余额，并将各账户的余额结转到下一会计年度。年末，应当将"本期盈余"科目余额转入"本年盈余分配"科目，事业单位按规定提取专用基金后，未分配的盈余转入"累计盈余"科目。如果单位本年度发生非现金资产的无偿调拨事项，年末应当将"无偿调拨净资产"科目的余额转入"累计盈余"科目。单位本年度发生的以前年度盈余调整事项，应当在年末将变动金额转至"累计盈余"科目。净资产处理流程如图 6-1 所示。

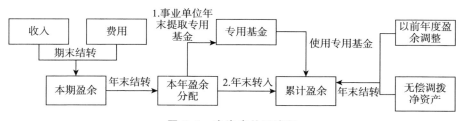

图 6-1　净资产处理流程

课后思考题

1. 什么是行政事业单位的净资产？

2. 年终完成各项结转后，哪些净资产科目是有余额的？哪些净资产科目是没有余额的？

3. 政府会计主体专用基金的计提有哪些途径？

第七章　政府单位预算结余的核算

【学习目标】

1. 理解行政事业单位各项预算结余的内涵
2. 了解行政事业单位各项预算结余的区别
3. 掌握与运用行政事业单位各项预算结余的核算方法

【课程思政】

1. 财政拨款结余核算的思政元素

分析财政拨款结余的情况有助于行政事业单位制定更科学合理的战略规划和资源统筹安排，引导财务人员培养宏观视野和统筹规划的能力。

2. 经营结余核算的思政元素

经营结余的核算反映了事业单位经营活动的经济成果。这提示财务人员在未来工作中努力追求经济效益的同时，不能忽视社会效益，要实现两者的平衡与协调。

课前案例　　　　　　　　　**财政预算结转结余资金管理案例启示**

结转资金是指有明确对应项目，但当年项目还没有执行完毕或因故未执行，需下一年继续使用的资金。结余资金是指当年已没有对应项目，且没有支出的资金。在实践执行中，需要对结转结余资金管理进行规范。《国务院关于深化预算管理制度改革的决定》（国发〔2014〕45 号）强调，应建立结转结余资金定期清理机制，连续两年未用完的结转资金，应当作为结余资金管理。财政部发布的《关于推进地方盘活财政存量资金有关事项的通知》（财预〔2015〕15号）进一步明确：部门预算结余资金以及结转两年以上的资金（包括基建资金和非基建资金），由同级财政收回统筹使用。

某年，省级某主管部门下属事业单位未及时将当年未执行培训经费252.86万元预算结余资金上缴财政。经审计查出问题后，认定该事业单位违反财政部发布的《关于推进地方盘活财政存量资金有关事项的通知》（财预〔2015〕15号）的相关规定。

资料来源：楚雄州财政局《实务探讨‖财政预算结转结余资金管理案例启示》，"兴启晟"微信公众号，https：//mp.weixin.qq.com/s/XHtCyxyc3LKguUYrWcx0Tw，2022年11月14日。

点评：各预算单位应遵循"统筹兼顾、勤俭节约、量力而行、讲求绩效和收支平衡"的预算管理原则，认真贯彻落实"过紧日子"的要求，加大盘活闲置资金力度，及时清理结余及两年以上结转资金力度，及时上缴财政部门统筹使用。同时，对跨年度项目，应根据项目进度，科学测算年度资金需求，分年度申请预算资金，尽量避免一次性申请多年度预算资金。

预算结余是政府预算会计要素。预算结余是指政府会计主体预算年度内预算收入扣除预算支出后的资金余额，以及历年滚存的资金余额。符合预算结余定义及其确认条件的项目应当列入政府决算报表。预算结余包括结余资金和结转资金。

结转资金是指预算安排项目的支出年终尚未执行完毕或者因故未执行，且下年需要按原用途继续使用的资金。结余资金是指年度预算执行终了，预算收入实际完成数扣除预算支出和结转资金后剩余的资金。

政府会计主体的预算结余是近些年来政府对财政资金管理的重点之一。对此，国务院及财政部等国家机关颁布过多个文件，全过程全方位规范政府会计主体财政资金取得、使用、结余。本章在政府会计基本准则的基础上，结合政府会计制度，通过对预算结余类科目核算内容和实务案例介绍，强化对预算结余类科目的理解，熟悉其在实务中的应用。

第一节　资金结存核算

一　资金结存的概念

资金结存是指单位纳入部门预算管理的资金的流入、流出、调整和滚存等情况。

资金结存业务的核算主要应设置"资金结存"科目。该科目的设置是为了反映因预算收支差额所形成的资金结存数及其变动情况，使得预算会计的不同账户之间进行借贷平衡记账得以实现。资金结存的借方余额等于各项结转结余的贷方余额。

二　资金结存的核算内容

"资金结存"科目属于政府预算会计的预算结余类科目，用于核算单位纳入部门预算管理的资金的流入、流出、调整和滚存等情况。该科目借方余额反映资金的流入，贷方余额反映资金的流出。该科目按照反映资金的类型设置"货币资金""财政应返还额度""零余额账户用款额度"三个明细科目。

"货币资金"明细科目核算单位以库存现金、银行存款、其他货币资金形态存在的资金。本明细科目年末借方余额反映单位尚未使用的货币资金。

"财政应返还额度"明细科目核算实行国库集中支付的单位可以使用的以前年度预算指标。本明细科目年末借方余额反映单位应收财政返还的资金额度。如果预算单位尚未实行预算管理一体化系统，本明细科目下可设置"财政直接支付""财政授权支付"两个明细科目进行明细核算；反之，实行预算管理一体化系统的预算单位，本明细科目下不再继续设置明细科目。

"零余额账户用款额度"明细科目核算实行国库集中支付的单位根据财政部门批复的用款计划收到和支用的零余额账户用款额度。年末结账后，本明细科目应无余额。需要说明的是，只有尚未实行预算管理一体化系统的预算单位方可设置"零余额账户用款额度"科目，并在"资金结存"科目下设置本明细科目；而实行预算管理一体化系统的预算单位不再使用"零余额账户用款额度"科目，"资金结存"科目下也不再设置本明细科目。

【延伸提示】

在政府会计中，"资金结存"科目是一个具有双重性质的科目，虽列示在预算会计科目中，但它还有一个属性就是代表着预算结余各科目账户余额的资金实有数，即所谓的"账实相符"。故"资金结存"科目有别于预算结余类的其他科目，它是借记增加、贷记减少的。

（一）资金流入的会计核算

（1）在以实拨资金方式取得预算收入时，按照实际收到的金额，借记本科目（货币资金），贷记"财政拨款预算收入""事业预算收入""经营预算收入"等科目。

（2）预算单位在某些特定情况下按规定从本单位零余额账户向本单位实有资金账户划转资金用于后续相关支出的，应当根据收到的国库集中支付凭证及实有资金账户入账凭证金额，在预算会计下借记"资金结存——货币资金"科目，贷记"财政拨款预算收入"科目（使用本年度预算指标）或"资金结存——财政应返还额度"科目（使用以前年度预算指标）；在财务会计下借记"银行存款"科目，贷记"财政拨款收入"科目（使用本年度预算指标）或"财政应返还额度"科目（使用以前年度预算指标）。

（3）尚未实行预算管理一体化系统的预算单位，根据代理银行转来的财政授权支付额度到账通知书，按照通知书中的授权支付额度，借记本科目（零余额账户用款额度），贷记"财政拨款预算收入"科目。

（4）收到从其他单位调入的财政拨款结转资金的，按照实际调入资金数额，借记本科目（货币资金/财政应返还额度），贷记"财政拨款结转——归集调入"科目。

（5）因购货退回、发生差错更正等退回国库集中支付款项，或者收回货币资金的，属于本年度支付的，借记"财政拨款预算收入"科目（支付时使用本年度预算指标），或本科目的"财政应返还额度"明细科目（支付时使用以前年度预算指标），或本科目的"货币资金"明细科目（支付时使用银行存款），贷记相关支出科目；对于项目未结束的跨年资金退回或属于以前年度支付的款项，借记本科目（财政应返还额度/货币资金），贷记"财政拨款结转""财政拨款结余""非财政拨款结转""非财政拨款结余"等科目。

（6）预算单位实行预算管理一体化系统的，年末根据财政部门批准的本年度预算指标数大于当年实际支付数的差额中允许结转使用的金额，借记"资金结存——财政应返还额度"科目，贷记"财政拨款预算收入"科目。

（7）预算单位尚未实行预算管理一体化系统的，年末根据本年度财政直接支付预算指标数与当年财政直接支付实际支出数的差额，借记本科目（财政应返还额度），贷记"财政拨款预算收入"科目。本年度财政授权支付预算指标数大于零余额账户用款额度下达数的，根据未下达的用款额度，借记本科目（财政应返还额度），贷记"财政拨款预算收入"科目。

资金流入的账务处理如表 7-1 所示。

表 7-1 资金流入的账务处理

业务事项	财务会计	预算会计
以国库集中支付以外的其他支付方式取得预算收入	借：银行存款/库存现金等 贷：财政拨款收入/事业收入/经营收入等	借：资金结存——货币资金 贷：财政拨款预算收入/事业预算收入/经营预算收入等
按规定向本单位实有资金账户划转财政资金	借：银行存款 贷：财政拨款收入/财政应返还额度	借：资金结存——货币资金 贷：财政拨款预算收入/资金结存——财政应返还额度
尚未实行预算管理一体化系统的预算单位，通过财政授权支付方式取得预算收入	借：零余额账户用款额度 贷：财政拨款收入	借：资金结存——零余额账户用款额度 贷：财政拨款预算收入

业务事项		财务会计	预算会计
收到从其他单位调入的财政拨款结转资金		借：银行存款/财政应返还额度等 贷：累计盈余	借：资金结存——货币资金/财政应返还额度 贷：财政拨款结转——归集调入
因购货退回、发生差错更正等退回国库集中支付款项，或者收回货币资金	属于本年度支付的款项	借：财政拨款收入/财政应返还额度/银行存款 贷：库存物品/业务活动费用等	借：财政拨款预算收入/资金结存——财政应返还额度/货币资金 贷：行政支出/事业支出等
	属于以前年度支付的款项	借：财政应返还额度/银行存款 贷：以前年度盈余调整/库存物品等	借：资金结存——财政应返还额度/货币资金 贷：财政拨款结转/财政拨款结余/非财政拨款结转/非财政拨款结余
实行预算管理一体化系统的预算单位，年末根据财政部门批准的本年度预算指标数大于当年实际支付数的差额中允许结转使用的金额		借：财政应返还额度 贷：财政拨款收入	借：资金结存——财政应返还额度 贷：财政拨款预算收入
尚未实行预算管理一体化系统的预算单位，年末确认未下达的财政用款额度	财政直接支付	借：财政应返还额度——财政直接支付 贷：财政拨款收入	借：资金结存——财政应返还额度 贷：财政拨款预算收入
	财政授权支付	借：财政应返还额度——财政授权支付 贷：财政拨款收入	

【例 7-1】2×24 年，某事业单位发生相关业务如下。

（1）单位以国库集中支付以外的其他支付方式取得预算收入，某日收到的银行存款进账单表明，同级政府财政部门拨入某专项经费 50000 元。

（2）某行政单位按规定向本单位实有资金账户划转财政资金，某日收到的国库集中支付凭证及实有资金账户入账凭证表明，同级财政部门使用本年度预算指标拨入资金 10000 元。

（3）单位的银行账号收到从其他单位调入财政拨款结转资金 500000元，款项已到账。

（4）单位当年逐过国库集中支付方式采购的一批办公用品在入库后发现有质量问题，办公用品已退回，收到财政资金退回通知书及相关原始凭证，退回相关货款 30000 元。

（5）接上题，假设该批办公用品是去年采购的，所用资金来自财政拨款预算收入中的基本支出拨款，其他条件不变。

（6）单位现已实行预算管理一体化系统。年末，进行年终结算。经核算，全年国库集中支付指标数为 18000000 元，实际已使用 17000000 元，其差额部分允许单位结转使用的额度为 1000000 元。

其账务处理如下：

单位：元

财务会计		预算会计	
（1）借：银行存款	50000	借：资金结存——货币资金	50000
贷：财政拨款收入	50000	贷：财政拨款预算收入	50000
（2）借：银行存款	10000	借：资金结存——货币资金	10000
贷：财政拨款收入	10000	贷：财政拨款预算收入	10000
（3）借：银行存款	500000	借：资金结存——货币资金	500000
贷：累计盈余	500000	贷：财政拨款结转——归集调入	500000
（4）借：财政拨款收入	30000	借：财政拨款预算收入	30000
贷：库存物品	30000	贷：事业支出	30000
（5）借：财政应返还额度	30000	借：资金结存——财政应返还额度	30000
贷：库存物品	30000	贷：财政拨款结转——年初余额调整	
			30000
（6）借：财政应返还额度	1000000	借：资金结存——财政应返还额度	1000000
贷：财政拨款收入	1000000	贷：财政拨款预算收入	1000000

（二）资金流出的会计核算

（1）在国库集中支付以外的其他支付方式下，当发生相关支出时，按照实际支付的金额，借记"事业支出""行政支出"等科目，贷记本科目（货币资金）。

（2）在按照规定使用专用基金时，按照实际支付金额，借记"专用结余""事业支出"等科目，贷记本科目（货币资金）。

（3）实行预算管理一体化系统的预算单位使用以前年度预算指标时，或者尚未实行预算管理一体化系统的预算单位使用以前年度财政直接支付额度发生支出时，按照实际支付金额，借记"行政支出""事业支出"等科目，贷记本科目（财政应返还额度）。

（4）尚未实行预算管理一体化系统的预算单位，通过财政授权支付方式发生相关支出时，按照实际支付的金额，借记"行政支出""事业支出"等科目，贷记本科目（零余额账户用款额度）。

（5）按照规定上缴财政拨款结转结余资金或注销财政拨款结转结余资金额度的，按照实际上缴资金额度或注销的资金额度，借记"财政拨款结转——归集上缴"或"财政拨款结余——归集上缴"科目，贷记本科目（财政应返还额度/货币资金）。

（6）按规定向原资金拨入单位缴回非财政拨款结转资金的，按照实际缴回资金数额，借记"非财政拨款结转——缴回资金"科目，贷记本科目（货币资金）。

资金流出的账务处理如表 7-2 所示。

表 7-2　资金流出的账务处理

业务事项	财务会计	预算会计
以国库集中支付以外的其他支付方式发生支出	借：业务活动费用/库存物品等 　贷：库存现金/银行存款等	借：行政支出/事业支出等 　贷：资金结存——货币资金
按规定使用专用基金	借：专用基金 　贷：银行存款等 或 借：固定资产/无形资产 　贷：银行存款 借：专用基金 　贷：累计盈余	借：事业支出/专用结余 　贷：资金结存——货币资金
实行预算管理一体化系统的预算单位使用以前年度预算指标，或者尚未实行预算管理一体化系统的预算单位使用以前年度财政直接支付额度发生支出	借：业务活动费用/单位管理费用/库存物品等 　贷：财政应返还额度	借：行政支出/事业支出 　贷：资金结存——财政应返还额度
尚未实行预算管理一体化系统的预算单位，通过财政授权支付方式发生相关支出	借：业务活动费用/库存物品等 　贷：零余额账户用款额度	借：行政支出/事业支出等 　贷：资金结存——零余额账户用款额度
按照规定上缴财政拨款结转结余资金或注销财政拨款结转结余资金额度	借：累计盈余 　贷：财政应返还额度/银行存款等	借：财政拨款结转/财政拨款结余——归集上缴 　贷：资金结存——财政应返还额度/货币资金

续表

业务事项	财务会计	预算会计
按规定向原资金拨入单位缴回非财政拨款结转资金	借：累计盈余 　贷：银行存款等	借：非财政拨款结转——缴回资金 　贷：资金结存——货币资金等

【例 7-2】 2×24 年，某事业单位发生相关业务如下。

（1）单位现因开展专业业务活动的需要，向外聘人员支付劳务费 5000 元，以银行存款形式支付。

（2）单位动用专用基金采购设备一台，价值 30000 元，款项以银行存款支付，设备已安装，该项专用基金是从非财政拨款结余和经营结余中提取的。

（3）接上题，假如该项专用基金是从收入中提取并计入费用的，其他条件不变。

（4）单位承担某个专项任务已完工，现按规定以银行存款的形式上缴财政拨款结余资金 10000 元，同时向原资金拨入单位缴回非财政拨款结转 20000 元。

（5）单位缴纳所得税 45000 元，税款已通过银行存款缴纳。

其账务处理如下：

单位：元

财务会计		预算会计	
（1）借：业务活动费用	5000	借：事业支出	5000
贷：银行存款	5000	贷：资金结存——货币资金	5000
（2）借：固定资产	30000	借：专用结余	30000
贷：银行存款	30000	贷：资金结存——货币资金	30000
借：专用基金	30000		
贷：累计盈余	30000		
（3）借：固定资产	30000	借：事业支出	30000
贷：银行存款	30000	贷：资金结存——货币资金	30000
借：专用基金	30000		
贷：累计盈余	30000		
（4）借：累计盈余	30000	借：财政拨款结余——归集上缴	10000
贷：银行存款	30000	非财政拨款结转——缴回资金	20000
（5）借：其他应交税费——单位应交所得税	45000	贷：资金结存——货币资金	30000
		借：非财政拨款结余——累计结余	45000
贷：银行存款	45000	贷：资金结存——货币资金	45000

第二节　同级财政拨款资金形成的结转结余核算

由同级财政拨款资金形成的结转结余包括财政拨款结转与财政拨款结余。

财政拨款结转是指行政事业单位当年预算已执行但尚未完成，或因故未能执行，下一年度需要按照原用途继续使用的预算资金，包括基本支出结转和项目支出结转。财政拨款结余是指行政事业单位当年预算工作目标已完成，或者因故终止，当年剩余的预算资金。

一　财政拨款结转业务

（一）财政拨款结转的核算内容

财政拨款结转是指单位取得的同级财政拨款结转资金的调整、结转和滚存情况。财政拨款结转业务核算应设置"财政拨款结转"科目。"财政拨款结转"科目属于政府预算会计的预算结余类科目。该科目按照业务类型不同设置下列 7 个明细科目："年初余额调整""归集调入""归集调出""归集上缴""单位内部调剂""本年收支结转""累计结转"。

"年初余额调整"明细科目核算由于发生会计差错更正、以前年度支出收回等原因，需要调整财政拨款结转的金额。年末结账后，本明细科目应无余额。

"归集调入"明细科目核算按照规定从其他单位调入财政拨款结转资金时，实际调增的数额或调入的资金数额。年末结账后，本明细科目应无余额。

"归集调出"明细科目核算按照规定向其他单位调出财政拨款结转资金时，实际调减的数额或调出的资金数额。年末结账后，本明细科目应无余额。

"归集上缴"明细科目核算按照规定上缴财政拨款结转资金时，实际核销的数额或上缴的资金数额。年末结账后，本明细科目应无余额。

"单位内部调剂"明细科目核算经财政部门批准对财政拨款结余资金改变用途，调整用于本单位其他未完成项目等的调整金额。年末结账后，本明细科目应无余额。

"本年收支结转"明细科目核算单位本年度财政拨款收支相抵后的余

额。年末结账后，本明细科目应无余额。

"累计结转"明细科目核算单位滚存的财政拨款结转资金。本明细科目年末贷方余额反映单位财政拨款滚存的结转资金数额。

本科目还应当设置"基本支出结转""项目支出结转"两个明细科目，并在"基本支出结转"明细科目下按照"人员经费""日常公用经费"进行明细核算，在"项目支出结转"明细科目下按照具体项目进行明细核算；同时，本科目还应按照《政府收支分类科目》中"支出功能分类科目"的相关科目进行明细核算。

财政拨款结转的账务处理如表 7-3 所示。

【延伸提示】

在财政拨款结余结转的过程中，会有很多过渡性科目，使用的意义就是说明这些资金从哪里来，经过了哪些程序，又到哪里去，完整过程在会计中像轨迹一样记录下来，就能清晰地看到资金的来源渠道。

基本支出是指行政事业单位为保障其机构正常运转、完成日常工作任务而编制的年度基本支出计划，内容包括人员经费和日常公用经费两部分。其中：人员经费包括基本工资、补助工资、其他工资、职工福利费和社会保障费等；日常公用经费包括公务费、小型设备购置费和修缮费、业务费和业务招待费等。

项目支出指行政事业单位为完成特定工作任务或事业发展目标，在基本的预算支出以外，财政预算专款安排的支出，内容包括基本建设、有关事业发展专项计划、专项业务费、大型修缮、大型购置、大型会议等。

表 7-3　财政拨款结转的账务处理

业务事项		财务会计	预算会计
因会计差错更正、购货退回、预付款项收回等发生以前年度调整事项	调整增加相关资产	借：银行存款等 　贷：以前年度盈余调整	借：资金结存——货币资金等 　贷：财政拨款结转——年初余额调整
	调整减少相关资产	借：以前年度盈余调整 　贷：银行存款等	借：财政拨款结转——年初余额调整 　贷：资金结存——货币资金等

业务事项		财务会计	预算会计
从其他单位调入财政拨款结转资金	按照实际调增的数额或调入的资金数额	借：财政应返还额度/银行存款 贷：累计盈余	借：资金结存——财政应返还额度/货币资金 贷：财政拨款结转——归集调入
向其他单位调出财政拨款结转资金	按照实际调减的数额或调出的资金数额	借：累计盈余 贷：财政应返还额度/银行存款	借：财政拨款结转——归集调出 贷：资金结存——财政应返还额度/货币资金
按照规定上缴财政拨款结转资金或注销财政拨款结转额度	按照实际核销的数额或上缴的资金数额	借：累计盈余 贷：财政应返还额度/银行存款	借：财政拨款结转——归集上缴 贷：资金结存——财政应返还额度/货币资金
单位内部调剂财政拨款结余资金	按照调整的金额	—	借：财政拨款结余——单位内部调剂 贷：财政拨款结转——单位内部调剂
年末结转	结转财政拨款预算收入	—	借：财政拨款预算收入 贷：财政拨款结转——本年收支结转
	结转财政拨款预算支出	—	借：财政拨款结转——本年收支结转 贷：行政支出/事业支出等［财政拨款支出部分］
	年末冲销本科目有关明细科目余额	—	借：财政拨款结转——年初余额调整［该明细科目为贷方余额时]/归集调入/单位内部调剂/本年收支结转［该明细科目为贷方余额时］ 贷：财政拨款结转——累计结转 借：财政拨款结转——累计结转 贷：财政拨款结转——归集上缴/年初余额调整［该明细科目为借方余额时]/归集调出/本年收支结转［该明细科目为借方余额时］

续表

业务事项		财务会计	预算会计
年末转入财政拨款结余	按照有关规定将符合财政拨款结余性质的项目余额转入财政拨款结余	—	借：财政拨款结转——累计结转 　　贷：财政拨款结余——结转转入

（二）财政拨款结转的实务处理举例

【例 7-3】2×24 年末，某事业单位发生相关业务如下。

（1）事业单位"财政拨款预算收入——基本支出"本年发生额为 16000000 元，"财政拨款预算收入——项目支出（A 项目）"本年发生额为 2000000 元，"财政拨款预算收入——项目支出（B 项目）"本年发生额为 1000000 元；"事业支出——财政拨款支出——基本支出"本年发生额为 16000000 元，"事业支出——财政拨款支出——项目支出（A 项目）"本年发生额为 1500000 元。现将上述科目本年发生额转入"财政拨款结转——本年收支结转"。

（2）将"事业支出——财政拨款支出——基本支出"科目本年借方发生额 16000000 元、"事业支出——财政拨款支出——项目支出（A 项目）"科目本年借方发生额 1500000 元、"事业支出——财政拨款支出——项目支出（B 项目）"科目本年借方发生额 800000 元转入"财政拨款结转——本年收支结转"科目。

（3）年末，将"财政拨款结转——本年收支结转——项目支出"科目余额转入"财政拨款结转——累计结转"科目。

（4）年末，经分析，该单位 B 项目已经完工，剩余 200000 元为结余资金，现将该结余资金转入"财政拨款结余——结转转入"科目。

其账务处理如下：

单位：元

财务会计	预算会计	
（1）—	借：财政拨款预算收入——财政拨款支出——基本支出	16000000
	——项目支出（A 项目）	2000000
	——项目支出（B 项目）	1000000

财务会计	预算会计	
	贷：财政拨款结转——本年收支结转——基本支出	16000000
	——项目支出（A 项目）	2000000
	——项目支出（B 项目）	1000000
（2）—	借：财政拨款结转——本年收支结转——基本支出	16000000
	——项目支出（A 项目）	1500000
	——项目支出（B 项目）	800000
	贷：事业支出——财政拨款支出——基本支出	16000000
	——项目支出（A 项目）	1500000
	——项目支出（B 项目）	800000
（3）—	借：财政拨款结转——本年收支结转——项目支出（A 项目）	500000
	——项目支出（B 项目）	200000
	贷：财政拨款结转——累计结转	700000
（4）—	借：财政拨款结转——累计结转	200000
	贷：财政拨款结余——结转转入	200000

分析：

第（3）题中"财政拨款结转——本年收支结转——基本支出"科目余额＝"财政拨款预算收入——基本支出"本年贷方发生额 16000000 元－"事业支出——财政拨款支出——基本支出"本年借方发生额 16000000 元＝0 元

"财政拨款结转——本年收支结转——项目支出"科目余额＝"财政拨款预算收入——项目支出（A 项目）"本年贷方发生额 2000000 元＋"财政拨款预算收入——项目支出（B 项目）"本年贷方发生额 1000000 元－"事业支出——财政拨款支出——项目支出（A 项目）"本年借方发生额 1500000元－"事业支出——财政拨款支出——项目支出（B 项目）"本年借方发生额 800000 元＝700000 元（贷方）

第（4）题中经过结转，"财政拨款结转——本年收支结转——项目支出"科目余额＝700000－200000＝500000 元（贷方）

二　财政拨款结余业务

（一）财政拨款结余的核算内容

财政拨款结余是指单位取得的同级财政拨款项目支出结余资金的调整、结转和滚存情况。财政拨款结余业务核算应设置"财政拨款结余"科目。"财政拨款结余"科目属于政府预算会计的预算结余类科目。该科目按照业务类型不同设置下列5个明细科目："年初余额调整""归集上缴""单位内部调剂""结转转入""累计结余"。本科目还应当按照具体项目、《政府收支分类科目》中"支出功能分类科目"的相关科目等进行明细核算。

"年初余额调整"明细科目核算由于发生会计差错更正、以前年度支出收回等原因，需要调整财政拨款结余的金额。年末结账后，本明细科目应无余额。

"归集上缴"明细科目核算按照规定上缴财政拨款结余资金时，实际核销的数额或上缴的资金数额。年末结账后，本明细科目应无余额。

"单位内部调剂"明细科目核算经财政部门批准对财政拨款结余资金改变用途，调整用于本单位其他未完成项目等的调整金额。年末结账后，本明细科目应无余额。

"结转转入"明细科目核算单位按照规定转入财政拨款结余的财政拨款结转资金。年末结账后，本明细科目应无余额。

"累计结余"明细科目核算单位滚存的财政拨款结余资金。本明细科目年末贷方余额反映单位财政拨款滚存的结余资金数额。

财政拨款结余的账务处理如表7-4所示。

表7-4　财政拨款结余的账务处理

业务事项		财务会计	预算会计
因购货退回、会计差错更正等发生以前年度调整事项	调整增加相关资产	借：银行存款等 　贷：以前年度盈余调整	借：资金结存——货币资金等 　　贷：财政拨款结余——年初余额调整
	调整减少相关资产	借：以前年度盈余调整 　贷：银行存款等	借：财政拨款结余——年初余额调整 　贷：资金结存——货币资金等
按照规定上缴财政拨款结余资金或注销财政拨款结余额度	按照实际核销的数额或上缴的资金数额	借：累计盈余 　贷：财政应返还额度/银行存款	借：财政拨款结余——归集上缴 　贷：资金结存——财政应返还额度/货币资金

续表

业务事项		财务会计	预算会计
单位内部调剂财政拨款结余资金	按照调整的金额	—	借：财政拨款结余——单位内部调剂 贷：财政拨款结转——单位内部调剂
年末转入财政拨款结余	按照有关规定将符合财政拨款结余性质的项目余额转入财政拨款结余	—	借：财政拨款结转——累计结转 贷：财政拨款结余——结转转入
年末冲销本科目有关明细科目余额		—	借：财政拨款结余——年初余额调整［该明细科目为贷方余额时］ 贷：财政拨款结余——累计结余 借：财政拨款结余——累计结余 贷：财政拨款结余——年初余额调整［该明细科目为借方余额时］/归集上缴/单位内部调剂 借：财政拨款结余——结转转入 贷：财政拨款结余——累计结余

【延伸提示】

财政拨款结转和财政拨款结余的主要区别如下。

1. 预算执行情况不同

财政拨款结转是指当年支出预算已执行但尚未完成，或因故未执行情况下的财政款项。而财政拨款结余就是支出预算工作目标已完成，或由于受政策变化、计划调整等因素影响工作终止的财政款项。

2. 资金的管理不同

财政拨款结转资金原则上结转下年继续使用，项目支出结转资金结转下年按原用途继续使用。财政拨款结余资金要全部统筹用于编制以后年度部门预算，按预算管理的有关规定，用在该部门相关支出。

3. 用途管理不同

财政拨款结转资金不能随意修改用途，而财政拨款结余资金可以留着作为下年部门其他项目的预算。

（二）财政拨款结余的实务处理举例

【例7-4】2×24年，某事业单位发生相关业务如下。

（1）单位发生一笔项目支出10000元退款，款项已存入银行，该款项属于以前的财政拨款结余资金。

（2）单位收到财政部门的通知，注销该单位财政拨款结余资金200000元，同时注销相应的财政应返还额度。

（3）单位收到财政部门的通知，同意该单位将一项已完工项目的财政拨款结余资金15000元调剂用于其他用途。

（4）年终，事业单位对各个项目执行情况进行分析，其中有1个项目已完工，其项目余额250000元符合财政拨款结余资金性质。

（5）年末，事业单位"财政拨款结余——结转转入"科目贷方余额为450000元（接【例7-3】200000+250000），"财政拨款结余——年初余额调整"科目借方余额为10000元，"财政拨款结余——归集上缴"科目借方余额为200000元，"财政拨款结余——单位内部调剂"科目借方余额为15000元，将上述科目余额转入"财政拨款结余——累计结余"科目。

其账务处理如下：

单位：元

财务会计	预算会计
（1）借：银行存款　　　　10000 　　　　贷：以前年度盈余调整 　　　　　　　　　　10000	借：资金结存——货币资金　　　　10000 　　　贷：财政拨款结余——年初余额调整　　10000
（2）借：累计盈余　　　　200000 　　　　贷：财政应返还额度 　　　　　　　　　　200000	借：财政拨款结余——归集上缴　　　　200000 　　　贷：资金结存——财政应返还额度　　200000
（3）—	借：财政拨款结余——单位内部调剂　　15000 　　　贷：财政拨款结转——单位内部调剂　　15000
（4）—	借：财政拨款结转——累计结转　　　　250000 　　　贷：财政拨款结余——结转转入　　250000

续表

财务会计	预算会计
（5）—	借：财政拨款结余——年初余额调整　　10000 　　　　　　　　　——结转转入　　　　450000 　　　贷：财政拨款结余——累计结余　　460000 借：财政拨款结余——累计结余　　　　215000 　　　贷：财政拨款结余——归集上缴　　200000 　　　　　　　　　——单位内部调剂　15000

分析：

借贷相抵，该事业单位"财政拨款结余——累计结余"的贷方余额为 245000 元

第三节　非财政专项资金形成的结转核算

由非财政专项资金形成的结转只涉及非财政拨款结转。它是指行政事业单位同级财政拨款以外的预算资金来源、具有专项项目限定用途，而项目尚未完成、需要继续用于原指定项目用途的剩余资金。

一　非财政拨款结转的概念

非财政拨款结转是核算单位除财政拨款收支、经营收支以外各非同级财政拨款专项资金的调整、结转和滚存情况。

二　非财政拨款结转的核算内容

非财政拨款结转业务的核算应设置"非财政拨款结转"科目。"非财政拨款结转"科目属于政府预算会计的预算结余类科目。该科目按照业务类型不同设置下列 5 个明细科目："年初余额调整""缴回资金""项目间接费用或管理费""本年收支结转""累计结转"。本科目还应当按照具体项目、《政府收支分类科目》中"支出功能分类科目"的相关科目等进行明细核算。

"年初余额调整"明细科目核算由于发生会计差错更正、以前年度支出收回等原因，需要调整非财政拨款结转的资金。年末结账后，本明细科

目应无余额。

"缴回资金"明细科目核算按照规定缴回非财政拨款结转资金时,实际缴回的资金数额。年末结账后,本明细科目应无余额。

"项目间接费用或管理费"明细科目核算单位取得的科研项目预算收入中,按照规定计提项目间接费用或管理费的数额。年末结账后,本明细科目应无余额。

"本年收支结转"明细科目核算单位本年度非同级财政拨款专项收支相抵后的余额。年末结账后,本明细科目应无余额。

"累计结转"明细科目核算单位滚存的非同级财政拨款专项结转资金。本明细科目年末贷方余额反映单位非同级财政拨款滚存的专项结转资金数额。

非财政拨款结转的账务处理如表 7-5 所示。

表 7-5　非财政拨款结转的账务处理

业务事项		财务会计	预算会计
按照规定从科研项目预算收入中提取项目管理费或间接费		借:单位管理费用 　贷:预提费用——项目间接费用或管理费	借:非财政拨款结转——项目间接费用或管理费 　贷:非财政拨款结余——项目间接费用或管理费
因购货退回、会计差错更正等发生以前年度调整事项	调整增加相关资产	借:银行存款等 　贷:以前年度盈余调整	借:资金结存——货币资金 　贷:非财政拨款结转——年初余额调整
	调整减少相关资产	借:以前年度盈余调整 　贷:银行存款等	借:非财政拨款结转——年初余额调整 　贷:资金结存——货币资金
按照规定缴回非财政拨款结转资金	按照实际缴回资金	借:累计盈余 　贷:银行存款等	借:非财政拨款结转——缴回资金 　贷:资金结存——货币资金
年末结转	结转非财政拨款专项收入	—	借:事业预算收入/上级补助预算收入/附属单位上缴预算收入/非同级财政拨款预算收入/债务预算收入/其他预算收入 　贷:非财政拨款结转——本年收支结转

续表

业务事项		财务会计	预算会计
年末结转	结转非财政拨款专项支出	—	借：非财政拨款结转——本年收支结转 贷：行政支出/事业支出/其他支出
年末冲销本科目相关明细科目金额		—	借：非财政拨款结转——年初余额调整［该明细科目为贷方余额时］/本年收支结转［该明细科目为贷方余额时］ 贷：非财政拨款结转——累计结转 借：非财政拨款结转——累计结转 贷：非财政拨款结转——年初余额调整［该明细科目为借方余额时］/缴回资金/项目间接费用或管理费/本年收支结转［该明细科目为借方余额时］
将留归本单位使用的非财政拨款专项剩余资金转入非财政拨款结余		—	借：非财政拨款结转——累计结转 贷：非财政拨款结余——结转转入

【延伸提示】

《政府会计制度——行政事业单位会计科目和报表》中规定，从科研项目预算收入中计提项目管理费或间接费时，按照提取金额，预算会计借记"非财政拨款结转"科目，贷记"非财政拨款结余"科目；《政府会计准则制度解释第2号》第三条"关于从财政科研项目中计提项目间接费用或管理费的账务处理"规定，在计提项目间接费用或管理费时预算会计不做处理。上述规定中的"科研项目"和"财政科研项目"如何进行区分？

科研经费是指用于科研项目研究、创新和发展，以取得科学成果为目的，指定用途或特殊用途的资金，其主要资金来源是财政拨款及自筹经费。科研经费主要由纵向、横向以及自筹经费组成，纵向经费来源于中央、地方各级财政资金支持的科研项目资金；横向经费来源于政府、企业及个人资金市场委托项目。

《政府会计准则制度解释第 2 号》（财会〔2019〕24 号）所称"财政科研项目"，是指从本级政府财政部门直接拨款的科研项目；《政府会计制度——行政事业单位会计科目和报表》（财会〔2017〕25 号）中所称"科研项目"，是指"财政科研项目"以外的项目。二者以是否直接从本级政府财政部门获得拨款为区分依据。

三 非财政拨款结转的实务处理举例

【例 7-5】2×24 年，某事业单位发生相关业务如下。

（1）按照规定从科研项目预算收入中提取管理费 1000 元。

（2）将表 7-6 科目中专项资金收入的本年发生额转入相关科目。

（3）将表 7-6 科目中专项资金支出的本年发生额转入相关科目。

（4）年末，将"非财政拨款结转——本年收支结转"科目余额转入"非财政拨款结转——累计结转"科目。

（5）经分析，当年已完成项目确认的非财政专项资金的结余金额 100000 元，将该结余金额从"非财政拨款结转——累计结转"科目转入"非财政拨款结余——结转转入"科目。

预算收入支出类科目本年发生额如表 7-6 所示。

表 7-6　预算收入支出类科目本年发生额

单位：元

科目	借方发生额	科目	贷方发生额
事业预算收入 其中：专项资金收入	4000000 1000000	事业支出 ——非财政专项资金支出 ——其他资金支出	1700000 3800000
非同级财政拨款预算收入（C 项目）	1000000		
上级补助预算收入	900000	经营支出	160000
附属单位上缴预算收入	400000	上缴上级支出	500000
其他预算收入	800000	对附属单位补助支出	300000

续表

科目	借方发生额	科目	贷方发生额
经营预算收入	200000	投资支出	100000
		债务还本支出	200000
		其他支出	40000

其账务处理如下：

单位：元

财务会计	预算会计
（1）借：单位管理费用　　1000 　　　　贷：预提费用　　1000	借：非财政拨款结转——项目间接费用或管理费 　　　　　　　　　　　　　　　　1000 　　　贷：非财政拨款结余——项目间接费用或管理费 　　　　　　　　　　　　　　　　1000
（2）—	借：事业预算收入　　　　　　　　1000000 　　　非同级财政拨款预算收入（C项目）1000000 　　　贷：非财政拨款结转——本年收支结转 2000000
（3）—	借：非财政拨款结转——本年收支结转　1700000 　　　贷：事业支出——非财政专项资金支出 1700000
（4）—	借：非财政拨款结转——本年收支结转　　300000 　　　贷：非财政拨款结转——累计结转　　300000
（5）—	借：非财政拨款结转——累计结转　　100000 　　　贷：非财政拨款结余——结转转入　100000

分析：

"非财政拨款结转——本年收支结转"科目余额 = 2000000 - 1700000 = 300000 元（贷方）

"非财政拨款结转——累计结转"科目余额为 300000 - 100000 = 200000 元（贷方）

第四节　非财政非专项资金形成的结余核算

由非财政非专项资金形成的结余包括非财政拨款结余、专用结余（事业单位专有）、经营结余（事业单位专有）和其他结余等。年末，行政单位的其他结余需要转入非财政拨款结余。事业单位的其他结余和正数的经营结余需要按规定进行非财政拨款结余分配，最后分别转入专用结余和非财政拨款结余。

一　非财政拨款结余业务

（一）非财政拨款结余的概念

非财政拨款结余是指单位历年滚存的非限定用途的非同级财政拨款结余资金，主要为非财政拨款结余扣除结余分配后滚存的金额。

（二）非财政拨款结余的核算内容

非财政拨款结余业务的核算应设置"非财政拨款结余"科目。"非财政拨款结余"科目属于政府预算会计的预算结余类科目，反映单位历年滚存的非限定用途的非同级财政拨款结余资金。"非财政拨款结余"按照业务类型不同，可设置"年初余额调整""项目间接费用或管理费""结转转入""累计结余"4个明细科目。本科目还应当按照《政府收支分类科目》中"支出功能分类科目"的相关科目进行明细核算。

"年初余额调整"明细科目核算由于发生会计差错更正、以前年度支出收回等原因，需要调整非财政拨款结余的资金。年末结账后，本明细科目应无余额。

"项目间接费用或管理费"明细科目核算单位取得的科研项目预算收入中，按照规定计提的项目间接费用或管理费数额。年末结账后，本明细科目应无余额。

"结转转入"明细科目核算按照规定留归单位使用，由单位统筹调配，纳入单位非财政拨款结余的非同级财政拨款专项剩余资金。年末结账后，本明细科目应无余额。

"累计结余"明细科目核算单位历年滚存的非同级财政拨款、非专项结余资金。本明细科目年末贷方余额反映单位非同级财政拨款滚存的非专项结余资金数额。

非财政拨款结余的账务处理如表7-7所示。

表 7-7 非财政拨款结余的账务处理

业务事项		财务会计	预算会计
按照规定从科研项目预算收入中提取项目管理费或间接费		借：单位管理费用 　贷：预提费用——项目间接费用或管理费	借：非财政拨款结转——项目间接费用或管理费 　贷：非财政拨款结余——项目间接费用或管理费
实际缴纳企业所得税		借：其他应交税费——单位应交所得税 　贷：银行存款等	借：非财政拨款结余——累计结余 　贷：资金结存——货币资金
因购货退回、会计差错更正等发生以前年度调整事项	调整增加相关资产	借：银行存款等 　贷：以前年度盈余调整	借：资金结存——货币资金 　贷：非财政拨款结余——年初余额调整
	调整减少相关资产	借：以前年度盈余调整 　贷：银行存款等	借：非财政拨款结余——年初余额调整 　贷：资金结存——货币资金
将留归本单位使用的非财政拨款专项剩余资金转入非财政拨款结余		—	借：非财政拨款结转——累计结转 　贷：非财政拨款结余——结转转入
年末冲销本科目相关明细科目余额		—	借：非财政拨款结余——年初余额调整［该明细科目为贷方余额时］/项目间接费用或管理费/结转转入 　贷：非财政拨款结余——累计结余 借：非财政拨款结余——累计结余 　贷：非财政拨款结余——年初余额调整［该明细科目为借方余额时］/缴回资金
年末结转	非财政拨款结余分配为贷方余额	—	借：非财政拨款结余分配 　贷：非财政拨款结余——累计结余
	非财政拨款结余分配为借方余额	—	借：非财政拨款结余——累计结余 　贷：非财政拨款结余分配

（三）非财政拨款结余的实务处理举例

【例 7-6】2×24 年，某事业单位发生相关业务如下。

（1）单位按照规定缴纳企业所得税 5000 元，以银行存款支付。

（2）单位发现，上年事业收入漏记 5000 元，而该款项已存入银行，现将该业务补记入账。

（3）年末结转"非财政拨款结余——年初余额调整"科目。

（4）年末，事业单位将留归本单位的非财政拨款结余资金 100000 元从"非财政拨款结转——累计结转"科目余额转入"非财政拨款结余——结转转入"科目。

其账务处理如下：

单位：元

财务会计	预算会计
（1）借：其他应交税费——单位应交所得税 　　　　　　　　　　　　　　5000 　　　贷：银行存款　　　5000	借：非财政拨款结余——累计结余　　5000 　　贷：资金结存——货币资金　　　5000
（2）借：银行存款　　5000 　　　贷：以前年度盈余调整　　5000	借：资金结存——货币资金　　　　　5000 　　贷：非财政拨款结余——年初余额调整 5000
（3）—	借：非财政拨款结余——年初余额调整　5000 　　贷：非财政拨款结余——累计结余　5000
（4）—	借：非财政拨款结转——累计结转　100000 　　贷：非财政拨款结余——结转转入 100000

二　专用结余业务

（一）专用结余的概念

专用结余是指事业单位按照规定从非财政拨款结余中提取的具有专门用途的资金的变动和滚存情况。行政单位不设置"专用结余"科目。

（二）专用结余的核算内容

专用结余业务的核算应设置"专用结余"科目，该科目属于预算结余类科目。该科目贷方登记从"非财政拨款结余分配"科目转入的待分配结余金额，借方登记的是使用的专用基金金额。"专用结余"科目年末贷方余额反映事业单位从非同级财政拨款结余中提取的专用基金的累计滚存数额。

"专用结余"科目应当按照专用结余的类别进行明细核算。专用结余的账务处理如表 7-8 所示。

表 7-8　专用结余的账务处理

业务事项		财务会计	预算会计
计提专用基金	从预算收入中按照一定比例提取基金并计入费用	借：业务活动费用等 　贷：专用基金	—
	从本年度非财政拨款结余或经营结余中提取基金	借：本年盈余分配 　贷：专用基金	借：非财政拨款结余分配 　贷：专用结余
	根据有关规定设置的其他专用基金	借：银行存款等 　贷：专用基金	—
按照规定使用提取的专用基金		借：专用基金 　贷：银行存款等 使用专用基金购置固定资产、无形资产的： 借：固定资产/无形资产 　贷：银行存款等 借：专用基金 　贷：累计盈余	使用从非财政拨款结余或经营结余中提取的基金： 借：专用结余 　贷：资金结存——货币资金 使用从预算收入中提取并计入费用的基金： 借：事业支出等 　贷：资金结存——货币资金

【延伸提示】

事业单位从收入中按一定比例提取的专用基金，其实质属于预提费用，与非财政拨款结余分配业务有所不同，计入费用类科目，不属于"专用结余"科目核算范围。

（三）专用结余的实务处理举例

【例 7-7】2×24 年，某事业单位发生相关业务如下。

（1）按规定，单位从本年非财政拨款结余中提取专用基金 60000 元。

（2）单位动用从非财政拨款结余中提取的专用基金采购设备一台，价值 45000 元，款项已通过银行存款支付，设备已交付使用。

其账务处理如下：

单位：元

财务会计		预算会计	
（1）借：本年盈余分配	60000	借：非财政拨款结余分配	60000
贷：专用基金	60000	贷：专用结余	60000
（2）借：固定资产	45000	借：专用结余	45000
贷：银行存款	45000	贷：资金结存——货币资金	45000
借：专用基金	45000		
贷：累计盈余	45000		

三　经营结余业务

（一）经营结余的概念

经营结余是指事业单位本年度经营活动收支相抵后余额弥补以前年度经营亏损后的余额。

（二）经营结余的核算内容

经营结余业务的核算应设置"经营结余"科目。该科目属于预算结余类科目，贷方登记的是从"经营预算收入"科目转入的收入金额，借方登记的是从"经营支出"科目转入的支出金额。"经营结余"科目年末贷方余额反映事业单位本年度经营活动收支相抵后余额弥补以前年度经营亏损后的余额。当年收支抵减后的科目余额反映的是经营盈利或亏损金额。如果"经营结余"科目为贷方余额，则反映事业单位累计发生经营盈利，作为待分配非财政拨款结余确认；如果"经营结余"科目为借方余额，则反映事业单位累计发生经营亏损。

"经营结余"科目应当按照经营结余的类别进行明细核算。经营结余的账务处理如表7-9所示。

表7-9　经营结余的账务处理

业务事项	财务会计	预算会计
年末经营收支结转	—	借：经营预算收入 　　贷：经营结余 借：经营结余 　　贷：经营支出
年末转入结余分配	—	借：经营结余 　　贷：非财政拨款结余分配 年末结余在借方，则不予结转

（三）经营结余的实务处理举例

【例7-8】接【例7-5】，2×24年末，该事业单位"经营预算收入"本年发生额为200000元，"经营支出"本年发生额为160000元。

（1）将上述科目余额转入"经营结余"中，并确定"经营结余"科目余额。

（2）将"经营结余"科目余额转入"非财政拨款结余分配"。

（3）按照经营结余的20%计提专用基金。

其账务处理如下：

单位：元

财务会计	预算会计
（1）—	借：经营预算收入　　　　　200000 　　贷：经营结余　　　　　　　　200000 借：经营结余　　　　　　　160000 　　贷：经营支出　　　　　　　　160000
（2）—	借：经营结余　　　　　　　40000 　　贷：非财政拨款结余分配　　　40000
（3）借：本年盈余分配　　　　8000 　　贷：专用基金　　　　　　8000	借：非财政拨款结余分配　　8000 　　贷：专用结余　　　　　　　　8000

分析：

结转后"经营结余"科目余额＝200000−160000＝40000元（贷方）

这说明，该科目余额为事业单位当年的经营利润。

按照经营结余20%计提的专用基金＝40000×20%＝8000元

四　其他结余业务

（一）其他结余的概念

其他结余是指单位本年度除财政拨款收支、非同级财政专项资金收支和经营收支以外各项收支相抵后的余额。

（二）其他结余的核算内容

其他结余业务的核算应设置"其他结余"科目。该科目属于政府会计的预算结余类科目，贷方登记的是从"事业预算收入""上级补助预算收入""非同级财政拨款预算收入""附属单位上缴预算收入""债务预算收入""投资预算收益""其他预算收入"等科目转入的收入金额，借方登记的是从"行政支出""事业支出""其他支出""上缴上级支出""对附属单位补助支出""投资支出""债务还本支出"等科目转入的支出金额。

年末，行政单位应将"其他结余"科目余额转入"非财政拨款结余——累计结余"科目；事业单位应将"其他结余"科目余额转入"非财政拨款结余分配"。结转后，"其他结余"科目无余额。其他结余的账务处理如表7-10所示。

表7-10　其他结余的账务处理

	业务事项	财务会计	预算会计
年末	结转预算收入（除财政拨款收入、非同级财政专项收入、经营收入以外）	—	借：事业预算收入/上级补助预算收入/附属单位上缴预算收入/非同级财政拨款预算收入/债务预算收入/其他预算收入［非专项资金收入部分］ 　　投资预算收益［为贷方余额时］ 　贷：其他结余 借：其他结余 　贷：投资预算收益［为借方余额时］
	结转预算支出（除同级财政拨款支出、非同级财政专项支出、经营支出以外）	—	借：其他结余 　贷：行政支出/事业支出/其他支出 　　　　［非财政非专项资金支出部分］ 　　上缴上级支出/对附属单位补助支出/ 　　投资支出/债务还本支出
行政单位转入非财政拨款结余	其他结余为贷方余额	—	借：其他结余 　贷：非财政拨款结余——累计结余
	其他结余为借方余额	—	借：非财政拨款结余——累计结余 　贷：其他结余
事业单位年末转入结余分配	其他结余为贷方余额	—	借：其他结余 　贷：非财政拨款结余分配
	其他结余为借方余额	—	借：非财政拨款结余分配 　贷：其他结余

（三）其他结余的实务处理举例

【例7-9】接【例7-5】，2×24年，该事业单位预算收入支出类科目本年发生额如表7-6所示。

（1）将上述科目中非财政非专项资金收入的本年发生额转入相关科目。

（2）将上述科目中非财政非专项资金支出的本年发生额转入相关

科目。

（3）将"其他结余"科目余额转入"非财政拨款结余分配"科目。

其账务处理如下：

单位：元

财务会计	预算会计	
（1）—	借：事业预算收入	3000000
	附属单位上缴预算收入	400000
	上级补助预算收入	900000
	其他预算收入	800000
	贷：其他结余	5100000
（2）—	借：其他结余	4940000
	贷：事业支出	3800000
	上缴上级支出	500000
	对附属单位补助支出	300000
	投资支出	100000
	债务还本支出	200000
	其他支出	40000
（3）—	借：其他结余	160000
	贷：非财政拨款结余分配	160000

五　非财政拨款结余分配业务

（一）非财政拨款结余分配的概念

非财政拨款结余分配是指事业单位本年度非财政拨款结余分配的情况和结果。

（二）非财政拨款结余分配的核算内容

非财政拨款结余分配业务的核算应设置"非财政拨款结余分配"科目。"非财政拨款结余分配"科目属于政府会计的预算结余类科目，该科目贷方登记的是从"经营结余""其他结余"等科目转入的结余金额；借方登记的是从"其他结余"科目转入的亏欠金额和根据有关规定提取的专用基金金额。年末，事业单位应将"非财政拨款结余分配"科目余额转入"非财政拨款结余——累计结余"。结转后，"非财政拨款结余分配"科目无余额。非财政拨款结余分配的账务处理如表 7-11 所示。

【延伸提示】

非财政拨款结余分配核算中，事业单位"经营结余"科目借方存在余额（负结余），代表事业单位存在经营亏损，则不做转入非财政拨款结余分配账户。

表 7-11　非财政拨款结余分配的账务处理

业务事项		财务会计	预算会计
事业单位年末结余转入	其他结余为借方余额时	—	借：非财政拨款结余分配 　贷：其他结余
	其他结余为贷方余额时	—	借：其他结余 　贷：非财政拨款结余分配
	经营结余为贷方余额时	—	借：经营结余 　贷：非财政拨款结余分配
计提专用基金	从非财政拨款结余中提取	借：本年盈余分配 　贷：专用基金	借：非财政拨款结余分配 　贷：专用结余
事业单位转入非财政拨款结余	非财政拨款结余分配为贷方余额	—	借：非财政拨款结余分配 　贷：非财政拨款结余——累计结余
	非财政拨款结余分配为借方余额	—	借：非财政拨款结余——累计结余 　贷：非财政拨款结余分配

（三）非财政拨款结余分配的实务处理举例

【例 7-10】 2×24 年末，该事业单位"其他结余"科目贷方余额为 160000 元（接【例 7-9】），"经营结余"科目贷方余额为 40000 元（接【例 7-8】），从非财政拨款结余中计提专用基金 60000 元（接【例 7-7】），从"经营结余"中提取专用基金 8000 元（接【例 7-8】）。完成以上处理后，将"非财政拨款结余分配"科目余额转入"非财政拨款结余——累计结余"科目。

其账务处理如下：

单位：元

财务会计	预算会计	
（1）—	借：其他结余	160000
	贷：非财政拨款结余分配	160000
（2）—	借：经营结余	40000
	贷：非财政拨款结余分配	40000

续表

财务会计		预算会计	
(3) 借：本年盈余分配	68000	借：非财政拨款结余分配	68000
贷：专用基金	68000	贷：专用结余	68000
(4) —		借：非财政拨款结余分配	132000
		贷：非财政拨款结余——累计结余	
			132000

本章主要围绕政府单位预算结余业务展开讲解。政府单位预算会计应当按规定的结账日进行结账，反映预算结余的变动情况。预算结余是预算年度内预算收支相抵后的余额，预算结余的处理通常在年末进行，年度结账日为每年的 12 月 31 日。年度终了后，政府单位应当将各项预算收入、预算支出的科目余额转到各结转结余类会计科目，反映单位本年形成的预算结余。预算结余的年末处理应当区分不同的资金性质。

1. 财政拨款资金

年末，应当将本年度的财政拨款资金收入、财政拨款资金支出的金额转入财政拨款结转，并区分基本支出结转和项目支出结转。财政拨款资金收支结转后，对财政拨款项目支出结转的余额进行分析，将符合结余性质的余额转入财政拨款结余。财政拨款资金年末处理流程如图 7-1 所示。

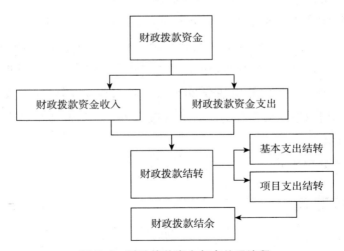

图 7-1　财政拨款资金年末处理流程

2. 非财政拨款资金

非财政拨款资金包括非财政专项资金、经营资金和其他资金，应当分别进行年末处理。

（1）年末，应当将本年度的非财政专项资金收入、非财政专项资金支出的金额转入非财政拨款结转。非财政专项资金收支结转后，对非财政拨款结转的余额进行分析，将符合结余性质的余额转入非财政拨款结余。

（2）年末，应当将本年度的经营资金收入、经营资金支出的金额转入经营结余。经营资金收支结转后，如果是经营盈余，则将其余额转入非财政拨款结余分配；如果是经营亏损，则留待以后年度弥补。

（3）年末，应当将本年度除财政拨款资金、非财政专项资金、经营资金以外的其他资金收入、其他资金支出的金额转入其他结余。其他资金收支结转后，行政单位应当将其他结余的余额转入非财政拨款结余，事业单位应当将其他结余的余额转入非财政拨款结余分配。从非财政拨款结余分配中提取专用结余后，应当将未分配的非财政拨款结余的金额转入非财政拨款结余。

非财政拨款资金年末处理流程如图7-2所示。

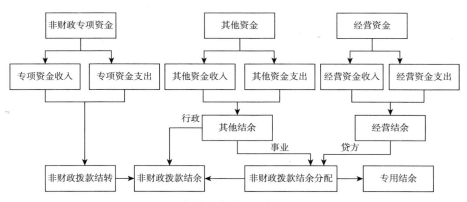

图7-2　非财政拨款资金年末处理流程

在结转结余类会计科目中，"其他结余"和"非财政拨款结余分配"反映预算结余的形成与分配过程，通常没有年末余额。"经营结余"科目如果有余额，一定为借方余额。年末结转结余=财政拨款结转+财政拨款结余+非财政拨款结转+非财政拨款结余+专用结余+经营结余。

课后思考题

1. 从资金的来源和性质上来说，结转结余可以分为哪几类？

2. 财政拨款结转与财政拨款结余的区别是什么？

3. 非财政拨款结转与非财政拨款结余的区别是什么？

4. 经营结余在什么情况下可以转入非财政拨款结余分配？

5. 其他结余、专用结余与非财政拨款结余之间的关系是什么？

第八章　政府会计报告的编制列报

【学习目标】

1. 了解我国政府会计报告的构成
2. 掌握我国政府财务会计报告的编制方法
3. 掌握我国政府预算会计报告的编制方法

【课程思政】

政府会计报告的思政元素

政府会计信息的报告与披露是国家治理对现代财政制度的基本要求，通过让财务人员理解国家治理能力的提升和国家治理能力现代化的实现离不开政府会计信息的支持，让其充分认识政府会计在国家治理中的重要性，树立专业报国的理念。

课前案例　　　　　　　**我国政府财务报告制度改革行稳致远**

建立权责发生制政府综合财务报告制度是党的十八届三中全会提出的一项重大改革任务，也是《预算法》的明文规定。2014 年，国务院批转财政部《权责发生制政府综合财务报告制度改革方案》，明确了改革的总体目标、主要任务、具体内容及配套措施，确定了改革的时间表和路线图，标志着此项改革正式启动。财政部按照党中央、国务院决策部署，扎实推进相关工作，取得了阶段性进展。

一、推行政府财务报告制度改革意义重大

我国传统的政府财政报告制度施行以收付实现制政府会计核算为基础的决算报告制度，主要反映政府年度预算执行情况的结果，对准确反映预算收支情况、加强预算管理和监督发挥了重要作用。但随着经济社会发展，我国仅施行决算报告制度，无法科学、全面、准确地反映政府资产负债和成本费用，不利于强化政府资产管理、降低行政成本、提升运行效率、有效防范财政风险，难以满足建立现代财政制度、促进财政长期可持续发展、推进国家治理体系和治理能力现代化的要求。通过建立以权责发生制政府会计核算为基础，以编制和报告政府资产负债表、收入费用表等报表为核心的权责发生制政府综合财务报告制度，全面、准确地反映各级政府整体财务状况、运行情况和财政中长期可持续性，对提升政府财政财务管理水平、提高政府财政透明度、改进政府绩效管理、落实政府过紧日子要求、服务推进国家治理体系和治理能力现代化具有重要意义。

（一）建立政府财务报告制度是防范化解财政风险的机制保障

党的十九大报告将防范化解重大风险摆在突出位置，提出要增强驾驭风险本领，健全各方面风险防控机制。这要求财政不仅能够预测未来的风险，还对自身应对风险的能力有充分了解。当前，面对国内外风险挑战明显上升的复杂局面，通过建立政府财务报告制度，形成新的财政政策分析框架具有重要现实意义。编制政府财务报告，从资产负债表视角全面反映政府的财政能力和财政责任，深入分析风险形成机理、传导机制及对宏观经济的影响，有助于更加准确评估政府的危机承受能力和财政政策空间，从而为政府合理配置资源、防范和化解债务风险提供信息支持，是防控财政风险的一个重要机制保障。

（二）建立政府财务报告制度是提高财政透明度的重要举措

近年来，我国政府预决算公开工作取得很大成绩，公开范围不断扩大、公开内容不断细化、公开质量不断提高。与社会公众期待相比，我国财政透明度还有很大提升空间，比如，尚无法公开政府的资产负债表和收入费用表。一些中介机构对一些地方财政透明度排名打分不高，也与缺失这些财务会计报表有关。建立政府财务报告制度，尽早向社会公布反映一级政府整体财务状况的信息，是广大财政干部义不容辞的责任，既是实现党的十九届四中全会提出"完善标准科学、规范透明、约束有力的预算制度"的有力抓手，也是贯彻施行政府信息公开条例的具体举措，更是建设人民满意服务型政府的必然要求。

（三）建立政府财务报告制度是提升公共财政管理水平的有力推手

按照建立现代财政制度的要求，提高公共财政管理水平不仅要重视收入、支出的流量管理，还要重视政府资产、负债的存量管理；不仅要重视预算管理，还要重视政府整体财务管理。建立政府财务报告制度，有利于发现政府资产、负债管理中存在的问题，对加强相关管理发挥直接牵引作用。随着政府财务报告编制工作的推进，政府资产、负债管理日益引起重视。比如，有关部门已着手研究制定水利、交通等公共基础设施管理制度。通过编制政府财务报告，可以更加清晰完整地反映政府财务状况和运行情况等信息，有助于实现从流量管理向存量管理和流量管理有机结合转变，从预算管理向财务管理和预算管理有机融合转变，将会对我国公共财政管理水平提升产生深远影响。

（四）建立政府财务报告制度是全面实施绩效管理的必然要求

党的十九大报告提出"全面实施绩效管理"，《2020年政府工作报告》提出"各级政府必须真正过紧日子"，这些都要求政府会计能够准确计量各种政府活动的真实成本。权责发生制核算基础的应用，可以为绩效管理提供科学合理的会计信息支持。国际上不少发达国家越来越重视权责发生制财务数据在绩效管理中的运用。例如，日本开发了成本核算信息系统，要求全部中央政府部门以权责发生制基础核算项目的成本信息，以此确定预算规模、衡量政府绩效。编制权责发生制政府财务报告，适应绩效管理测量产出效益和结果的要求，对科学制定绩效规划和目标、降低政府运行成本、提高财政资源使用效率等，具有不可替代的作用。

（五）建立政府财务报告制度是顺应世界发展潮流的应有之义

目前，编制权责发生制政府综合财务报告已成为国际公共财政管理发展方向。据世界银行最新统计，国际上已有25%的国家和地区实施了这项改革。G20财政和央行会议上审议通过的数据缺口倡议（DGI）要求各成员国定期公布政府资产负债表和相关流量数据。IMF 正在建立国际公共部门资产负债数据库，希望我国提供相关数据。我国作为世界第二大经济体在这一领域的改革相对滞后，须加快推进这项改革，早日对外发布准确、权威、具有国际可比性的政府财务信息，提高我国在国际治理体系中的影响力和话语权。

二、政府财务报告制度改革取得积极进展

（一）制度建设不断完善

一是不断完善政府会计准则制度体系。目前财政部已制定发布《政府会计准则——基本准则》、10 项政府会计具体准则、1 项应用指南、1 项《政府会计制度——行政事业单位会计科目和报表》，以及多项新旧制度衔接、补充规定和相关解释文件，建立了"双基础、双报告"的政府会计核算模式，要求在行政事业单位会计核算中全面采用权责发生制，从制度层面解决了政府财务报告的核算基础问题。

二是初步建立起政府财务报告编制制度框架体系。具体包括 1 个办法和 3 个指南，即《政府财务报告编制办法（试行）》《政府部门财务报告编制操作指南（试行）》《政府综合财务报告编制操作指南（试行）》《地方政府综合财务报告合并编制操作指南（试行）》。同步开发管理软件，从业务规范和系统支撑层面保障政府财务报告编制试点工作有序开展。

三是初步理顺了政府财务报告与部门决算、行政事业性国有资产报告的关系。①政府财务报告与部门决算报告。两者既有联系又有区别，联系在于对同一单位、同一时期经济业务活动进行反映，有些数据是交叉的；区别在于两者的侧重点、编制基础和编制主体范围。②政府财务报告与行政事业性国有资产报告。两者同样既有联系又有区别，联系在于部分资产信息来源一致、数据相同；区别在于报告的作用、内容以及编制范围和编制方法。

（二）试点范围逐步扩大

按照《权责发生制政府综合财务报告制度改革方案》的要求，2016 年财政部确定国土资源部、国家林业局等 2 个中央部门和山西省、黑龙江省、上海市、浙江省、广东省、海南省和重庆市等 7 个地方作为首批试点单位，于 2017 年着手编制上一年度政府财务报告。2018 年，试点范围扩大到 20 个中央部门和 20 个地方，并选择 4 个地方试点编制上下级合并的行政区政府综合财务报告。2019 年，试点范围进一步扩大到 40 个中央部门和 36 个地方，并选择 12 个地方试点编制上下级合并的行政区政府综合财务报告。2020 年，编制政府财务报告的中央部门达到 108 个，地方政府实现全覆盖。相关部门和地方高度重视试点工作，加强组织领导，做实系统部署，注重业务培训，细化会计核算，保证了试点工作的顺利推进。

（三）试点工作初见成效

从试点情况看，试点单位都按要求编制并提交了政府财务报告，既较为全面地反映了本部门资产、负债和收入、费用，初步达到了分析掌握部门单位财务状况、运行情况的目的。在工作组织方面，试点工作发挥了探索路子、积累经验的作用，形成了一批可复制、可推广的做法。在人才队伍方面，各单位财务人员普遍加深了对权责发生制核算基础的理解和掌握，对于贯彻执行新的政府会计制度起到一定促进作用。在财政财务管理方面，各级政府财政部门和单位及时发现了财政财务管理中一些值得重视的问题，并予以研究解决。可以说，政府财务报告编制形式上表现为财务数据的收集整理，实质上既体现各单位财务管理水平，也是推动提升管理能力的系统工程，对加强政府资产、负债、预算、绩效管理有直接的牵引作用。

资料来源：财政部国库司政府财务报告处《我国政府财务报告制度改革进展情况及未来展望》，《中国财经报》2021 年 1 月 8 日。

点评：政府财务报告制度改革是公共财政管理领域的新生事物，与传统的预算管理有较大不同，不仅涉及理念转变，还涉及会计技术、资产、负债管理政策等问题，技术性、政策性和敏感性较强，是一项复杂的系统工程。从总体上看，政府财务报告制度改革已从夯基垒台、立柱架梁进入全面推进、提质定型的阶段。

在充分肯定改革前期取得成绩的同时，还需清醒认识到改革的系统性、长期性和复杂性，全面推进改革仍面临很多难啃的硬骨头。从组织层面看，目前 36 个地方已实现全覆盖，但部分中央部门还未参加编制，特别是所属单位多、级次多、规模大的中央部门将是政府财务报告编制难点。从制度层面看，虽已初步构建起政府财务报告编制框架体系，但一些与政府财务报告编制相关的政府资产、负债管理制度尚不健全，管理责任有待明确，确认入账具体操作规则还需细化，政府财务报告审计和公开制度尚在研究。政府财务报告编制制度层次还需提升，以增强制度约束力。从技术层面看，政府综合财务报告编制涉及单位多、层级多、环节多，从部门财务报告编制到政府综合财务报告编制，采用类似于企业集团合并财务会计报表编制方法，经过层层抵销合并，才能最终完成。由于政府单位众多、往来业务频繁，抵销工作涉及海量数据的匹配处理，比企业集团内部并表处理更为复杂。从信息系统看，高质量政府综合财务报告的编制需要功能完备、运行稳定的信息系统作为强大支撑，这也是改革能顺利推进的关键。政府财务报告编制来自各单位会计核算数据，要发挥好信息系统支撑作用，必须做好政府财务报告信息系统与单位会计核算系统的对接，做好中央政府财务报告信息系统与地方系统的对接，必须制定统一、公开的系统接口标准规范，实现不同系统之间数据互联互通，保障政府财务报告编制的准确性和及时性。从人员队伍看，要深入推进改革，必须有一支相对稳定的专业化人才队伍支撑。目前很多政府单位财务人员严重短缺，还有一些单位财务人员多为兼职，无论从人员数量还是从人员素质看，要有效保障现行制度执行到位，编制高质量的政府财务报告，还存在比较大的困难。

行政事业单位会计报表是反映行政事业单位财务状况、运行情况以及预算执行情况等信息的书面文件，由财务会计报表和预算会计报表构成。各级各类行政事业单位应当根据《政府会计制度》的规定编制并提供真实、完整的会计报表。行政事业单位不得违反规定，随意改变会计报表的格式、编制依据和方法，不得随意改变会计报表有关数据的会计口径。行政事业单位的会计报表应当根据登记完整、核对无误的账簿记录和其他有关资料编制，做到数字真实、计算准确、内容完整、报送及时。行政事业单位会计报表应当由单位负责人和主管会计工作的负责人或会计主管人员签名并盖章。行政事业单位会计报表如表8-1所示。

表 8-1　行政事业单位会计报表

编号	报表名称	编制期
财务会计报表		
会政财 01 表	资产负债表	月度、年度
会政财 02 表	收入费用表	月度、年度
会政财 03 表	净资产变动表	年度
会政财 04 表	现金流量表	年度
	附注	年度
预算会计报表		
会政预 01 表	预算收入支出表	年度
会政预 02 表	预算结转结余变动表	年度
会政预 03 表	财政拨款预算收入支出表	年度

第一节　财务会计报告

行政事业单位财务会计报表包括资产负债表、收入费用表、净资产变动表和现金流量表。本节主要对行政事业单位财务会计报表的概念和作用、格式、编制方法及附注展开说明。

一　资产负债表

（一）资产负债表的概念和作用

资产负债表是反映政府会计主体在某一特定日期的财务状况的报表，反映单位在某一特定日期全部资产、负债和净资产情况。按照规定，行政事业单位的资产负债表应当按月度和年度编制。

资产负债表可以提供某会计期末单位占有或使用的资源、承担的债务和形成的净资产总额及其构成情况，反映单位财务能力、偿债能力和资产保值增值情况，有助于财政部门、主管部门、单位管理者及其他会计信息使用者分析了解单位全面财务情况并做出相关决策和评价。

（二）资产负债表的格式

资产负债表按照资产和负债及净资产分项排列，其中资产和负债各项按流动性排列，同时分栏反映各组成项目报表日的期末余额和年初余额。表中数据平衡计算公式为：资产 = 负债+净资产。资产负债表的格式见表 8-2。

表 8-2　资产负债表

会政财 01 表

编制单位：_____　　　____年____月____日　　　单位：元

资产	期末余额	年初余额	负债和净资产	期末余额	年初余额
流动资产：			流动负债：		
货币资金			短期借款		
短期投资			应交增值税		
财政应返还额度			其他应交税费		
应收票据			应缴财政款		
应收账款净额			应付职工薪酬		
预付账款			应付票据		
应收股利			应付账款		
应收利息			应付政府补贴款		
其他应收款净额			应付利息		
存货			预收账款		
待摊费用			其他应付款		
一年内到期的非流动资产			预提费用		
其他流动资产			一年内到期的非流动负债		
流动资产合计			其他流动负债		
非流动资产：			流动负债合计		
长期股权投资			非流动负债：		
长期债券投资			长期借款		
固定资产原值			长期应付款		
减：固定资产累计折旧			预计负债		
固定资产净值			其他非流动负债		
工程物资			非流动负债合计		

续表

资产	期末余额	年初余额	负债和净资产	期末余额	年初余额
在建工程			受托代理负债		
无形资产原值			负债合计		
减：无形资产累计摊销					
无形资产净值					
研发支出					
公共基础设施原值					
减：公共基础设施累计折旧（摊销）					
公共基础设施净值					
政府储备物资					
文物文化资产					
保障性住房原值					
减：保障性住房累计折旧			净资产：		
保障性住房净值			累计盈余		
长期待摊费用			专用基金		
待处理财产损溢			权益法调整		
其他非流动资产			无偿调拨净资产 *		—
非流动资产合计			本期盈余 *		
受托代理资产			净资产合计		
资产总计			负债和净资产总计		

注："＊"标识项目为月报项目，年报中不需列示；"—"标识单元格不需填列。

（三）资产负债表的编制方法

资产负债表中"年初余额"栏中各项数字，应当根据上年末资产负债表"期末余额"栏内数字填列。如果本年度资产负债表规定的项目的名称和内容同上年度不一致，应当对上年末资产负债表项目的名称和数字按照本年度的规定进行调整，将调整后数字填入本表"年初余额"栏内。如果本年度单位发生了因前期差错更正、会计政策变更等调整以前年度盈余的事项，还应当对"年初余额"栏中的有关项目金额进行相应调整。在资产负债表中，"资产总计"项目期末（年初）余额应当与"负债和净资产总计"项目期末（年初）余额相等。

在资产负债表中，"期末余额"栏各项目的内容和填列方法如下。

1. 资产类项目

（1）"货币资金"项目，反映单位期末库存现金、银行存款、零余额账户用款额度、其他货币资金的合计数。本项目应当根据"库存现金""银行存款""零余额账户用款额度""其他货币资金"科目期末余额的合计数填列；若单位存在通过"库存现金""银行存款"科目核算的受托代理资产，还应当按照前述合计数扣减"库存现金""银行存款"科目下"受托代理资产"明细科目的期末余额后的金额填列。

（2）"短期投资"项目，反映事业单位期末持有的短期投资账面余额。本项目应当根据"短期投资"科目的期末余额填列。

（3）"财政应返还额度"项目，反映单位期末财政应返还额度的金额。本项目应当根据"财政应返还额度"科目的期末余额填列。

（4）"应收票据"项目，反映事业单位期末持有的应收票据的票面金额。本项目应当根据"应收票据"科目的期末余额填列。

（5）"应收账款净额"项目，反映单位期末尚未收回的应收账款减去已计提的坏账准备后的净额。本项目应当根据"应收账款"科目的期末余额减去"坏账准备"科目中对应收账款计提的坏账准备的期末余额后的金额填列。

（6）"预付账款"项目，反映单位期末预付给商品或者劳务供应单位的款项。本项目应当根据"预付账款"科目的期末余额填列。

（7）"应收股利"项目，反映事业单位期末因股权投资而应收取的现金股利或应当分得的利润。本项目应当根据"应收股利"科目的期末余额填列。

（8）"应收利息"项目，反映事业单位期末因债券投资等而应收取的利息。事业单位购入的到期一次还本付息的长期债券投资持有期间应收的利息不包括在本项目内。本项目应当根据"应收利息"科目的期末余额填列。

（9）"其他应收款净额"项目，反映单位期末尚未收回的其他应收款减去已计提的坏账准备后的净额。本项目应当根据"其他应收款"科目的期末余额减去"坏账准备"科目中对其他应收款计提的坏账准备的期末余额后的金额填列。

（10）"存货"项目，反映单位期末存储的存货的实际成本。本项目应当根据"在途物品""库存物品""加工物品"科目的期末余额的合计数填列。

（11）"待摊费用"项目，反映单位期末已经支出，但应当由本期和以后各期负担的分摊期在 1 年以内（含 1 年）的各项费用。本项目应当根据"待摊费用"科目的期末余额填列。

（12）"一年内到期的非流动资产"项目，反映单位期末非流动资产项目中将在 1 年以内（含 1 年）到期的金额，如事业单位将在 1 年以内（含 1 年）到期的长期债券投资金额。本项目应当根据"长期债券投资"等科目的明细科目的期末余额分析填列。

（13）"其他流动资产"项目，反映单位期末除本表中上述各项之外的其他流动资产的合计金额。本项目应当根据有关科目期末余额的合计数填列。

（14）"流动资产合计"项目，反映单位期末流动资产的合计数。本项目应当根据本表中"货币资金""短期投资""财政应返还额度""应收票据""应收账款净额""预付账款""应收股利""应收利息""其他应收款净额""存货""待摊费用""一年内到期的非流动资产""其他流动资产"项目金额的合计数填列。

（15）"长期股权投资"项目，反映事业单位期末持有的长期股权投资的账面余额。本项目应当根据"长期股权投资"科目的期末余额填列。

（16）"长期债券投资"项目，反映事业单位期末持有的长期债券投资的账面余额。本项目应当根据"长期债券投资"科目的期末余额减去其中将于 1 年以内（含 1 年）到期的长期债券投资余额后的金额填列。

（17）"固定资产原值"项目，反映单位期末固定资产的原值。本项目应当根据"固定资产"科目的期末余额填列。

"固定资产累计折旧"项目，反映单位期末固定资产已计提的累计折旧金额。本项目应当根据"固定资产累计折旧"科目的期末余额填列。

"固定资产净值"项目，反映单位期末固定资产的账面价值。本项目应当根据"固定资产"科目期末余额减去"固定资产累计折旧"科目期末余额后的金额填列。

（18）"工程物资"项目，反映单位期末为在建工程准备的各种物资的实际成本。本项目应当根据"工程物资"科目的期末余额填列。

（19）"在建工程"项目，反映单位期末所有的建设工程项目的实际成本。本项目应当根据"在建工程"科目的期末余额填列。

（20）"无形资产原值"项目，反映单位期末无形资产的原值。本项目应当根据"无形资产"科目的期末余额填列。

"无形资产累计摊销"项目，反映单位期末无形资产已计提的累计摊销金额。本项目应当根据"无形资产累计摊销"科目的期末余额填列。

"无形资产净值"项目，反映单位期末无形资产的账面价值。本项目应当根据"无形资产"科目期末余额减去"无形资产累计摊销"科目期末余额后的金额填列。

（21）"研发支出"项目，反映单位期末正在进行的无形资产开发项目开发阶段发生的累计支出数。本项目应当根据"研发支出"科目的期末余额填列。

（22）"公共基础设施原值"项目，反映单位期末控制的公共基础设施的原值。本项目应当根据"公共基础设施"科目的期末余额填列。

"公共基础设施累计折旧（摊销）"项目，反映单位期末控制的公共基础设施已计提的累计折旧和累计摊销金额。本项目应当根据"公共基础设施累计折旧（摊销）"科目的期末余额填列。

"公共基础设施净值"项目，反映单位期末控制的公共基础设施的账面价值。本项目应当根据"公共基础设施"科目期末余额减去"公共基础设施累计折旧（摊销）"科目期末余额后的金额填列。

（23）"政府储备物资"项目，反映单位期末控制的政府储备物资的实际成本。本项目应当根据"政府储备物资"科目的期末余额填列。

（24）"文物文化资产"项目，反映单位期末控制的文物文化资产的成本。本项目应当根据"文物文化资产"科目的期末余额填列。

（25）"保障性住房原值"项目，反映单位期末控制的保障性住房的原值。本项目应当根据"保障性住房"科目的期末余额填列。

"保障性住房累计折旧"项目，反映单位期末控制的保障性住房已计提的累计折旧金额。本项目应当根据"保障性住房累计折旧"科目的期末余额填列。

"保障性住房净值"项目，反映单位期末控制的保障性住房的账面价值。本项目应当根据"保障性住房"科目期末余额减去"保障性住房累计折旧"科目期末余额后的金额填列。

（26）"长期待摊费用"项目，反映单位期末已经支出，但应由本期和以后各期负担的分摊期限在1年以上的各项费用。本项目应当根据"长期待摊费用"科目的期末余额填列。

（27）"待处理财产损溢"项目，反映单位期末尚未处理完毕的各种资产的净损失或净溢余。本项目应当根据"待处理财产损溢"科目的期末借方余额填列，如"待处理财产损溢"科目期末为贷方余额，以"－"号填列。

（28）"其他非流动资产"项目，反映单位期末除本表中上述各项之外的其他非流动资产的合计数。本项目应当根据有关科目的期末余额合计数填列。

（29）"非流动资产合计"项目，反映单位期末非流动资产的合计数。本项目应当根据本表中"长期股权投资""长期债券投资""固定资产净值""工程物资""在建工程""无形资产净值""研发支出""公共基础设施净值""政府储备物资""文物文化资产""保障性住房净值""长期待摊费用""待处理财产损溢""其他非流动资产"项目金额的合计数填列。

（30）"受托代理资产"项目，反映单位期末受托代理资产的价值。本项目应当根据"受托代理资产"科目的期末余额与"库存现金""银行存款"科目下"受托代理资产"明细科目期末余额的合计数填列。

（31）"资产总计"项目，反映单位期末资产的合计数。本项目应当根据本表中"流动资产合计""非流动资产合计""受托代理资产"项目金额的合计数填列。

2. 负债类项目

（32）"短期借款"项目，反映事业单位期末短期借款的余额。本项目应当根据"短期借款"科目的期末余额填列。

（33）"应交增值税"项目，反映单位期末应缴未缴的增值税税额。本项目应当根据"应交增值税"科目的期末余额填列，如"应交增值税"科目期末为借方余额，以"-"号填列。

（34）"其他应交税费"项目，反映单位期末应缴未缴的除增值税以外的税费金额。本项目应当根据"其他应交税费"科目的期末余额填列，如"其他应交税费"科目期末为借方余额，以"-"号填列。

（35）"应缴财政款"项目，反映单位期末应当上缴财政但尚未缴纳的款项。本项目应当根据"应缴财政款"科目的期末余额填列。

（36）"应付职工薪酬"项目，反映单位期末按有关规定应付给职工及为职工支付的各种薪酬。本项目应当根据"应付职工薪酬"科目的期末余额填列。

（37）"应付票据"项目，反映事业单位期末应付票据的金额。本项目应当根据"应付票据"科目的期末余额填列。

（38）"应付账款"项目，反映单位期末应当支付但尚未支付的偿还期限在1年以内（含1年）的应付账款的金额。本项目应当根据"应付账款"科目的期末余额填列。

（39）"应付政府补贴款"项目，反映负责发放政府补贴的行政单位期末按照规定应当支付给政府补贴接受者的各种政府补贴款余额。本项目应当根据"应付政府补贴款"科目的期末余额填列。

（40）"应付利息"项目，反映事业单位期末按照合同约定应支付的借款利息。事业单位到期一次还本付息的长期借款利息不包括在本项目内。本项目应当根据"应付利息"科目的期末余额填列。

（41）"预收账款"项目，反映事业单位期末预先收取但尚未确认收入和实际结算的款项余额。本项目应当根据"预收账款"科目的期末余额填列。

（42）"其他应付款"项目，反映单位期末其他各项偿还期限在 1 年以内（含 1 年）的应付及暂收款项余额。本项目应当根据"其他应付款"科目的期末余额填列。

（43）"预提费用"项目，反映单位期末已预先提取的已经发生但尚未支付的各项费用。本项目应当根据"预提费用"科目的期末余额填列。

（44）"一年内到期的非流动负债"项目，反映单位期末将于 1 年以内（含 1 年）偿还的非流动负债的余额。本项目应当根据"长期应付款""长期借款"等科目的明细科目的期末余额分析填列。

（45）"其他流动负债"项目，反映单位期末除本表中上述各项之外的其他流动负债的合计数。本项目应当根据有关科目期末余额的合计数填列。

（46）"流动负债合计"项目，反映单位期末流动负债合计数。本项目应当根据本表"短期借款""应交增值税""其他应交税费""应缴财政款""应付职工薪酬""应付票据""应付账款""应付政府补贴款""应付利息""预收账款""其他应付款""预提费用""一年内到期的非流动负债""其他流动负债"项目金额的合计数填列。

（47）"长期借款"项目，反映事业单位期末长期借款的余额。本项目应当根据"长期借款"科目的期末余额减去其中将于 1 年以内（含 1 年）到期的长期借款余额后的金额填列。

（48）"长期应付款"项目，反映单位期末长期应付款的余额。本项目应当根据"长期应付款"科目的期末余额减去其中将于 1 年以内（含 1 年）到期的长期应付款余额后的金额填列。

（49）"预计负债"项目，反映单位期末已确认但尚未偿付的预计负债的余额。本项目应当根据"预计负债"科目的期末余额填列。

（50）"其他非流动负债"项目，反映单位期末除本表中上述各项之外的其他非流动负债的合计数。本项目应当根据有关科目的期末余额合计数填列。

（51）"非流动负债合计"项目，反映单位期末非流动负债合计数。本项目应当根据本表中"长期借款""长期应付款""预计负债""其他非流动负债"项目金额的合计数填列。

（52）"受托代理负债"项目，反映单位期末受托代理负债的金额。本项目应当根据"受托代理负债"科目的期末余额填列。

（53）"负债合计"项目，反映单位期末负债的合计数。本项目应当根据本表中"流动负债合计""非流动负债合计""受托代理负债"项目金额的合计数填列。

3. 净资产类项目

（54）"累计盈余"项目，反映单位期末未分配盈余（或未弥补亏损）以及无偿调拨净资产变动的累计数。本项目应当根据"累计盈余"科目的期末余额填列。

（55）"专用基金"项目，反映事业单位期末累计提取或设置但尚未使用的专用基金余额。本项目应当根据"专用基金"科目的期末余额填列。

（56）"权益法调整"项目，反映事业单位期末在被投资单位除净损益和利润分配以外的所有者权益变动中累计享有的份额。本项目应当根据"权益法调整"科目的期末余额填列，如"权益法调整"科目期末为借方余额，以"－"号填列。

（57）"无偿调拨净资产"项目，反映单位本年度截至报告期期末无偿调入的非现金资产价值扣减无偿调出的非现金资产价值后的净值。本项目仅在月度报表中列示，年度报表中不列示。月度报表中本项目应当根据"无偿调拨净资产"科目的期末余额填列，如"无偿调拨净资产"科目期末为借方余额时，以"－"号填列。

（58）"本期盈余"项目，反映单位本年度截至报告期期末实现的累计盈余或亏损。本项目仅在月度报表中列示，年度报表中不列示。月度报表中本项目应当根据"本期盈余"科目的期末余额填列，如"本期盈余"科目期末为借方余额时，以"－"号填列。

（59）"净资产合计"项目，反映单位期末净资产合计数。本项目应当根据本表中"累计盈余""专用基金""权益法调整""无偿调拨净资产［月度报表］""本期盈余［月度报表］"项目金额的合计数填列。

（60）"负债和净资产总计"项目，应当按照本表中"负债合计""净资产合计"项目金额的合计数填列。

故在资产负债表中，"期末余额"栏各项目的填列方法可总结如下。

（1）根据有关会计科目的期末余额直接填列。例如，在资产项目中，"短期投资""财政应返还额度""应收票据""预付账款""应收股利""应收利息""待摊费用""长期股权投资""固定资产原值""固定资产累计折旧""工程物资""在建工程""无形资产原值""无形资产累计摊销""研发支出""公共基础设施原值""公共基础设施累计折旧（摊销）""政府储备物资""文物文化资产""保障性住房原值""保障性住房累计折旧""待处理财产损溢"等项目，应当根据相应的会计科目期末余额填列。其中，"固定资产原值""无形资产原值""公共基础设施原值""保障性住房原值"项目，应当根据"固定资产""无形资产""公共基础设施""保障性住房"科目的期末余额填列。

再如，在负债和净资产项目中，"短期借款""应交增值税""其他应交税费""应缴财政款""应付职工薪酬""应付票据""应付账款""应付政府补贴款""应付利息""预收账款""其他应付款""预提费用""预计负债""受托代理负债""累计盈余""专用基金""权益法调整""无偿调拨净资产""本期盈余"等项目，应当根据相应的会计科目期末余额填列。

（2）根据有关会计科目的期末余额计算填列。例如，"货币资金"项目应当根据"库存现金""银行存款""零余额账户用款额度""其他货币资金"科目的期末余额的合计数填列；若单位存在通过"库存现金""银行存款"科目核算的受托代理资产，还应当按照前述合计数扣减"库存现金""银行存款"科目下"受托代理资产"明细科目的期末余额后的金额填列。"应收账款净额"项目应当根据"应收账款"科目的期末余额减去"坏账准备"科目中对应收账款计提的坏账准备的期末余额后的金额填列。"其他应收款净额"项目应当根据"其他应收款"科目的期末余额减去"坏账准备"科目中对其他应收款计提的坏账准备的期末余额后的金额填列。"存货"项目应当根据"在途物品""库存物品""加工物品"科目的期末余额的合计数填列。

再如，"固定资产净值"项目应当根据"固定资产"科目期末余额减去"固定资产累计折旧"科目期末余额后的金额填列。"无形资产净值"项目应当根据"无形资产"科目期末余额减去"无形资产累计摊销"科目期末余额后的金额填列。"公共基础设施净值"项目应当根据"公共基础设施"科目期末余额减去"公共基础设施累计折旧（摊销）"科目期末余额后的金额填列。"保障性住房净值"项目应当根据"保障性住房"科目期末余额减去"保障性住房累计折旧"科目期末余额后的金额填列。"受托代理资产"项目应当根据"受托代理资产"科目的期末余额与"库存现金""银行存款"科目下"受托代理资产"明细科目的期末余额的合计数填列。

（3）根据有关会计科目的期末余额分析填列。例如，"一年内到期的非流动资产"项目应当根据"长期债券投资"等科目的明细科目的期末余额分析填列。"长期债券投资"项目应当根据"长期债券投资"科目的期末余额减去其中将于1年以内（含1年）到期的长期债券投资余额后的金额填列。"长期待摊费用"项目应当根据"长期待摊费用"科目的期末余额填列。

再如，"一年内到期的非流动负债"项目应当根据"长期应付款""长期借款"等科目的明细科目的期末余额分析填列。"长期借款"项目应当根据"长期借款"科目的期末余额减去其中将于1年以内（含1年）到期的长期借款余额后的金额填列。"长期应付款"项目应当根据"长期应付款"科目的期末余额减去其中将于1年以内（含1年）到期的长期应付款余额后的金额填列。

二　收入费用表

政府会计目标是指政府会计最终期望达到的结果，它主要涉及政府会计信息使用者及其信息需求、政府应当提供哪些信息以满足信息使用者的需求等方面的问题。对此，我国在政府会计中采用了"双目标"，包括决算报告目标和财务报告目标。

（一）收入费用表的概念和作用

收入费用表是反映政府会计主体在一定会计期间运行情况的报表，反映单位在某一会计期间内发生的收入、费用及当期盈余情况。

收入费用表可以提供某会计期间内单位收入和费用的总额及其构成情况、盈余及其分配情况，有助于财政部门、主管部门、单位管理者及其他会计信息使用者分析了解单位运行情况和业务活动成果，并做出相关决策和评价。

（二）收入费用表的格式

收入费用表按照本期收入、本期费用及本期盈余分别列示，按照收入、费用构成项目分层次排列，月报分栏反映各组成项目的"本月数"和"本年累计数"，年报分栏反映各组成项目的"本年数"和"上年数"。表中数据平衡计算公式为：本期收入－本期费用＝本期盈余。收入费用表的格式见表8-3。

表 8-3　收入费用表

会政财 02 表

编制单位：_____ ____年____月　　　　　　　　　　　单位：元

项目	本月数	本年累计数
一、本期收入		
（一）财政拨款收入		
其中：政府性基金收入		
（二）事业收入		
（三）上级补助收入		
（四）附属单位上缴收入		
（五）经营收入		
（六）非同级财政拨款收入		
（七）投资收益		
（八）捐赠收入		
（九）利息收入		
（十）租金收入		
（十一）其他收入		

项目	本月数	本年累计数
二、本期费用		
（一）业务活动费用		
（二）单位管理费用		
（三）经营费用		
（四）资产处置费用		
（五）上缴上级费用		
（六）对附属单位补助费用		
（七）所得税费用		
（八）其他费用		
三、本期盈余		

（三）收入费用表的编制方法

收入费用表中"本月数"栏反映各项目的本月实际发生数。编制年度收入费用表时，应当将本栏改为"本年数"，反映本年度各项目的实际发生数。收入费用表中"本年累计数"栏反映各项目自年初至报告期期末的累计实际发生数。编制年度收入费用表时，应当将本栏改为"上年数"，反映上年度各项目的实际发生数，"上年数"栏应当根据上年年度收入费用表中"本年数"栏内所列数字填列。

如果本年度收入费用表规定的项目的名称和内容同上年度不一致，应当对上年度收入费用表项目的名称和数字按照本年度的规定进行调整，将调整后的金额填入本年度收入费用表的"上年数"栏内。如果本年度单位发生了因前期差错更正、会计政策变更等调整以前年度盈余的事项，还应当对年度收入费用表中"上年数"栏中的有关项目金额进行相应调整。

在收入费用表中，"本月数"栏各项目的内容和填列方法如下。

1. 本期收入

（1）"本期收入"项目，反映单位本期收入总额。本项目应当根据本表中"财政拨款收入""事业收入""上级补助收入""附属单位上缴收入""经营收入""非同级财政拨款收入""投资收益""捐赠收入""利息收入""租金收入""其他收入"项目金额的合计数填列。

（2）"财政拨款收入"项目，反映单位本期从同级政府财政部门取得的各类财政拨款。本项目应当根据"财政拨款收入"科目的本期发生额填列。

"政府性基金收入"项目，反映单位本期取得的财政拨款收入中属于政府性基金预算拨款的金额。本项目应当根据"财政拨款收入"相关明细科目的本期发生额填列。

（3）"事业收入"项目，反映事业单位本期开展专业业务活动及其辅助活动实现的收入。本项目应当根据"事业收入"科目的本期发生额填列。

（4）"上级补助收入"项目，反映事业单位本期从主管部门和上级单位收到或应收的非财政拨款收入。本项目应当根据"上级补助收入"科目的本期发生额填列。

（5）"附属单位上缴收入"项目，反映事业单位本期收到或应收的独立核算的附属单位按照有关规定上缴的收入。本项目应当根据"附属单位上缴收入"科目的本期发生额填列。

（6）"经营收入"项目，反映事业单位本期在专业业务活动及其辅助活动之外开展非独立核算经营活动实现的收入。本项目应当根据"经营收入"科目的本期发生额填列。

（7）"非同级财政拨款收入"项目，反映单位本期从非同级政府财政部门取得的财政拨款，不包括事业单位因开展科研及其辅助活动从非同级财政部门取得的经费拨款。本项目应当根据"非同级财政拨款收入"科目的本期发生额填列。

（8）"投资收益"项目，反映事业单位本期股权投资和债券投资所实现的收益或发生的损失。本项目应当根据"投资收益"科目的本期发生额填列，如为投资净损失，以"－"号填列。

（9）"捐赠收入"项目，反映单位本期接受捐赠取得的收入。本项目应当根据"捐赠收入"科目的本期发生额填列。

（10）"利息收入"项目，反映单位本期取得的银行存款利息收入。本项目应当根据"利息收入"科目的本期发生额填列。

（11）"租金收入"项目，反映单位本期经批准利用国有资产出租取得并按规定纳入本单位预算管理的租金收入。本项目应当根据"租金收入"科目的本期发生额填列。

（12）"其他收入"项目，反映单位本期取得的除以上收入项目外的其他收入的总额。本项目应当根据"其他收入"科目的本期发生额填列。

2. 本期费用

（13）"本期费用"项目，反映单位本期费用总额。本项目应当根据本表中"业务活动费用""单位管理费用""经营费用""资产处置费用""上缴上级费用""对附属单位补助费用""所得税费用""其他费用"项目金额的合计数填列。

（14）"业务活动费用"项目，反映单位本期为实现其职能目标，依法履职或开展专业业务活动及其辅助活动所发生的各项费用。本项目应当根据"业务活动费用"科目的本期发生额填列。

（15）"单位管理费用"项目，反映事业单位本期本级行政及后勤管理部门开展管理活动发生的各项费用，以及由单位统一负担的离退休人员经费、工会经费、诉讼费、中介费等。本项目应当根据"单位管理费用"科目的本期发生额填列。

（16）"经营费用"项目，反映事业单位本期在专业业务活动及其辅助活动之外开展非独立核算经营活动发生的各项费用。本项目应当根据"经营费用"科目的本期发生额填列。

（17）"资产处置费用"项目，反映单位本期经批准处置资产时转销的资产价值以及在处置过程中发生的相关费用或者处置收入小于处置费用形成的净支出。本项目应当根据"资产处置费用"科目的本期发生额填列。

（18）"上缴上级费用"项目，反映事业单位按照规定上缴上级单位款项发生的费用。本项目应当根据"上缴上级费用"科目的本期发生额填列。

（19）"对附属单位补助费用"项目，反映事业单位用财政拨款收入之外的收入对附属单位补助发生的费用。本项目应当根据"对附属单位补助费用"科目的本期发生额填列。

（20）"所得税费用"项目，反映有企业所得税缴纳义务的事业单位本期计算应交纳的企业所得税。本项目应当根据"所得税费用"科目的本期发生额填列。

（21）"其他费用"项目，反映单位本期发生的除以上费用项目外的其他费用的总额。本项目应当根据"其他费用"科目的本期发生额填列。

3. 本期盈余

（22）"本期盈余"项目，反映单位本期收入扣除本期费用后的净额。本项目应当根据本表中"本期收入"项目金额减去"本期费用"项目金额后的金额填列，如为负数，以"－"号填列。

三　净资产变动表

（一）净资产变动表的概念和作用

净资产变动表是反映单位在某一会计期间净资产项目变动情况的报表。按照规定，行政事业单位的净资产变动表应当按年度编制。

净资产变动表可以提供某一会计期间内单位净资产总额及其构成项目的变动情况，有助于财政部门、主管部门、单位管理者及其他会计信息使用者分析了解单位净资产变动的具体构成和原因。

（二）净资产变动表的格式

净资产变动表按照净资产的累计盈余、专用基金、权益法调整等各组成部分的本年数和上年数分栏列示，同时按照净资产的变动情况和变动原因分项列示，如上年年末余额、以前年度盈余调整、本年年初余额、本年变动金额等，并对本年变动金额按构成项目分层次排列，变动情况构成及原因与净资产的组成部分形成清晰对应。

表中数据平衡计算公式为：上年年末余额＋以前年度盈余调整＝本年年初余额；本年年初余额＋本年变动金额＝本年年末余额。净资产变动表的格式见表8-4。

表 8-4　净资产变动表

会政财 03 表

编制单位：_____　　　　_____年　　　　单位：元

项目	本年数				上年数			
	累计盈余	专用基金	权益法调整	净资产合计	累计盈余	专用基金	权益法调整	净资产合计
一、上年年末余额								
二、以前年度盈余调整（减少以"-"号填列）	—	—			—	—		
三、本年年初余额								
四、本年变动金额（减少以"-"号填列）								
（一）本年盈余					—	—		
（二）无偿调拨净资产					—	—		
（三）归集调整预算结转结余					—	—		
（四）提取或设置专用基金		—				—		
其中：从预算收入中提取	—				—			
从预算结余中提取								
设置的专用基金	—				—			
（五）使用专用基金								
（六）权益法调整	—	—			—	—		
五、本年年末余额								

注："—"标识单元格不需填列。

（三）净资产变动表的编制方法

在净资产变动表中，"本年数"栏各项目的填列方法如下。

（1）"上年年末余额"行，应当根据"累计盈余""专用基金""权益法调整"科目上年年末余额填列。

（2）"以前年度盈余调整"行，"累计盈余"项目应当根据本年度"以前年度盈余调整"科目转入"累计盈余"科目的金额填列。

（3）"本年年初余额"行，应当根据其各自在"上年年末余额"和"以前年度盈余调整"行对应项目金额的合计数填列。

（4）"本年变动金额"行，应当根据其各自在"本年盈余""无偿调拨净资产""归集调整预算结转结余""提取或设置专用基金""使用专用基金""权益法调整"行对应项目金额的合计数填列。

（5）"本年盈余"行，"累计盈余"项目应当根据年末由"本期盈余"科目转入"本年盈余分配"科目的金额填列。

（6）"无偿调拨净资产"行，"累计盈余"项目应当根据年末由"无偿调拨净资产"科目转入"累计盈余"科目的金额填列。

（7）"归集调整预算结转结余"行，"累计盈余"项目应当根据"累计盈余"科目明细记录分析填列。

（8）"提取或设置专用基金"行，"累计盈余"项目应当根据"从预算结余中提取"行"累计盈余"项目的金额填列，"专用基金"项目应当根据"从预算收入中提取""从预算结余中提取""设置的专用基金"行"专用基金"项目金额的合计数填列。"从预算收入中提取""从预算结余中提取""设置的专用基金"行，应当通过对"专用基金"科目明细账记录的分析，根据相应内容的金额填列。

（9）"使用专用基金"行，"累计盈余""专用基金"项目应当通过对"专用基金"科目明细账记录的分析，根据本年按规定使用专用基金的金额填列。

（10）"权益法调整"行，"权益法调整"项目应当根据"权益法调整"科目本年发生额填列。

（11）"本年年末余额"行，"累计盈余""专用基金""权益法调整"项目应当根据其各自在"本年年初余额""本年变动金额"行对应项目金额的合计数填列。

四 现金流量表

（一）现金流量表的概念和作用

现金流量表是反映单位在一定会计期间现金流入和流出信息的报表。按照规定，现金流量表为按年度编制的报表，行政事业单位可根据实际情况自行选择编制现金流量表。

现金流量表可以提供某一会计期间内单位日常活动、投资和筹资活动的现金构成及其流入、流出变动信息，有助于财政部门、主管部门、单位管理者及其他会计信息使用者分析了解单位现金流量情况，与单位财务状况和业务运行状况结合做出相关决策和评价。

（二）现金流量表的格式

行政事业单位现金流量表应当分别反映日常活动产生的现金流量、投资活动产生的现金流量和筹资活动产生的现金流量，反映现金流入和现金流出的信息，采用的计算公式为：现金流入−现金流出＝现金流量净额。行政事业单位现金流量表的格式见表8-5。

表8-5 现金流量表

会政财04表

编制单位：＿＿＿＿＿　　　　　＿＿＿＿＿年　　　　　　　　单位：元

项目	本年金额	上年金额
一、日常活动产生的现金流量		
财政基本支出拨款收到的现金		
财政非资本性项目拨款收到的现金		
事业活动收到的除财政拨款以外的现金		
收到的其他与日常活动有关的现金		
日常活动的现金流入小计		
购买商品、接受劳务支付的现金		
支付给职工以及为职工支付的现金		
支付的各项税费		
支付的其他与日常活动有关的现金		
日常活动的现金流出小计		
日常活动产生的现金流量净额		
二、投资活动产生的现金流量		
收回投资收到的现金		
取得投资收益收到的现金		
处置固定资产、无形资产、公共基础设施等收回的现金净额		
收到的其他与投资活动有关的现金		
投资活动的现金流入小计		

续表

项目	本年金额	上年金额
购建固定资产、无形资产、公共基础设施等支付的现金		
对外投资支付的现金		
上缴处置固定资产、无形资产、公共基础设施等净收入支付的现金		
支付的其他与投资活动有关的现金		
投资活动的现金流出小计		
投资活动产生的现金流量净额		
三、筹资活动产生的现金流量		
财政资本性项目拨款收到的现金		
取得借款收到的现金		
收到的其他与筹资活动有关的现金		
筹资活动的现金流入小计		
偿还借款支付的现金		
偿还利息支付的现金		
支付的其他与筹资活动有关的现金		
筹资活动的现金流出小计		
筹资活动产生的现金流量净额		
四、汇率变动对现金的影响额		
五、现金净增加额		

（三）现金流量表的编制方法

现金流量表所指的现金，是指行政事业单位的库存现金以及其他可以随时用于支付的款项，包括库存现金、可以随时用于支付的银行存款、其他货币资金、零余额账户用款额度、财政应返还额度，以及通过财政直接支付方式支付的款项。现金流量表应当按照日常活动、投资活动、筹资活动的现金流量分别反映。现金流量表所指的现金流量，是指现金的流入和流出。

现金流量表中"本年金额"栏反映各项目的本年实际发生数。现金流量表中"上年金额"栏反映各项目的上年实际发生数，应当根据上年现金流量表中"本年金额"栏所列数字填列。行政事业单位应当采用直接法编制现金流量表。

在现金流量表中，"本年金额"栏各项目的内容和填列方法如下。

1. 日常活动产生的现金流量

（1）"财政基本支出拨款收到的现金"项目，反映单位本年接受财政基本支出拨款取得的现金。本项目应当根据"零余额账户用款额度""财政拨款收入""银行存款"等科目及其所属明细科目的记录分析填列。

（2）"财政非资本性项目拨款收到的现金"项目，反映单位本年接受除用于购建固定资产、无形资产、公共基础设施等资本性项目以外的财政项目拨款取得的现金。本项目应当根据"银行存款""零余额账户用款额度""财政拨款收入"等科目及其所属明细科目的记录分析填列。

（3）"事业活动收到的除财政拨款以外的现金"项目，反映事业单位本年开展专业业务活动及其辅助活动取得的除财政拨款以外的现金。本项目应当根据"库存现金""银行存款""其他货币资金""应收账款""应收票据""预收账款""事业收入"等科目及其所属明细科目的记录分析填列。

（4）"收到的其他与日常活动有关的现金"项目，反映单位本年收到的除以上项目之外的与日常活动有关的现金。本项目应当根据"库存现金""银行存款""其他货币资金""上级补助收入""附属单位上缴收入""经营收入""非同级财政拨款收入""捐赠收入""利息收入""租金收入""其他收入"等科目及其所属明细科目的记录分析填列。

（5）"日常活动的现金流入小计"项目，反映单位本年日常活动产生的现金流入的合计数。本项目应当根据本表中"财政基本支出拨款收到的现金""财政非资本性项目拨款收到的现金""事业活动收到的除财政拨款以外的现金""收到的其他与日常活动有关的现金"项目金额的合计数填列。

（6）"购买商品、接受劳务支付的现金"项目，反映单位本年在日常活动中用于购买商品、接受劳务支付的现金。本项目应当根据"库存现金""银行存款""财政拨款收入""零余额账户用款额度""预付账款""在途物品""库存物品""应付账款""应付票据""业务活动费用""单位管理费用""经营费用"等科目及其所属明细科目的记录分析填列。

（7）"支付给职工以及为职工支付的现金"项目，反映单位本年支付给职工以及为职工支付的现金。本项目应当根据"库存现金""银行存款""零余额账户用款额度""财政拨款收入""应付职工薪酬""业务活动费用""单位管理费用""经营费用"等科目及其所属明细科目的记录分析填列。

（8）"支付的各项税费"项目，反映单位本年用于缴纳日常活动相关税费而支付的现金。本项目应当根据"库存现金""银行存款""零余额账户用款额度""应交增值税""其他应交税费""业务活动费用""单位管理费用""经营费用""所得税费用"等科目及其所属明细科目的记录分析填列。

（9）"支付的其他与日常活动有关的现金"项目，反映单位本年支付的除上述项目之外与日常活动有关的现金。本项目应当根据"库存现金""银行存款""零余额账户用款额度""财政拨款收入""其他应付款""业务活动费用""单位管理费用""经营费用""其他费用"等科目及其所属明细科目的记录分析填列。

（10）"日常活动的现金流出小计"项目，反映单位本年日常活动产生的现金流出的合计数。本项目应当根据本表中"购买商品、接受劳务支付的现金""支付给职工以及为职工支付的现金""支付的各项税费""支付的其他与日常活动有关的现金"项目金额的合计数填列。

（11）"日常活动产生的现金流量净额"项目，应当按照本表中"日常活动的现金流入小计"项目金额减去"日常活动的现金流出小计"项目金额后的金额填列，如为负数，以"-"号填列。

2. 投资活动产生的现金流量

（12）"收回投资收到的现金"项目，反映单位本年出售、转让或者收回投资收到的现金。本项目应该根据"库存现金""银行存款""短期投资""长期股权投资""长期债券投资"等科目的记录分析填列。

（13）"取得投资收益收到的现金"项目，反映单位本年因对外投资而收到被投资单位分配的股利或利润，以及收到投资利息而取得的现金。本项目应当根据"库存现金""银行存款""应收股利""应收利息""投资收益"等科目的记录分析填列。

（14）"处置固定资产、无形资产、公共基础设施等收回的现金净额"项目，反映单位本年处置固定资产、无形资产、公共基础设施等非流动资产所取得的现金，减去为处置这些资产而支付的有关费用之后的净额。由于自然灾害所造成的固定资产等长期资产损失而收到的保险赔偿收入，也在本项目反映。本项目应当根据"库存现金""银行存款""待处理财产损溢"等科目的记录分析填列。

（15）"收到的其他与投资活动有关的现金"项目，反映单位本年收到的除上述项目之外与投资活动有关的现金。对于金额较大的现金流入，应当单列项目反映。本项目应当根据"库存现金""银行存款"等有关科目的记录分析填列。

（16）"投资活动的现金流入小计"项目，反映单位本年投资活动产生的现金流入的合计数。本项目应当根据本表中"收回投资收到的现金""取得投资收益收到的现金""处置固定资产、无形资产、公共基础设施等收回的现金净额""收到的其他与投资活动有关的现金"项目金额的合计数填列。

（17）"购建固定资产、无形资产、公共基础设施等支付的现金"项目，反映单位本年购买和建造固定资产、无形资产、公共基础设施等非流动资产所支付的现金；融资租入固定资产支付的租赁费不在本项目反映，在筹资活动的现金流量中反映。本项目应当根据"库存现金""银行存款""固定资产""工程物资""在建工程""无形资产""研发支出""公共基础设施""保障性住房"等科目的记录分析填列。

（18）"对外投资支付的现金"项目，反映单位本年为取得短期投资、长期股权投资、长期债券投资而支付的现金。本项目应当根据"库存现金""银行存款""短期投资""长期股权投资""长期债券投资"等科目的记录分析填列。

（19）"上缴处置固定资产、无形资产、公共基础设施等净收入支付的现金"项目，反映单位本年将处置固定资产、无形资产、公共基础设施等非流动资产所收回的现金净额予以上缴财政所支付的现金。本项目应当根据"库存现金""银行存款""应缴财政款"等科目的记录分析填列。

（20）"支付的其他与投资活动有关的现金"项目，反映单位本年支付的除上述项目之外与投资活动有关的现金。对于金额较大的现金流出，应当单列项目反映。本项目应当根据"库存现金""银行存款"等有关科目的记录分析填列。

（21）"投资活动的现金流出小计"项目，反映单位本年投资活动产生的现金流出的合计数。本项目应当根据本表中"购建固定资产、无形资产、公共基础设施等支付的现金""对外投资支付的现金""上缴处置固定资产、无形资产、公共基础设施等净收入支付的现金""支付的其他与投资活动有关的现金"项目金额的合计数填列。

（22）"投资活动产生的现金流量净额"项目，应当按照本表中"投资活动的现金流入小计"项目金额减去"投资活动的现金流出小计"项目金额后的金额填列，如为负数，以"－"号填列。

3. 筹资活动产生的现金流量

（23）"财政资本性项目拨款收到的现金"项目，反映单位本年接受用于购建固定资产、无形资产、公共基础设施等资本性项目的财政项目拨款取得的现金。本项目应当根据"银行存款""零余额账户用款额度""财政拨款收入"等科目及其所属明细科目的记录分析填列。

（24）"取得借款收到的现金"项目，反映事业单位本年举借短期、长期借款所收到的现金。本项目应当根据"库存现金""银行存款""短期借款""长期借款"等科目的记录分析填列。

（25）"收到的其他与筹资活动有关的现金"项目，反映单位本年收到的除上述项目之外与筹资活动有关的现金。对于金额较大的现金流入，应当单列项目反映。本项目应当根据"库存现金""银行存款"等有关科目的记录分析填列。

（26）"筹资活动的现金流入小计"项目，反映单位本年筹资活动产生的现金流入的合计数。本项目应当根据本表中"财政资本性项目拨款收到的现金""取得借款收到的现金""收到的其他与筹资活动有关的现金"

项目金额的合计数填列。

（27）"偿还借款支付的现金"项目，反映事业单位本年偿还借款本金所支付的现金。本项目应当根据"库存现金""银行存款""短期借款""长期借款"等科目的记录分析填列。

（28）"偿还利息支付的现金"项目，反映事业单位本年支付的借款利息等。本项目应当根据"库存现金""银行存款""应付利息""长期借款"等科目的记录分析填列。

（29）"支付的其他与筹资活动有关的现金"项目，反映单位本年支付的除上述项目之外与筹资活动有关的现金，如融资租入固定资产所支付的租赁费。本项目应当根据"库存现金""银行存款""长期应付款"等科目的记录分析填列。

（30）"筹资活动的现金流出小计"项目，反映单位本年筹资活动产生的现金流出的合计数。本项目应当根据本表中"偿还借款支付的现金""偿还利息支付的现金""支付的其他与筹资活动有关的现金"项目金额的合计数填列。

（31）"筹资活动产生的现金流量净额"项目，应当按照本表中"筹资活动的现金流入小计"项目金额减去"筹资活动的现金流出小计"金额后的金额填列，如为负数，以"–"号填列。

4. 汇率变动对现金的影响额

"汇率变动对现金的影响额"项目，反映单位本年外币现金流量折算为人民币时，所采用的现金流量发生日的汇率折算的人民币金额与外币现金流量净额按期末汇率折算的人民币金额之间的差额。

5. 现金净增加额

"现金净增加额"项目，反映单位本年现金变动的净额。本项目应当根据本表中"日常活动产生的现金流量净额""投资活动产生的现金流量净额""筹资活动产生的现金流量净额""汇率变动对现金的影响额"项目金额的合计数填列，如为负数，以"–"号填列。

五　财务会计报表附注

财务会计报表附注是对在会计报表中列示的项目所做的进一步说明，

以及对未能在会计报表中列示项目的说明。财务会计报表附注是财务会计报表的重要组成部分。凡对报表使用者的决策有重要影响的会计信息，行政事业单位均应当在财务会计报表附注中进行充分披露。根据现行政府会计制度的规定，财务会计报表附注主要包括单位的基本情况，会计报表编制基础，遵循政府会计准则、制度的声明，重要会计政策和会计估计，会计报表重要项目说明，本年盈余与预算结余的差异情况说明，其他重要事项说明等内容。

以本年盈余与预算结余的差异情况说明为例，为了反映单位财务会计和预算会计因核算基础和核算范围不同所产生的本年盈余数与本年预算结余数之间的差异，单位应当按照重要性原则，对本年度发生的各类影响收入（预算收入）和费用（预算支出）的业务进行适度归并和分析，披露将年度预算收入支出表中"本年预算收支差额"调节为年度收入费用表中"本期盈余"的信息，有关披露格式见表 8-6。

<h3 style="text-align:center">表 8-6　本年预算收支差额和本期盈余调节表</h3>

编制单位：＿＿＿＿＿＿　　　　　　　＿＿＿＿＿年　　　　　　　　　单位：元

项目	金额
一、本年预算结余（本年预算收支差额）	
二、差异调节	—
（一）重要事项的差异	
加：1. 当期确认为收入但没有确认为预算收入	
（1）应收款项、预收账款确认的收入	
（2）接受非货币性资产捐赠确认的收入	
2. 当期确认为预算支出但没有确认为费用	
（1）应付款项、预付账款确认的支出	
（2）为取得存货、政府储备物资等计入物资成本的支出	
（3）为购建固定资产等的资本性支出	
（4）偿还借款本息支出	
减：1. 当期确认为预算收入但没有确认为收入	
（1）收到应收款项、预收账款确认的预算收入	
（2）取得借款确认的预算收入	

续表

项目	金额
2. 当期确认为费用但没有确认为预算支出	
（1）发出存货、政府储备物资等确认的费用	
（2）计提的折旧费用和摊销费用	
（3）确认的资产处置费用（处置资产价值）	
（4）应付款项、预付账款确认的费用	
（二）其他事项的差异	
三、本年盈余（本年收入与费用的差额）	

注："—"标识单元格不需填列。

第二节　预算会计报告

按照《政府会计制度》规定，行政事业单位应当以收付实现制为基础，以单位预算会计核算生成的数据为准编制预算会计报表。政府预算会计报表指行政事业单位编制的预算会计报表，包括预算收入支出表、预算结转结余变动表和财政拨款预算收入支出表。本节对预算会计报表的概念和作用、格式、编制方法进行说明。

一　预算收入支出表

（一）预算收入支出表的概念和作用

预算收入支出表是反映行政事业单位预算收支情况的报表，反映单位在某一会计年度内各项预算收入、预算支出和预算收支差额的情况。

预算收入支出表用于提供某一会计年度内预算收入总额、支出总额及其构成情况的信息，如某单位年度内财政拨款预算收入、事业预算收入、事业支出、其他支出等信息，同时通过计算预算收入总额减去预算支出总额，提供某一会计年度内预算收支差额的信息。通过分析单位各类收入、支出和收支差额信息，便于单位管理者和主管部门及财政部门了解单位预算执行情况和安排下一年度预算收支计划。

（二）预算收入支出表的格式

预算收入支出表按照本年预算收入、本年预算支出的构成和本年预算收支差额情况分项列示，并按本年数和上年数分栏列示。表中数据信息计算公式为：本年预算收入-本年预算支出=本年预算收支差额。预算收入支出表的格式见表8-7。

表8-7　预算收入支出表

会政预 01 表

编制单位：_____　　　　　_____年　　　　　　　　　单位：元

项目	本年数	上年数
一、本年预算收入		
（一）财政拨款预算收入		
其中：政府性基金收入		
（二）事业预算收入		
（三）上级补助预算收入		
（四）附属单位上缴预算收入		
（五）经营预算收入		
（六）债务预算收入		
（七）非同级财政拨款预算收入		
（八）投资预算收益		
（九）其他预算收入		
其中：利息预算收入		
捐赠预算收入		
租金预算收入		
二、本年预算支出		
（一）行政支出		
（二）事业支出		
（三）经营支出		
（四）上缴上级支出		
（五）对附属单位补助支出		
（六）投资支出		
（七）债务还本支出		

项目	本年数	上年数
（八）其他支出		
其中：利息支出		
捐赠支出		
三、本年预算收支差额		

（三）预算收入支出表的编制方法

预算收入支出表中"本年数"栏反映各项目的本年实际发生数。预算收入支出表中"上年数"栏反映各项目上年度的实际发生数，应当根据上年度预算收入支出表中"本年数"栏内所列数字填列。如果本年度预算收入支出表规定的项目的名称和内容同上年度不一致，应当对上年度预算收入支出表项目的名称和数字按照本年度的规定进行调整，将调整后金额填入本年度预算收入支出表的"上年数"栏。

在预算收入支出表中，"本年数"栏各项目的内容和填列方法如下。

1. 本年预算收入

（1）"本年预算收入"项目，反映单位本年预算收入总额。本项目应当根据本表中"财政拨款预算收入""事业预算收入""上级补助预算收入""附属单位上缴预算收入""经营预算收入""债务预算收入""非同级财政拨款预算收入""投资预算收益""其他预算收入"项目金额的合计数填列。

（2）"财政拨款预算收入"项目，反映单位本年从同级政府财政部门取得的各类财政拨款。本项目应当根据"财政拨款预算收入"科目的本年发生额填列。

"政府性基金收入"项目，反映单位本年取得的财政拨款收入中属于政府性基金预算拨款的金额。本项目应当根据"财政拨款预算收入"相关明细科目的本年发生额填列。

（3）"事业预算收入"项目，反映事业单位本年开展专业业务活动及其辅助活动取得的预算收入。本项目应当根据"事业预算收入"科目的本年发生额填列。

（4）"上级补助预算收入"项目，反映事业单位本年从主管部门和上级单位取得的非财政补助预算收入。本项目应当根据"上级补助预算收入"科目的本年发生额填列。

（5）"附属单位上缴预算收入"项目，反映事业单位本年收到的独立核算的附属单位按照有关规定上缴的预算收入。本项目应当根据"附属单位上缴预算收入"科目的本年发生额填列。

（6）"经营预算收入"项目，反映事业单位本年在专业业务活动及其辅助活动之外开展非独立核算经营活动取得的预算收入。本项目应当根据"经营预算收入"科目的本年发生额填列。

（7）"债务预算收入"项目，反映事业单位本年按照规定从金融机构等借入的纳入部门预算管理的债务预算收入。本项目应当根据"债务预算收入"科目的本年发生额填列。

（8）"非同级财政拨款预算收入"项目，反映单位本年从非同级政府财政部门取得的财政拨款。本项目应当根据"非同级财政拨款预算收入"科目的本年发生额填列。

（9）"投资预算收益"项目，反映事业单位本年取得的按规定纳入单位预算管理的投资收益。本项目应当根据"投资预算收益"科目的本年发生额填列。

（10）"其他预算收入"项目，反映单位本年取得的除上述收入以外的纳入单位预算管理的各项预算收入。本项目应当根据"其他预算收入"科目的本年发生额填列。

"利息预算收入"项目，反映单位本年取得的利息预算收入。本项目应当根据"其他预算收入"科目的明细账记录分析填列。单位单设"利息预算收入"科目的，应当根据"利息预算收入"科目的本年发生额填列。

"捐赠预算收入"项目，反映单位本年取得的捐赠预算收入。本项目应当根据"其他预算收入"科目的明细账记录分析填列。单位单设"捐赠预算收入"科目的，应当根据"捐赠预算收入"科目的本年发生额填列。

"租金预算收入"项目，反映单位本年取得的租金预算收入。本项目应当根据"其他预算收入"科目的明细账记录分析填列。单位单设"租金预算收入"科目的,应当根据"租金预算收入"科目的本年发生额填列。

2. 本年预算支出

(11)"本年预算支出"项目,反映单位本年预算支出总额。本项目应当根据本表中"行政支出""事业支出""经营支出""上缴上级支出""对附属单位补助支出""投资支出""债务还本支出""其他支出"项目金额的合计数填列。

(12)"行政支出"项目,反映行政单位本年履行职责实际发生的支出。本项目应当根据"行政支出"科目的本年发生额填列。

(13)"事业支出"项目,反映事业单位本年开展专业业务活动及其辅助活动发生的支出。本项目应当根据"事业支出"科目的本年发生额填列。

(14)"经营支出"项目,反映事业单位本年在专业业务活动及其辅助活动之外开展非独立核算经营活动发生的支出。本项目应当根据"经营支出"科目的本年发生额填列。

(15)"上缴上级支出"项目,反映事业单位本年按照财政部门和主管部门的规定上缴上级单位的支出。本项目应当根据"上缴上级支出"科目的本年发生额填列。

(16)"对附属单位补助支出"项目,反映事业单位本年用财政拨款收入之外的收入对附属单位补助发生的支出。本项目应当根据"对附属单位补助支出"科目的本年发生额填列。

(17)"投资支出"项目,反映事业单位本年以货币资金对外投资发生的支出。本项目应当根据"投资支出"科目的本年发生额填列。

(18)"债务还本支出"项目,反映事业单位本年偿还自身承担的纳入预算管理的从金融机构举借的债务本金的支出。本项目应当根据"债务还本支出"科目的本年发生额填列。

(19)"其他支出"项目,反映单位本年除以上支出以外的各项支出。本项目应当根据"其他支出"科目的本年发生额填列。

"利息支出"项目,反映单位本年发生的利息支出。本项目应当根据"其他支出"科目的明细账记录分析填列。单位单设"利息支出"科目的,应当根据"利息支出"科目的本年发生额填列。

"捐赠支出"项目，反映单位本年发生的捐赠支出。本项目应当根据"其他支出"科目的明细账记录分析填列。单位单设"捐赠支出"科目的，应当根据"捐赠支出"科目的本年发生额填列。

3. 本年预算收支差额

（20）"本年预算收支差额"项目，反映单位本年各项预算收支相抵后的差额。本项目应当根据本表中"本年预算收入"项目金额减去"本年预算支出"项目金额后的金额填列，如相减后金额为负数，以"－"号填列。

二　预算结转结余变动表

（一）预算结转结余变动表的概念和作用

预算结转结余变动表是反映单位在某一会计年度内预算结转结余变动情况的报表。

预算结转结余变动表可以提供某一会计年度内预算结转结余项目的金额变动情况，例如某会计年度内由本年财政拨款收支差额、归集调入、归集上缴或调出等原因引起的；可以提供年末预算结转结余构成情况，例如年末财政拨款结转、财政拨款结余、非财政拨款结转、非财政拨款结余、专用结余等信息。通过分析单位预算结转结余变化和存量情况，便于单位管理者和主管部门及财政部门统筹安排财政预算结转结余资金。

（二）预算结转结余变动表的格式

单位预算结转结余变动表按照财政拨款结转结余、其他资金结转结余的本年数和上年数分栏列示，同时按照年初预算结转结余、年初余额调整、本年变动金额和年末预算结转结余等项目分层次填列。表中数据采用的计算公式为：年初预算结转结余±年初余额调整±本年变动金额＝年末预算结转结余。预算结转结余变动表的格式见表8-8。

（三）预算结转结余变动表的编制方法

预算结转结余变动表中"本年数"栏反映各项目的本年实际发生数。预算结转结余变动表中"上年数"栏反映各项目的上年实际发生数，应当

表 8-8　预算结转结余变动表

编制单位：＿＿＿＿＿＿　　　＿＿＿＿＿年　　　　　　　　　单位：元

项目	本年数	上年数
一、年初预算结转结余		
（一）财政拨款结转结余		
（二）其他资金结转结余		
二、年初余额调整（减少以"－"号填列）		
（一）财政拨款结转结余		
（二）其他资金结转结余		
三、本年变动金额（减少以"－"号填列）		
（一）财政拨款结转结余		
1. 本年收支差额		
2. 归集调入		
3. 归集上缴或调出		
（二）其他资金结转结余		
1. 本年收支差额		
2. 缴回资金		
3. 使用专用结余		
4. 支付所得税		
四、年末预算结转结余		
（一）财政拨款结转结余		
1. 财政拨款结转		
2. 财政拨款结转		
（二）其他资金结转结余		
1. 非财政拨款结转		
2. 非财政拨款结余		
3. 专用结余		
4. 经营结余（如有余额，以"－"号填列）		

根据上年度预算结转结余变动表中"本年数"栏内所列数字填列。如果本年度预算结转结余变动表规定的项目的名称和内容同上年度不一致，应当对上年度预算结转结余变动表项目的名称和数字按照本年度的规定进行调

整，将调整后金额填入本年度预算结转结余变动表的"上年数"栏。

在预算结转结余变动表中，"本年数"栏各项目的内容和填列方法如下。

1. 年初预算结转结余

"年初预算结转结余"项目，反映单位本年预算结转结余的年初余额。本项目应当根据本表中"财政拨款结转结余""其他资金结转结余"项目金额的合计数填列。

（1）"财政拨款结转结余"项目，反映单位本年财政拨款结转结余资金的年初余额。本项目应当根据"财政拨款结转""财政拨款结余"科目本年年初余额的合计数填列。

（2）"其他资金结转结余"项目，反映单位本年其他资金结转结余的年初余额。本项目应当根据"非财政拨款结转""非财政拨款结余""专用结余""经营结余"科目本年年初余额的合计数填列。

2. 年初余额调整

"年初余额调整"项目，反映单位本年预算结转结余年初余额调整的金额。本项目应当根据本表中"财政拨款结转结余""其他资金结转结余"项目金额的合计数填列。

（1）"财政拨款结转结余"项目，反映单位本年财政拨款结转结余资金的年初余额调整金额。本项目应当根据"财政拨款结转""财政拨款结余"科目下"年初余额调整"明细科目本年发生额的合计数填列，如调整减少年初财政拨款结转结余，以"-"号填列。

（2）"其他资金结转结余"项目，反映单位本年其他资金结转结余的年初余额调整金额。本项目应当根据"非财政拨款结转""非财政拨款结余"科目下"年初余额调整"明细科目本年发生额的合计数填列，如调整减少年初其他资金结转结余，以"-"号填列。

3. 本年变动金额

"本年变动金额"项目，反映单位本年预算结转结余变动的金额。本项目应当根据本表中"财政拨款结转结余""其他资金结转结余"项目金额的合计数填列。

（1）"财政拨款结转结余"项目，反映单位本年财政拨款结转结余资金的变动。本项目应当根据"本年收支差额""归集调入""归集上缴或调出"项目金额的合计数填列。

第一，"本年收支差额"项目，反映单位本年财政拨款资金收支相抵后的差额。本项目应当根据"财政拨款结转"科目下"本年收支结转"明细科目本年转入的预算收入与预算支出的差额填列，差额为负数的，以"－"号填列。

第二，"归集调入"项目，反映单位本年按照规定从其他单位归集调入的财政拨款结转资金。本项目应当根据"财政拨款结转"科目下"归集调入"明细科目的本年发生额填列。

第三，"归集上缴或调出"项目，反映单位本年按照规定上缴的财政拨款结转结余资金及按照规定向其他单位调出的财政拨款结转资金。本项目应当根据"财政拨款结转""财政拨款结余"科目下"归集上缴"明细科目，以及"财政拨款结转"科目下"归集调出"明细科目本年发生额的合计数填列，以"－"号填列。

（2）"其他资金结转结余"项目，反映单位本年其他资金结转结余的变动。本项目应当根据"本年收支差额""缴回资金""使用专用结余""支付所得税"项目金额的合计数填列。

第一，"本年收支差额"项目，反映单位本年除财政拨款外的其他资金收支相抵后的差额。本项目应当根据"非财政拨款结转"科目下"本年收支结转"明细科目、"其他结余"科目、"经营结余"科目本年转入的预算收入与预算支出差额的合计数填列，如为负数，以"－"号填列。

第二，"缴回资金"项目，反映单位本年按照规定缴回的非财政拨款结转资金。本项目应当根据"非财政拨款结转"科目下"缴回资金"明细科目本年发生额的合计数填列，以"－"号填列。

第三，"使用专用结余"项目，反映事业单位本年根据规定使用从非财政拨款结余或经营结余中提取的专用基金的金额。本项目应当根据"专用结余"科目明细账中本年使用专用结余业务的发生额填列，以"－"号填列。

第四，"支付所得税"项目，反映有企业所得税缴纳义务的事业单位本年实际缴纳的企业所得税金额。本项目应当根据"非财政拨款结余"明细账中本年实际缴纳企业所得税业务的发生额填列，以"-"号填列。

4. 年末预算结转结余

"年末预算结转结余"项目，反映单位本年预算结转结余的年末余额。本项目应当根据本表中"财政拨款结转结余""其他资金结转结余"项目金额的合计数填列。

（1）"财政拨款结转结余"项目，反映单位本年财政拨款结转结余的年末余额。本项目应当根据"财政拨款结转""财政拨款结余"项目金额的合计数填列。本项目下"财政拨款结转""财政拨款结余"项目应当分别根据"财政拨款结转""财政拨款结余"科目的本年年末余额填列。

（2）"其他资金结转结余"项目，反映单位本年其他资金结转结余的年末余额。本项目应当根据"非财政拨款结转""非财政拨款结余""专用结余""经营结余"项目金额的合计数填列。本项目下"非财政拨款结转""非财政拨款结余""专用结余""经营结余"项目应当分别根据"非财政拨款结转""非财政拨款结余""专用结余""经营结余"科目的本年年末余额填列。

三 财政拨款预算收入支出表

（一）财政拨款预算收入支出表的概念和作用

财政拨款预算收入支出表是反映单位本年财政拨款预算资金收入、支出及相关变动具体情况的报表。

财政拨款预算收入支出表可以提供某一会计年度内单位财政拨款预算收支各个组成项目的资金增减变动具体信息，如提供某一会计年度内单位一般公共预算财政拨款基本支出（人员和日常公用经费）、年初财政拨款结转结余及调整数、本年归集调入、本年归集上缴或调出、单位内部调剂、本年财政拨款收入、本年财政拨款支出、年末财政拨款结转结余等信息。相对于预算结转结余变动表，财政拨款预算收入支出表能够更加清晰地反映财政拨款预算资金及其增减变动情况，便于核对预算信息和掌握单位预算执行的具体情况。

（二）财政拨款预算收入支出表的格式

财政拨款预算收入支出表应当分别按照一般公共预算财政拨款和政府性基金预算财政拨款及其基本支出和项目支出具体构成项目分项列示，同时分栏反映各构成项目的年初结转结余数、本年增减变动数和年末结转余数，本年增减变动数、包括调整年初财政拨款结转结余数、本年归集调入数、本年归集上缴或调出数、单位内部调剂数、本年财政拨款收入数、本年财政拨款支出数。财政拨款预算收入支出表的格式见表 8-9。

（三）财政拨款预算收入支出表的编制方法

财政拨款预算收入支出表"项目"栏内各项目应当根据单位取得的财政拨款种类分项设置。其中"项目支出"项目下，根据每个项目设置；单位取得除一般公共预算财政拨款和政府性基金预算财政拨款以外的其他财政拨款的，应当按照财政拨款种类增加相应的资金项目及其明细项目。在财政拨款预算收入支出表中，各栏及其对应项目的内容和填列方法如下。

（1）"年初财政拨款结转结余"栏中各项目，反映单位年初各项财政拨款结转结余的金额。各项目应当根据"财政拨款结转""财政拨款结余"及其明细科目的年初余额填列。本栏中各项目的数额应当与上年度财政拨款预算收入支出表中"年末财政拨款结转结余"栏中各项目的数额相等。

（2）"调整年初财政拨款结转结余"栏中各项目，反映单位对年初财政拨款结转结余的调整金额。各项目应当根据"财政拨款结转""财政拨款结余"科目下"年初余额调整"明细科目及其所属明细科目的本年发生额填列，如调整减少年初财政拨款结转结余，以"-"号填列。

（3）"本年归集调入"栏中各项目，反映单位本年按规定从其他单位调入的财政拨款结转资金金额。各项目应当根据"财政拨款结转"科目下"归集调入"明细科目及其所属明细科目的本年发生额填列。

（4）"本年归集上缴或调出"栏中各项目，反映单位本年按规定实际上缴的财政拨款结转结余资金，以及按照规定向其他单位调出的财政拨款结转资金金额。各项目应当根据"财政拨款结转""财政拨款结余"科目

表 8-9　财政拨款预算收入支出表

会政预 03 表

编制单位：_____　　　　　　　　　　_____年　　　　　　　　　　单位：元

项目	年初财政拨款结转结余		调整年初财政拨款结转结余	本年归集调入	本年归集上缴或调出	单位内部调剂		本年财政拨款收入	本年财政拨款支出	年末财政拨款结转结余	
	结转	结余				结转	结余			结转	结余
一、一般公共预算财政拨款											
（一）基本支出											
1. 人员经费											
2. 日常公用经费											
（二）项目支出											
1. ×× 项目											
2. ×× 项目											
……											
二、政府性基金预算财政拨款											
（一）基本支出											
1. 人员经费											
2. 日常公用经费											
（二）项目支出											
1. ×× 项目											
2. ×× 项目											
……											
总计											

下 "归集上缴" 科目和 "财政拨款结转" 科目下 "归集调出" 明细科目及其所属明细科目的本年发生额填列，以 "-" 号填列。

（5）"单位内部调剂" 栏中各项目，反映单位本年财政拨款结转结余资金在单位内部不同项目之间的调剂金额。各项目应当根据 "财政拨款结转" 和 "财政拨款结余" 科目下的 "单位内部调剂" 明细科目及其所属明细科目的本年发生额填列，对单位内部调剂减少的财政拨款结余金额，以 "-" 号填列。

（6）"本年财政拨款收入" 栏中各项目，反映单位本年从同级财政部门取得的各类财政拨款预算金额。各项目应当根据 "财政拨款预算收入" 科目及其所属明细科目的本年发生额填列。

（7）"本年财政拨款支出" 栏中各项目，反映单位本年发生的财政拨款支出金额。各项目应当根据 "行政支出" "事业支出" 等科目及其所属明细科目本年发生额中的财政拨款支出数的合计数填列。

（8）"年末财政拨款结转结余" 栏中各项目，反映单位年末财政拨款结转结余的金额。各项目应当根据 "财政拨款结转" "财政拨款结余" 科目及其所属明细科目的年末余额填列。

课后思考题

1. 政府单位财务会计报表包括哪些内容？

2. 什么是资产负债表？其报表结构是怎样设计的？

3. 什么是收入费用表？其编报栏目有哪些？

4. 财务会计报表附注的内容由哪些部分组成？

5. 什么是预算会计报表？预算会计报表包括哪些内容？

6. 什么是预算收入支出表？其编报项目有哪些？

参考文献

常丽、何东平主编《政府与非营利组织会计》，中国人民大学出版社，2021。

刘京平等主编《〈政府会计制度〉核算指南：事业单位会计实务案例精讲》，中国财政经济出版社，2018。

童光辉等编著《政府会计》，中国人民大学出版社，2022。

许娟等主编《〈政府会计制度〉核算指南：行政单位会计实务案例精讲》，中国财政经济出版社，2018。

杨明等主编《政府与非营利组织会计》（第2版），中国财政经济出版社，2020。

政府会计制度编审委员会编著《政府会计制度详解与实务》，人民邮电出版社，2018。

政府会计制度编审委员会编著《政府会计制度主要业务与事项账务处理实务详解》，人民邮电出版社，2018。

中华人民共和国财政部制定《政府会计制度——行政事业单位会计科目和报表》，中国财政经济出版社，2017。

图书在版编目（CIP）数据

政府会计理论与实务 / 郑珺主编；刘娅，王雪副主编 . --北京：社会科学文献出版社，2024.10. --ISBN 978-7-5228-3892-2

Ⅰ. F812.3

中国国家版本馆 CIP 数据核字第 2024S9B999 号

政府会计理论与实务

主　　编／郑　珺
副 主 编／刘　娅　王　雪

出 版 人／冀祥德
组稿编辑／高　雁
责任编辑／贾立平
文稿编辑／王红平
责任印制／王京美

出　　版／社会科学文献出版社·经济与管理分社（010）59367226
　　　　　地址：北京市北三环中路甲 29 号院华龙大厦　邮编：100029
　　　　　网址：www. ssap. com. cn
发　　行／社会科学文献出版社（010）59367028
印　　装／三河市龙林印务有限公司

规　　格／开　本：787mm×1092mm　1/16
　　　　　印　张：20.5　字　数：313 千字
版　　次／2024 年 10 月第 1 版　2024 年 10 月第 1 次印刷
书　　号／ISBN 978-7-5228-3892-2
定　　价／65.00 元

读者服务电话：4008918866